中国人民大学哲学名家讲座系列·2020

哲学的殿堂
哲学元理与思维变革

中国人民大学哲学院　组编
臧峰宇　主编

中国人民大学出版社
·北京·

顾问
陈先达　张立文　刘大椿

主编
臧峰宇

副主编
聂敏里　张　霄

编委
（按姓氏音序排列）
曹　刚　雷思温　刘劲杨　刘　玮
刘增光　王宇洁　徐　飞　杨澜洁
原　理　张风雷　张鹏举　张志伟

目 录
CONTENTS

第一季

| 003 | 第一讲 **中国哲学元理** / 张立文
| 027 | 第二讲 **科学技术哲学在中国的兴起与发展** / 刘大椿
| 050 | 第三讲 **马克思和恩格斯对正义概念的两种用法**
　　　　　　——兼评伍德的两个误解 / 段忠桥
| 070 | 第四讲 **从认知的视角看人类意识与机器意识的演化** / 刘晓力
| 094 | 第五讲 **西季威克的功利主义** / 龚群

第二季

| 111 | 第一讲 **哲学创造与阐释的历史变奏** / 郭湛
| 130 | 第二讲 **重思伦理学与形而上学的关系**
　　　　　　——兼论海德格尔哲学的"伦理学问题" / 张志伟

| 159 | 第三讲　康德的目的论思维与形而上学 / 李秋零

| 183 | 第四讲　回到孔子：对儒家道统说的反思 / 焦国成

| 213 | 第五讲　中国哲学的基本问题 / 宋志明

第三季

| 235 | 第一讲　20世纪法国哲学的发展路径 / 冯俊

| 260 | 第二讲　变革时代的思维变革

　　　　　　——以价值观念为例 / 李德顺

| 285 | 第三讲　时代问题与发展哲学 / 庞元正

| 313 | 第四讲　关于董仲舒研究的心得 / 周桂钿

| 331 | 第五讲　"我们"在何意义上"能够是幸福的"

　　　　　　——一个依据《尼各马可伦理学》的阐释纲要 / 廖申白

| 349 | 编后记

第一季

第一讲
中国哲学元理

◎ 张立文

时间：2020年7月20日 19：00—21：00
地点：中国人民大学人文楼

  张立文，中国人民大学首批一级教授，现为中国人民大学孔子研究院院长、尼山世界儒学中心学术委员会主任、国际儒学联合会荣誉顾问等。长期耕耘于中国哲学，创立和合学，在国内外发表论文600多篇。在易学、宋明理学、中国哲学史、和合学、传统学方面的主要成果分别是《帛书周易译注》《宋明理学研究》《中国哲学范畴发展史》《和合学：21世纪文化战略的构想》《传统学引论》《新人学导论》等。2006年前的几乎所有重要论著都收入《张立文文集》（韩国学术信息出版社出版），共计38辑。

我今天讲的是中国哲学元理。为什么我要讲中国哲学元理？是基于两个考虑。

第一，我们知道西方从黑格尔以来就认为中国没有哲学。黑格尔曾说：应该把东方的思想排除在哲学史以外，真正的哲学是从西方开始的，东方没有哲学的知识。此后西方便一直把中国哲学排除在哲学之外。到了本世纪初，法国解构主义者德里达到访上海的时候也曾经说，中国只有思想而没有哲学。我还记得1988年我在东京大学文学部讲学，当时东京大学文学部还有中国哲学研究室，但是后来把"中国哲学"这个名号取消了，改成了"中国文化思想研究室"。由此可见，按照西方的观点，中国没有哲学。

第二，如果从人大哲学系成立的历史来看，我们一开始就有一个中国哲学史教研室。北大哲学系和中国社会科学院哲学所，也都成立了中国哲学史研究室或中国哲学史教研室。后来都统一改成了中国哲学教研室或中国哲学研究室。我就考虑，"中国哲学史"和"中国哲学"二者之间应该有个区别。中国哲学不仅应该讲"史"，还应该讲中国哲学的元理。

基于以上两点，我就一直在考虑这样一个问题：什么是中国哲学元理？

在我看来，中国哲学元理就是指关于自然、社会与人生最大的道理、原理和哲理。我们知道，中国自古就认一个"元"字。"元"，"始也，大也"，也就是原始和大始。所以《周易》上讲："大哉乾元，万物资始""至哉坤元，万物资生"，也就是说，"元"是天地万物资始资生的意思。至于"理"，按照原来的意思是治理玉石，可以引申为纹理、条理、道理、准则和原理等意思。所以，我们概括起来可以说，中国哲学元理是指关于自然、社会、人生的元理，即原始的最大的道理、原理和哲理。我们知道哲学有哲学的历史，哲学就是一部哲学史的哲学元理，所以中国哲学元理也就是有哲学的哲学史元理，它是一种建构在通晓中华民族5 000多年哲学理论思维的历史和成就基础上的理论思维。

法国哲学家帕斯卡尔曾说："人的全部尊严，就在于思想。"中国哲学思想彰显的是人的尊严和自由，促进了人类的伟大和繁荣。中国哲学思想是爱智精神的言说机制，但爱智精神不能离开哲学思想而存在。精神总是思想着的精神，哲学思想是确定作为精神的那种东西，是作为人类时代精神的精华和凝聚。

一、中西哲学之别

首先我要讲的是中西哲学的差别。我们可以从哲学的突破来看，中国哲学的先贤先圣一直在追求智慧，不断在问道、求道、悟道，特别是对动乱、动荡、战乱和大难进行忧思。忧思是忧患之反思，是对思想的揭示、辨析和选择。曹操就曾在《短歌行》中说："对酒当歌，人生几何？譬如朝露，去日苦多。慨当以慷，忧思难忘。"这首诗表达了他的雄心壮志，展现出他有很大的抱负。忧思之思而有哲学，就像《周易》中说的："作《易》者，其有忧患乎？"这是中国哲学原始的突破，与印度哲学和古希腊哲学是很不一样的。印度哲学认为人生就是苦，"苦海无边"。所以，就有了对梵天的崇拜，追求"梵我一如"，或"梵我的不二"。"梵"指的是宇宙本然的道理，"我"指向的是个人精神，"梵我一如"就是回到梵界、解脱人生苦难的一种哲学。至于古希腊哲学，亚里士多德曾说：由于惊异，人们才开始了哲学思考。他的老师柏拉图也说过：惊异是从无知到有知的过程。有了惊异才有了古希腊哲学。当时，中国、印度、希腊这三个地方是隔绝的，大约在公元前800年—前200年的所谓轴心时期，由于不同的哲学理论思维而产生了哲学，有了哲学的突破。可见，哲学一开始就是多元的、多样的、多形态的，没有高低优劣之分，这些哲学共同构成鲜花开遍的世界哲学大观园。

中国哲学从苦难中开启，从忧思中得来。先秦时代因为礼崩乐坏，各诸侯国为争夺土地和霸权，频繁地发动战争，血流成河，给人民带来了无穷的苦难。这时候的中国有一种特殊的阶层——"士"。"士"的身份是自由的，他们不仅可以周游列国，比如孔子，也可以与不同的意见者包括国君在内互相辩论，比如孟子就曾与梁惠王辩论。他们为了追求智慧而问道、求道，比如孔子说"朝闻道，夕死可矣"，老子说"道可道，非常道；名可名，非常名"。也就是，想要穷究现有的各种知识，探究其学术的宗旨及其合理性。他们建构起独具匠心的理论思维体系，游说诸侯，以求实现自己的理论主张，化解人生的苦难与危机。于是就出现了百家争鸣的哲学大繁荣的景象。

秦统一六国，结束了战国七雄之间的兼并战争，旧貌换新颜。七国文字上的统一，是为"书同文"；人伦道德方面的统一，是为"行同伦"；交通工具的联通，是为"车同轨"。人们以为统一可以带来安居乐业，但秦始皇未能理解马上打天下而不能马上治天下的道理，推行严刑峻法，以吏为师，仁义不施，很快就激起了人民的反抗，造成"强秦速亡"。人民刚从苦难中摆脱出来，又很快陷入了社会动乱的楚汉战争，又是一幅杀人盈野、田园荒芜、路有饿殍的可怕景象。苦难的忧思也给了知识精英以反思的空间。汉武帝下诏举贤良文学之士，询问实现国家长治久安之策略，董仲舒以"三年不窥园"的精深之学，提出了汉武帝能接受的"罢黜百家、独尊儒术"的建议，同时建构了天人感应的哲学理论学说，论证了汉王朝存在的合理性，还提出了限制皇权的谏诫。我们可以看出，哲学的突破是因为苦难，由于苦难有了反思，对苦难的反思就是忧思，忧思造就了中国哲学的突破。

　　天地万物从哪里来？西方哲学认为有一个本原产生天地万物。古希腊的泰勒斯认为水是万物的本原，赫拉克利特认为世界的本原是一团永恒的活火。巴门尼德说：存在只能和存在紧接在一起，"万有存在归一"。古希腊思想和希伯来思想结合，即两希思想的融合，产生了基督教文化。基督教认为，唯一的真理就是上帝，天地万物都是由唯一的上帝创造的。

　　而中国哲学就不太一样。中国哲学认为，"和实生物，同则不继"（《国语·郑语》）。为什么说"和"能生万物？《国语》上还讲"先王以土与金木水火相杂，以成百物"，其中的"杂"就是"合"的意思。也就是说，万物是由五行——不同性质甚至是相互矛盾的事物融合而产生的。不像古希腊哲学家，认为世界万物的本原是一种单一的实体。西方哲学是一元化的，中国哲学是多元化的。《周易》讲："天地絪缊，万物化醇。男女构精，万物化生。"在中国人看来，天地、男女是阴阳两极，是有差别、冲突和矛盾的，也正是各种矛盾冲突的东西互相融合而化生了万物。《周易》还讲"近取诸身，远取诸物"，从近处的男女结婚生儿育女，到远处的天地氤氲，万物都是在普遍联系之中。《国语》又为什么讲"同则不继"？《周易》上解释说："二女同居，其志不相得"，二女同居不能生儿育女，人类不能传承下去，是为"不继"。

　　通过以上分析，可以说明，中西哲学从源头上看就是两种路向。假如以西方哲学的路向、标准来看中国哲学，那么中国哲学便不是他们所说的哲学；反过来，假如以中国哲学的路向、标准来看西方哲学，我们也可以说，西方哲学不是我们所说的哲学。所以，世界是多元的，各民族的哲学是五彩缤纷的。我们应该有海纳百川的博大胸怀、有容乃大的载物抱负。各民族哲学在互相交流对话、互学互鉴中，互补互济，促进世界哲学更加充实美好。

二、"中国哲学"的概念界说

什么是"哲学"？即使是搞了一辈子哲学的人也不容易回答。像我，今年85岁，从事中国哲学研究已经60年，但仍然感觉这个问题并没有真正说清楚。有人主张说，哲学就是系统化、理论化的世界观。在西方哲学史上，或可认为哲学是爱智慧，即一即一切，"存在是不变的一"，人与万物融合为一；或可认为哲学是把存在当作独立于人以外的概念来加以追求的学问；或可主张哲学是讲人与世界交融合一的生活世界的意义的学问。就不同的哲学家而言，文德尔班认为，"所谓哲学，按照现在习惯的理解，是对宇宙观和人生观一般问题的科学论述"；罗素则认为，"哲学，就我对这个词的理解来说，乃是某种介乎神学与科学之间的东西"，他以为一切确切的知识都属于科学，一切涉及超乎确切知识之外的教条都属于神学，剩余的介于科学与神学之间的那一片"无人之域"，即"思辨的心灵所最感兴趣的一切问题"，就是哲学。

中国哲学和西方哲学都已经各自发展了几千年。但"哲学"这个希腊语的词汇，最早是近代由日本明治初期的思想家西周（1829—1897）翻译过来的，而且是从"希哲学""希贤学"演变而来的。实际在此之前，中国哲学已经独立发展了2 000多年。中国晚清学者黄遵宪首先把"哲学"这个词从日本介绍到中国，而为当时中国学者所接受，用来梳理中国传统学术。谢无量最早在1916年由中华书局出版了《中国哲学史》，在这本书的"绪言"中，谢无量说，中国"古有六艺，后有九流，大抵皆哲学范围所摄"。稍晚一些，胡适的《中国哲学史大纲》于1919年2月由上海商务印书馆出版，按照西方实用主义的观点，胡适说："哲学的定义，从来没有一定的，我如今也暂下一个定义：'凡研究人生切要的问题，从根本上着想要寻一个根本的解决，这种学问叫做哲学'。"在给出了他的哲学定义之后，胡适进而对"什么是哲学史"、"哲学史的目的"、"哲学史的史料"以及"中国哲学在世界哲学史上的位置"等问题做了回应，奠定了中国哲学史的研究范式。在谢无量和胡适之后，冯友兰出版了两卷本的《中国哲学史》，分别由神州国光出版社（1931年）、商务印书馆（1935年）出版，可谓通史。冯友兰在其"绪论"中讲："各哲学家对于哲学所下之定义亦各不相同，为方便起见，兹先述普通所认为哲学之内容，即可知哲学之为何物，而哲学一名词之正式的定义，亦无需另举矣。"他认为，古希腊哲学家就将哲学按其内容分为三大部：物理学、伦理学、论理学，即宇宙论——关于世界之道理，人生论——关于人生的道理，知识论——关于知识之道理。冯友兰讲，古希腊哲学的内容便是以古希腊哲学之为哲学的一种定义。后来，金岳霖在英国剑桥大学讲"哲学是概念的游戏"，这让当时的很多人感到惊奇，冯友兰表示说："现在我认识到，这个提法说出了哲学的一种真实性质。试看金岳霖的《论道》，不就是把许多概念摆来摆去吗？岂但《论道》如此，我的哲学体系，当时自称为'新统'者，也是如此。"冯友兰显然同意金岳霖对哲学的规定。更晚近一些，牟宗三在香港做题为"中国有没有哲学"的演讲时，也给哲学做了界说："什么是哲学？凡是对人性的活动所及，以理智及观念加以反省说明的，便是哲学。"他认为任何一个文化体系，都有它的哲学，如果承认中国有文化体系，就应该承认中国有哲学。说中国没有哲学，"便是荒唐的"。

从上面我们可以看出，哲学就像莎士比亚的戏剧《哈姆雷特》一样，一百个人眼里有一百个哈姆雷特。对于什么是哲学，中外不同的哲学家都有各自不同的定义。至于中国哲学，就应该按照中国哲学的实际，讲中国自己的哲学。中国自古以来就有致广大、尽精微的自成系统的哲学理论思维逻辑体系，已经突破了古希腊意义上的形而上学。我们可以不照着西方哲学之谓哲学讲中国哲学，因为中国的哲学根植于与西方相异的、无断裂的5 000多年民族文化沃土，创造了独具神韵的哲学概念、范畴体系和严密的逻辑结构。智慧的星星之火照亮了中国先贤先圣的心灵，启迪了他们探赜索隐、钩深致远的理论思考。

我们可以看到，中国哲学随着时代的变迁、人文语境的转换，不同哲学家所面对的社会矛盾和冲突是不一样的，要求化解时代冲突的课题也不一样，体现时代精神的哲学形态也不一样。中国哲学包含了各不相同的哲学形态，以及哲学家所化解的众多矛盾问题与相关的诸多学说，但中国哲学总归是中国哲学，它有其共通性，不同时期的不同哲学形态构成整体的逻辑结构，并构成系统的中国哲学史。从这个意义上讲，中国哲学应该自己讲、讲自己，讲中国自己的故事。依据各个时期哲学故事的问题、特点，以探赜索隐其共同的本质话题，这就不得不度越各时期不同的哲学形态与其学说的殊相，而探求其共相，这个共相即是中国哲学之体，我称之为"**道体**"。道是中国哲学最普遍的概念、范畴。由此可以推出中国哲学的定义：**中国哲学是对于自然、社会、人生之道的道的体贴与名字体系。**

中国就应该按照中国哲学的实际来讲中国自己的哲学。中国哲学的道，又可分为自然之道、社会之道与人生之道。

自然之道是天地之间呈现的各种自然现象，是可见可感可知的迹，其所以为迹者便是道的道。《吕氏春秋·大乐》中说："道也者，至精也，不可为形，不可为名，强为之名，谓之太一。"形下的东西是自然之现象，那度越现象的就是一种道的道、迹的迹，也就是一种精神现象的现象。社会精神之道是社会现象背后的根据。什么是人生之道？人生是由人的生命、命运、生活三部分融合而成的。生命是人之所以为人的存在的形式，命运是人之所以为人的存在的一种状态，生活是人之所以为人存在的一种内容和条件。命是一种必然性，"死生有命，富贵在天"；而运是一种偶然性，是一种时运与机遇。

自然之道、社会之道、人生之道是自然现象的终极根据，社会的根本道理和道德规范是人生"止于至善"的道路。自然、社会、人生的道的道、迹的迹，也就是万物现象之所以现象者、道之所以道者。宋儒陆九渊与朱熹有所辩论。陆九渊认为："形而上者谓之道，又曰一阴一阳谓之道，一阴一阳，已是形而上者。"意思是说，一阴一阳即是形上之道。朱熹说：一阴一阳仍是形而下者，仍属于器；而所以一阴一阳者才是形而上者，即形迹之所以形迹的道，为道的道。朱熹说："至于《大传》既曰形而上者谓之道矣，而又曰一阴一阳之谓道，此岂真以阴阳为形而上者哉？正所以见一阴一阳虽属形器，然其所以一阴一阳者，是乃道体之所为也。"这是由《周易·系辞》关于"形而上者谓之道，形而下者谓之器"的论述而引发的辩论。

我们再进一步看道的道的体贴。道的道的体贴是指对道的道细心体会、体悟、反思。宋代大儒程颢曾说："吾学虽有所受，天理二字，却是自家体贴出来。"隋唐以来一直有一种儒、释、道三教"兼容并蓄"的提法，但几百年来并没能真正"兼容并蓄"起来。"兼容并蓄"作为文化思想整合的方法，受价值观的支配。价值观不同，

"兼容并蓄"也就不同。比如我们说"综合创新",综合什么、创新什么?又比如说"批判地继承",究竟批判什么、继承什么?这本身就是价值观的体现。"批判地继承"作为文化整合的方法,背后有一只无形之手,亦即价值观。过去有些人要批判打倒孔子,我们说孔子思想中有其精华,要继承。价值观不一样,批判什么、继承什么也就不一样。唐宋时代讲"兼容并蓄",等到程颢才把它落实到人类精神的天理层面上。实际上,"天理"两个字,《庄子》里面就有,《礼记·乐记》中也已明确讲到天理、人欲是互相对待的两个概念。而程颢所说"天理二字……自家体贴出来",就是说他构建了一个以"理"为核心话题的理论思维体系。所以,对道的道的体贴,就是一种人类精神的觉解,也是一种觉悟。

我们再来讲"名字"系统。中国哲学史上有"名实之辩"。先秦有名家,其著名论题如"白马非马",就是讲哲学概念的逻辑问题。《荀子·正名》中也讲"制名以指实"。名是一种概念,比如"白马"是一个概念,"非马"就是在讨论这一概念外延的限度。名,又可以分为达、类、私和共名、别名等不同层次,揭示了概念、范畴内在矛盾运动的规则。对概念、范畴的"名"的意义的解释称为"字"。东汉的许慎有一本《说文解字》,就是对名的意义加以解释,我们也可以称其为字典。在后来的宋明理学之中,比如朱熹弟子程端蒙撰写的《性理字训》和陈淳撰写的《北溪字义》,对26个重要的理学概念、范畴的字义内涵进行了细致的分析。清代学者戴震撰写的《孟子字义疏证》,对宋明理学中最重要的8条概念、范畴的意义进行了追根溯源、条分缕析、诠释精详的解释。由此可知,"名字"体系是指哲学概念、范畴意义所构建的理论思维体系的一种诠释。

三、中国哲学元理的逻辑体系

中国哲学是人对自然、社会、人生关系与意义的总体理解和把握，是和合化解人与自然、人与社会、人与人、人的心灵与文明之间冲突和危机的一种智慧，是"为天地立心，为生民立命"的人类之爱的卓越睿智，是发现人生意义、为万世开太平的人类精神的觉解。中国哲学在5 000多年的中华文明沃土上孕育、生长、发展，是在继承往圣哲学智慧中迈步，在反思思想的过程中问道、求道、悟道。这里所说的总体理解和把握，是指对人与自然、社会、人生关系的系统化、体系化、所适化、创新化的哲学理论思维形态的理解和把握。

中国哲学是中华文明的魂和根、体与本。民族的灵魂，是中华民族之所以能披荆斩棘，渡过一个个难关，而生生不息、永葆青春的精神力量。无灵魂的民族是无生命的死亡的民族；中华民族哲学根深叶茂，不怕风吹雨打，青春万世。体魄铮铮的中华民族哲学，是各民族互亲互敬、互鉴互学、团结和谐的凝聚力所在。中国哲学是中华文明的根本和核心，具有向心力、凝聚力、亲和力。中国哲学是中华文明的魂和根、体与本，它统摄各民族文化，被尊崇为人文信仰体系。

中国哲学是在天、君、民互动融合的理性价值的统摄中起步的，而不是在神人对立中起始的。由天、君、民而推向对自然、社会、人生的价值和意义的追求，由自我人生的修身明德的理性体认，而推向对社会的敬德保民的意义世界的理性认知，再推向对平天下的人类精神可能世界的理解。作为中华哲学源头活水的六经之首的《易经》，是有关自然、社会、人生各方面的百科全书式的经典文献。它广大悉备，"范围天地之化而不过，曲成万物而不遗"。太卜掌三易——《归藏》《连山》《周易》之法，开启了道、墨、儒三家，先秦时期曾激发了百家争鸣的哲学火花。道家自然无为，尊阴贵柔；儒家自强不息，尊阳贵刚；墨家兼爱交利，尚贤非攻；法家严刑峻法，以吏为师。它们各美其美，美美融突；各造思想，以利邦国。有形式如散文式的《道德经》，有答问如箴言式的《论语》，有记录如言行式的《墨子》，有智慧如谋胜计的《孙子兵法》，有海阔天空、寓言想象式的《庄子》，有讲不忍人之心的四德四端的《孟子》，等等。在创造哲学思想自主度、自由度高涨的潮流中，为六经做诠释（传）的风气也随之兴起。于是就有了《易经》六十四卦排序有异而文本基本相同的各种文本，以及诸家对《易经》不同诠释的"传"的出现。我们现在的通行本《易传》（十翼），和马王堆帛书《易传》就不太一样。随着儒家地位的提高，在罢黜百家之后，作为卜筮之书的《易经》与被哲学化解释的《易传》被合编为《周易》。那时人们普遍认为《易传》为孔子所作，所以，《周易》便成为六经之首。

　　作为中国哲学源头的《周易》，之所以成为诸家思想的集成者，是因为它为当时所面临的社会冲突与危机提出了化解之道。第一，它以"厚德载物"和"各正性命，保合太和"，来化解由东周王朝与各诸侯国之间的冲突而产生的离散危机。第二，它以"天地感而万物化生，圣人感人心而天下和平"，来化解由各诸侯国之间大小、强弱、贫富之间的冲突而产生的战争危机。第三，它以"君子以反身修德"，"父父、子子、兄兄、弟弟、夫夫、妇妇，而家道正，正家而天下定矣"，来化解由人与人、家与家、国与国之间的冲突而产生的道德危机。第四，以"君子以遏恶扬善，顺天休命""君子敬以直内，义以方外，敬义立而德不孤""履以和行，谦以制礼"，来化解

"臣弑其君，子弑其父"的礼崩乐坏危机。第五，以"观天之神道，而四时不忒，圣人以神道设教，而天下服矣"，来化解由价值理想失落、终极关切迷惘产生的危机。

《周易》在化解五大冲突和危机中提出了精准的方案，体现了卓越的智慧和时代精神，在绍承六经、批判地吸收先秦诸子思想中，以"天下何思何虑？天下同归而殊途，一致而百虑"为思想指导，构建了"形而上者谓之道，形而下者谓之器"的哲学理论思维体系。作为中国哲学的源头，"《易》之为书也，广大悉备。有天道焉，有人道焉，有地道焉"。这是由"穷理尽性"、"和顺道德"和"顺性命之理"而构建的，"是以立天之道曰阴与阳，立地之道曰柔与刚，立人之道曰仁与义"，以道统摄天、地、人，并以概念、范畴、命题的形式构成中国哲学元理的整体逻辑体系。

我们知道，德国学者雅斯贝尔斯曾说过："人类一直靠轴心时代所产生的思考创造一切而生存，每一次新的飞跃都回顾这一时期，并被它重新烧起火焰。"我们可以从中国哲学思想的源头，来追索中国哲学元理的逻辑体系。《周易·系辞》也讲天道、地道、人道。天道就是阴阳论，它包括生生论、太极论和格致论。生生论包含物论、气论、五行论，太极论包含天人论、道器论、形神论、有无论、理气论，格致论包含知行论、名实论和能所论。"立地之道，曰柔与刚"，地道包括纲缊论、健顺论。纲缊论包含动静论、变化论，健顺论包含理势论和经权论。"立人之道，曰仁与义"，人道包括修身论、诚正论。修身论包含性命论、心性论、性情论、王霸论，诚正论包含义利论、公私论、理欲论和善恶论。由此引申出构建中国哲学元理的和合生生道体的逻辑体系。

中国哲学尽管各家各派殊途、百虑，但面对时代共同的冲突与危机的化解课题，而形成了作为同归而一致哲学思潮的天地人的道论。作为中国哲学思想理论思维源头的《周易》，其活水随着《周易》成为六经之首而影响更为致远，不仅儒释道各家据以发挥自己的思想观点，而且历史上的思想家、哲学家、文学家、宗教家、堪舆家都以"六经注我"的形式，通过解释《周易》来构建自己的理论思维体系。春秋之时，《周易》作为卜筮书而流传，后来则更多是作为思想的一种源头活水来加以发挥。到了宋明时代，没有一位思想家、哲学家不重视《周易》，都通过研究《周易》形成自己的形上智慧、逻辑结构、思维方法。其性命之理、变通之道、日新之德、太极之极、阴阳之变，无不取法于《周易》。无论是周敦颐、邵雍、二程、张载，还是朱熹、陆九渊，以及后来的王阳明、王夫之，都对《周易》有过研究、诠释、发挥。由此我们可以看到，《周易》在中国历史上的影响是很大的。

《周易》以源头言为卜筮之书。在百家争鸣中，《周易》被超拔为哲学思维之书。以活水言，《周易》也因其卜筮之书的身份而在秦始皇的焚书中逃过一劫，后来成为六经之首，成为士子们科举考试必备的教科书，甚至还作为堪舆风水、算命之书被广泛运用。所以说，《周易》是从形下和形上两个方面，在问道、求道、悟道中生生不息地向前发展。

四、中国哲学元理

我们从中国哲学元理的逻辑体系中，引申出中国哲学元理，从生生论中的和生论可以引申为元亨利贞的元理，从太极论中的道体论可以引申为体用一源和理一分殊的元理，从格致论中的体认论可以引申为能所相资的元理，从柔刚论中的絪缊论、健顺论中的常变论引申为不离不杂的元理,从"立人之道曰仁与义"的修身论、诚正论中的中和论、明德论引申为内圣外王的元理和融突和合的元理。

所以,中国哲学元理就是:元亨利贞论、体用一源论、理一分殊论、能所相资论、不离不杂论、内圣外王论、融突和合论。

元亨利贞论。天地万物从哪里来的,如何来的?有形相的与无形相的如何存在?作为外延最大、内涵最稀的存在是一个最抽象也最空疏的概念。然天地万物无论是物质的,还是精神的,都是具有某种规定性的内容与形式的存在。这种特定性、特殊性的存在,存在于无规定性、普遍性之中。元亨利贞,元为元始,创生的意思;亨为通,通达;利为适宜,和谐有利;贞为正而坚固。朱熹认为,元亨利贞是天地万物从生物之始到生物之成的发展过程,亦是自然界春夏秋冬四时演化,于伦理道德为仁礼义智四德。它是众善之长、众美所会、得其分之和、众事之干。回应天地万物如何来,其存在有形相、无形相的内涵、形式,于无规定性而规定性。元亨利贞是既度越又内在的规定性。

体用一源论。在中国哲学逻辑结构中,体用范畴是为虚体范畴,它是无规定的规定性,与数学的原理公式有某些相似之处,只要把其他中国哲学概念、范畴代入体用范畴,就可由体用范畴已有的规定性而推演出诸范畴的规定性,它犹如联通各纽结(网点)或分子的化学键,把诸多范畴按一定哲学体系的内在逻辑排列成一定的逻辑结构系统。就其演变的历程而言,体用从单一概念到有分有合,再到体用一源。在中国哲学逻辑结构系统中,体用是本质与现象、本体与作用、实体与属性的融突和合,而达"体用一源,显微无间"。至著的象和至微的理,至微之体与至著的用,是即微即著,即体即用,无有间隔。

理一分殊论。中国人善于问天问地,沿着"天地之上为何物"

的思维理路，追寻自然、社会、人生现象背后的那个"物"。朱熹认为："未有天地之先，毕竟也只是理。有此理，便有此天地；若无此理，便亦无天地，无人无物，都无该载了。"理是一切现象之所以存在的根据，该载的理如何有此天地人物？"有理，便有气，流行发育万物。"理与气是什么关系？朱熹答："伊川说得好，曰：'理一分殊。'合天地万物而言，只是一个理，及在人，则又各自有一个理。"合而言，统天地万物形而上根据、根源只是一个理，即理一，它是先在的，"有是理，后生是气"，天下没有无理的气，也没有无气的理，理气互涵互包，互赖互依；分而言，天地万物各自有一个理，这个理是"理一"分殊到天地人物的理，分殊到天地人物中的理，是"理一"的全体，而不是部分。朱熹曾说：太极即是一个理字。本只是一个理，"如月在天，只一而已，及散在江湖，则随处而见，不可谓月已分也"。借佛教"月印万川"来说明"理一分殊"，这不是整体与部分、全部与局部、普遍与特殊的关系，而是天上的月亮全部无缺地印在每一河川之内。

　　能所相资论。天地万物变化无常，是非真假难分。但人类为了生存，必须与天地万物打交道，以维持生命的需要，与自然、社会、他人交流、沟通，以维护生命的存在。人类在多元多样的实践活动中，积累了经验，逐渐觉解到自然、天地万物是异在于人类的东西，于是人有了主体性的自觉。通过实践，主体人既把自己与天地万物分离（天地万物成为人类主体实践中的对象），又把主体实践中的对象转变为内在于主体的映象，人便具有认知能力。主体认知能力，能否分辨真假，即能否再现真对象，这是检验真假之知的标准。在中国哲学，这便是名与实、知与行、能与所的是否相资的问题。"能"是主体认知能力，"所"指认知的对象，"资"，"助也"，有给济、帮助的含义。能所相济，互相帮助。先秦管子把"所知"作为认知对象,"所以知"为所以能认知客体对象的认知主体。一直到王夫之,凝聚体用、发副、思位、己物、内外等关系,系统论述了认知主体与认知对象的关系,使能所相资统摄了知行相资、名实相资,构成中国哲学天道论中格致论的体认论。

不离不杂论。如果说元亨利贞论、体用一源论、理一分殊论、能所相资论是属于天道的阴阳论,那么不离不杂论是属于地道的柔刚论。柔与刚相对相关,无柔亦无所谓刚,无刚亦无所谓柔,而导致柔刚不离不杂原理。就以朱熹哲学的理气关系而观,他认为理与气相依不离。"理未尝离乎气"。理不离气,气不离理,理气相依不离,之所以不离,是理寓于气,"天下未有无理之气,亦未有无气之理"(气以成形,而理亦赋焉)。气化成万物的形象,而理寓于其中。"既有理,便有气;既有气,则理又在乎气之中"。理与气相互包含,相离不得,因为理不会凝结造作,依气而凝结造作万物;理是一个"净洁空阔的世界",必须有一个安顿、挂搭的落脚处,"无是气,则是理亦无挂搭处"。气成为理安顿、挂搭的担当者或载体。朱熹又认为,理与气相分不杂。从形而上下看:"理形而上者,气形而下者。"有形而上下之分。从性质上言:"气则为金木水火,理则为仁义礼智。"气是具有一定物体性的东西,理是伦理道德性概念。从谁生谁以观:"有是理,后生是气","有是理便有是气,但理是本"。理与气既有先后、本末之别,又蕴含着理生气的意思。理与气不可混杂而不分。不离不杂是中国哲学的普遍原理之一。

内圣外王论。由天道、地道而于人道,"为天地立心",无人亦无所谓天地,天地本无心,是人赋予心而有价值和意义。人赋予什么心?就首先涉及人之为人的话题。立人之道曰仁与义的道德的修身养性问题。修身的终极标的是超凡入圣。在中国传统哲学中,内圣外王几乎是所有哲学家、思想家共同倡导的最高理想人格。孔子讲"修己以安人",即加强内在道德修养和从事外在立德、立功、立言的实践。《大学》首章提出三纲领、八条目。朱熹注:"明德者,人之所得乎天,而虚灵不昧,以具众理而应万事者也……故学者当因其所发而遂明之,以复其初也。"人要恢复其道德初心,以达到内圣与外王的圆融。如何明明德,以止于至善,其逻辑次序是格物、致知、诚意、正心、修身、齐家、治国、平天下八条目。修身以上属内圣之事,齐家以下属外王之事。人人自明其明德,革旧换新,去掉气禀、人欲之蔽,而作新人,以尽乎天理的极致,在"自天子以至于庶人,壹是皆以修身为本"的情境下,而实践齐家、治国、平天下的外王事功,以达内圣外王的极好境界。

融突和合论。如果说内圣外王是修身的中和论,那么融突和合是诚正的明德论。社会、人生在具体的历史时空内不断变更,纷纭错综,对千变万化的社会、人生究竟的追问,面临千差万别、各种各样矛盾、冲突,于是唤醒人们去寻求化解的方案,寻找一定的答案。因为社会、人生矛盾、冲突会对社会、人生造成莫大的伤害,中华民族的先贤先圣以其卓越的智慧,度越各种具体事件,去思议一种普遍的原则、原理,而使社会、人生通向真善美的大道。在思议义与利的紧张、冲突时,主张"夫义所以生利也,祥所以事神也,仁所以保民也。不义则利不阜,不祥则福不降,不仁则民不至。古之明王不失此三德者,故能光有天下,而和宁百姓,令闻不忘"(《国语·周语中》)。义、祥、仁三种道德就可以光大天下,使百姓和谐、安宁。义以生利,不义则利不丰厚。义利相生相依。《周易·文言》在阐发元亨利贞四德时曰:"利者,义之和也","利物足以和义"。使万物各得其所利,则义无不和。《左传·襄公九年》在诠释"随"卦的卦辞元亨利贞时,引《周易·文言》中"利,义之和也",义利融突和合。墨子主张"兼相爱,交相利"。义利互相包含，利是兼相爱行为活动的标准，是爱利万民的上利天、中利鬼、下利人的义利融合的价值展示，重利即是贵义，顺义而行，天下、国家、百姓即获大利，因而后期墨家以其严密的逻辑语言，对义做了规定："义，利也。"《墨子·经说上》诠释为"志以天下为芬，而能能利之，不必用"。义是利本身，志在各守其分，即立志要把天下众人的事当作自己分内的事，才能兼利天下，而不居功自用。融突和合是外王事功各类概念、范畴之间矛盾、冲突化解的普遍原则和方法，亦是和谐弥合内圣各种概念、范畴之间差异、危机的普遍原则和方法。唯有融突和合才能化解各种内外的冲突。由差异而产生矛盾，由矛盾而产生冲突，冲突的激化，就会危害民族国家生命财产的安全，因此必须思议协调冲突的方法，这便是融合，由融合而达和平、合作，即和合的境界。

五、哲学的特性

中国哲学的七大元理，是特定时空环境内在世哲学家通过思维、思想的忧思所构建的，其哲学理论思维是那个时代哲学家对人与自然、社会、人生关系的自我体认的升华；是那个时代哲学家反思人与自然、社会、人生互相关系而度越一般性的诠释而构建的概念、范畴的逻辑；是哲学用以反思人与自然、社会、人生的价值、理想、审美的再反思。这是在世哲学家理论思维所把握的那个时代的精神，也即哲学的时代精神的精华。时代总是一定时空内的时代，离了时空就无时代，哲学的时代精神亦是特定时空内的时代精神。

中国哲学是在"继往圣之绝学"哲学理论思维成就基础上，在世哲学家在其理论思维方式引导下的再反思、再体认，以赋予价值理想、伦理道德、审美旨趣、终极关切新生命、新创造、新品格、新气质。

在当今信息化智能化时代，人工智能的发展比思想跑得更快，人类面临新旧汇聚、错综复杂的挑战。这是在一定时空内在世环境下出场的现象或理念。在世环境是在世时空内所出场的东西，随着时空内在世环境的更替、变化、发展，就会度越其有限时空内出场的东西，包括理论思维概念范畴的有限性，人们在改变在场有限的环境中以自己的智能创造度越在场，度越有限，度越传统哲学的概念范畴的逻辑框架，依据中国哲学"自己讲、讲自己"的原理，创新中国哲学，并把这种哲学称为和合学哲学。

和合哲学的包容性。包容意味着开放，哲学的追求智慧，是永无止境的，是永远开放包容的。开放才能邀游于无边无际的天地之间，才能载物于有象有迹的东西之中。开放是打开一切门户，而趋向无限。包容是将汹涌而来的无限的东西，经消化而吸收包容进来，成为和合哲学的营养。和合哲学的开放包容是由其特性决定的，其哲学本质是"爱智"，追求智慧，而不是"智者"，即自命不凡的已拥有智慧的智慧者。如果封闭自己，唯我独尊，罢黜百家，只许一家独鸣，一花独放，这便扼杀了开放包容。和合哲学永远在追求爱智的途中，在开放包容的路上迈步。这是和合生存世界发展繁荣所必具的选择。

和合哲学的反思性。反思是把思想反过来而思，反思的对象是思想，作为反思对象的思想，是整体的、普遍的思想，是人对于自然、社会、人生的道的思想。由于各个时期时空环境的差异，回答时代之问亦不同，人所面临的生存问题、意义问题、可能问题的变化，反思的核心话题亦异趣。反思的思想要同自然、社会、人生之间有一定的张力，才能回答道之所以道，这是检验和合哲学理论思维与自然、社会、人生实践冲突融合的有效方法,也是审查和合哲学能否给自然、社会、人生实践提供鸢飞戾天的空间,使和合哲学青春活力永驻的有效方法。和合哲学虽来自人对自然、社会、人生的道的道的体贴,但不是其翻版,而是来自它又度越它,度越它又寓于它,这既是中国哲学反思思维的特质,又是和合哲学理论思维的特质。和合哲学的反思思维,就蕴含着否定性的批判思维,这是由哲学穷根究底的思维所决定的,其能真正使和合哲学青春活力永驻。

和合哲学的创新性。反思是追根究底的思,是以思想的思想而反思的思想,是批判地对待以往的结论、原理和以构成其思想的"前提"进行再反思的工作。唯有如此,才能在前人思想的肩膀上起步,才能为思想哲学的创新夯实基地。创新是一切哲学理论思维的生命,苟日新,日日新,又日新,"日新之谓盛德"。唯有不断创新,才能与时偕行,才能最大获得,才能"外得于人,内得于己",才能度越旧思想、旧观念、旧方法、旧体系,因为哲学思想也同历史一样,既有其时代的局限性,也有其创造思想者思想的局限性,"为道也屡迁,变动不居,周流六虚,上下无常,刚柔相易,不可为典要,唯变所适"(《周易·系辞下》)。因此,在新的历史思想时空要以新思想、新观念、新方法、新价值、新理想构建哲学理论思维体系。新哲学理论思维体系的重建,是哲学理论思维自身内在逻辑发展的进程,也需要哲学创新者耐住孤独寂寞,以"三年不窥园"式的勤奋思议,定、静、安、虑、得式地探赜索隐,以"致广大而尽精微"式的学问思辨,以"尊德性而道问学"式的诚信笃行,以颜渊"一箪食,一瓢饮,在陋巷,人不堪其忧,回也不改其乐"的求道精神,孜孜求索信息智能的理论思维前提和基础、理论思维根据和化解之道,才能造就唯变所适的哲学理论思维创新的创造者,才能重建哲学理论思维新的哲学概念、范畴理论体系。营造哲学理论思维体系的新大厦，必须夯实地基，不能在空地废墟上建造。老子说："合抱之木，生于毫末；九层之台，起于累土。"合抱的大树，是由细小的萌芽发育来的，九层的高台是由一堆堆泥土垒成的，和合哲学理论思维体系大楼是由一点点创新汇聚的。

和合哲学的自尊性。和合哲学的实践活动，是创造有价值的意义世界的活动，它把人类理解、把握世界的种种方式和价值，理解为构成意义世界的基本方式，因而以理论思维形式构成文化自信、哲学自信、话语自信的自我觉解，又即是对意义世界的自觉和创造。这种自觉和创造是和合哲学自尊性的前提，犹如青天碧海的心境而自由创造，无限发挥和合哲学的精要，自然、社会、人生的矛盾、冲突、危机都在其融突和合之中充分展示其哲学的自信。它像一道玄奥无匹、饱含和合深义的径路，展开一条哲学自尊的大道。由哲学的自尊而有哲学的自信，由哲学的自信而有哲学的自尊，两者相辅相成，相得益彰。自尊与"天不变，道亦不变"之异，是建立在变动不居而唯变所适的不断创新基础上的，自信与悲观失望、唉声叹气之别，是建立在中华民族5 000多年来先圣先贤爱智追求辉煌成果的平台上的。自尊是被和合哲学的体用一源、理一分殊深邃元理所兴起的情感的自然流露，自信是被和合哲学的元亨利贞、内圣外王精微元理所激起的情怀的心气扩展。自尊、自信是对中华民族自身哲学的热爱和不断追求，是中华民族和合哲学再复兴的无限愿景，是求索自然奥秘、洞察社会融突、体贴人生境界，以展示理想的可能世界。

和合哲学的审美性。作为反思思想的道的和合哲学的审美，根植于人类实践创造性活动的存在方式之中，审美的反思既度越又内在，越是开放包容，就越是有"飞龙在天"的自由，有自尊、有创新。中国从先秦以来就以"礼乐文化"自尊，孔子所说的"游于艺"，不仅仅蕴含着技艺，而且蕴含着在熟习这种技艺中获得一种审美的感受和精神愉悦，即审美艺术的享受。朱熹注曰："游者，玩物适情之谓。""游"是审美主体与审美对象之间无拘束地、自由交往地玩，从而获得适情的快感的审美活动。然孔子"游于艺"的终极目标是"志于道"，通过"据德""依仁"，"日用之间，无少间隙，而涵泳从容，忽不自知其入于圣贤之域矣"。由此达到的圣贤境域的路径与审美活动是一致的，其间并无功利性的冲突，却有道德性的浸润。和合哲学的审美，是以审美情感为核心，以审美活动关系为纽带，以审美的概念、范畴为框架，构成和合哲学审美体系。审美生存情感：心境，审美生态学；心理，审美心理学。审美意义情感：心性，审美人格学；心命，审美教育学。审美可能情感：心道，审美哲学；心和，审美境界学。这六个审美学科，是围绕和合审美活动关系而展开的张力，又是其关系的融突和合的存在方式。和合哲学美学的审美是追求真善美的和合境界，其存在的方式和流行的态势是无待的、自由的，是艺术创造和心灵境界的生命活动。

和合哲学的高远性。和合哲学的审美情感活动，在追究真善美的融突和合中，追究人在自然、社会、人生中存在的奥秘，求解人在创造性活动中创造现时代的真善美的境域。这是一个上扼天穹、下载万物，以崇高博大的气魄、高远堂皇的心态，"判天地之美，析万物之理"。这是一个充满哲理思想气质的话题，高明的识度，逻辑地展现和合哲学高远的价值理想。就像燃烧着五光十色的光和热，不懈地追求"认识你自己"的哲学智慧，终极关切的精神家园。为了如此，必须思想如皎洁月亮，又远又近，又缺又圆，新颖而精警，慎思而明辨，唯有智者胸怀广阔，在天地万象千变间，骨子里和平、合作、发展却是天人相与不变的魅力。仁民爱物、悲天悯人情感的体现，乃是"追求真理的勇气，相信精神的力量"。

和合哲学的高远，是勇立潮头的气度，异想天开的识度。它不是凡人只想今天的事，愚人只记昨天的事，而是智者见其远、觉其旷、思其深、求其道。勇立潮头，不免遭风急浪高的冲击，惊涛拍岸的危险，见、觉、思、求的探赜，远、旷、深、道的索隐。冲击才显英雄本色，危险才现坚忍不拔，探赜方悟自力更生，索隐方体自强不息，冲突才有鲜活的故事，矛盾促使事业的进步，钩深促使家国的繁荣，致远寻求天下的太平。这是和合哲学时时对人类命运的沉思、刻刻对人类未来的憧憬的人文情怀，是"观乎天文以察时变，观乎人文以化成天下"的历史使命。

"明月几时有，把酒问青天。不知天上宫阙，今夕是何年。"为探求自然、社会、人生的价值和意义而寻找一个支撑点和核心话题，便形成追根溯源的和合哲学。和合哲学以真拥抱天地万物现实的生存世界，以善拥抱修身养性为本的意义世界，以美拥抱美美与共艺术的可能世界。和合生生道体永远在激情追求的途中。

（罗鸿整理）

第二讲
科学技术哲学在中国的兴起与发展

◎ 刘大椿

时间：2020年7月21日 19：00—21：00
地点：中国人民大学人文楼

  刘大椿，中国人民大学首批一级教授，当代著名哲学家，我国科学技术哲学的重要开创者和领军学者，全国模范教师。曾任中国人民大学校长助理、研究生院常务副院长、哲学系主任、图书馆馆长、校学术委员会副主任，中国自然辩证法研究会副理事长等。出版《科学活动论》《互补方法论》《思想的攻防：另类科学哲学的兴起与演化》《西学东渐》《师夷长技》等著作，撰写和主持编写的《科学哲学》《科学技术哲学导论》《科学技术哲学》等教材，系统构建了中国科学技术哲学的基本理论框架、基本问题和基本研究方法，为学科发展与成熟奠定了坚实基础。先后指导了60余位博士，有3位博士曾获全国优秀博士论文奖或提名奖。

今天要和大家一起分享的题目是"科学技术哲学在中国的兴起与发展"。讲到科学技术哲学，我想不管是在行的，还是比较生疏的，都一定会把它和技术哲学联系在一起，这是没有错的。但是在中国，科学技术哲学除了与科学哲学、技术哲学有很紧密的联系，同时它也有自己的传统。它是一个有中国特色的、非常有历史底蕴的一门学科。今天我就这个问题与大家分享一些想法。

关于这个题目，我前段时间在《光明日报》"文史哲周刊"上发表了一篇文章，关于它的一些主要内容，特别是怎么去从正面看待科学哲学、科学技术哲学在中国的兴起以及它的发展，也就是说它的前世今生，在中国是怎么发展起来的，即发展的历程和特点，以及当今存在的一些问题，我在文章中已有扼要的说明。今天我要在这个基础上概括主要内容，同时补充一些相应的知识与看法。中国科学技术哲学是和科学哲学与技术哲学相关的。科学哲学与技术哲学的发展又是和科学技术在当今世界的发展紧密联系的。中国的科学技术哲学，其学科建制化发展，是始于自然辩证法的传播与发展。也就是说，自然辩证法在中国的传播和发展为中国科学技术哲学学科的建制化创造了条件。但是，学科的成熟并不是在自然辩证法一开始传播就实现了，而是在1978年改革开放以后才做到的。中国的科学技术哲学有非常光荣的历史，它是中国社会发展新思维的重要提供者，是中国社会变革的参与者，在改革开放中发挥了重要作用。经过40余年的成熟与规范化发展，当今中国的科学技术哲学已经成为对中国当代社会与思想影响深远的学科之一。

以下主要从四个方面进行阐释。

一、学科历史渊源

科学技术哲学作为学科的兴起与自然辩证法在中国的发展有着深厚的渊源。这一演进是由学科、建制与社会背景多种因素促成的。"自然辩证法"是恩格斯在19世纪下半叶所开创的一门研究。恩格斯写了很多自然辩证法的札记,他当时对科学技术的发展、对科学技术与哲学的关联非常感兴趣。但是很可惜,由于恩格斯非常忙,有许多重要的工作,比如马克思的《资本论》后面几卷的编写,更急需他去完成,所以"自然辩证法"在他那里只是个手稿。这个手稿到20世纪由德国社会民主党与苏联苏共中央一起整理出来,有德文本和俄文本。《自然辩证法》第一个中译本出现于1932年,这本书的出现标志着自然辩证法正式传入中国,这在马克思主义传入中国的历程中是一个重要的事件。作为唯物辩证法研究和传播的一部分,中国的自然辩证法事业是一批学者从研读恩格斯的《自然辩证法》一书而发展起来的。也就是说,当时一些进步的学者,他们研读《自然辩证法》,把它作为唯物辩证法在中国思想界占据主导地位的一个部分,从而为它的传播及后来的发展创造了条件。

新中国成立之初,自然辩证法的理论研究工作也是和当时开展的马克思主义理论教育直接联系在一起的,它的主要对象是科技工作者和理工科师生。有两个重要的事件,对于自然辩证法的发展,也就是我们今天所说的科学技术哲学的发展来说,是绕不过去、非常重要的。一个是1956年6月,中国科学院哲学研究所成立了自然辩证法研究组(当时还没有社科院,哲学所是在科学院下面成立的自然辩证法研究组),这是自然辩证法学科建制化的一个重要标志。另一个就是我国制定了《1956—1967年科学技术发展远景规划纲要》，对中国的科学技术发展，以举国体制提出了许多重要的愿景，也给出了许多重要的方向，其中就有自然辩证法的发展。在该规划纲要中，对自然辩证法是这么说的：在哲学和自然科学之间存在着这样一门科学，正像在哲学和社会科学之间存在着一门历史唯物主义一样。这门科学，我们暂定名为"自然辩证法"，因为它是直接继承着恩格斯在《自然辩证法》一书中曾进行过的研究。这段话非常经典，它是我们追寻科学技术哲学的前世今生无法忘记的。实际上，它有这么几个意思：在哲学与自然科学之间存在着一门科学，就是自然辩证法，这门科学，和哲学与社会科学之间存在着的历史唯物主义一样。由此可以看出，国家对自然辩证法的定位是非常高的，是把它和历史唯物主义并列的。

  为什么这么定名呢？我想有很多原因，最重要的原因是，它直接继承着恩格斯在《自然辩证法》中曾经进行过的研究。虽然恩格斯没有正式的著作，但是他把他的手稿以"自然辩证法"之名留存下来了。所以，我们讲历史，就需要注意1956年发布的《1956—1967年科学技术发展远景规划纲要》所提出来的内容。当时，自然辩证法研究有自己的特点，主要集中在"自然科学的哲学问题"与"自然科学的社会实践"这两个方面。前者主要是理论上的。在当时的研究中，中心论题是自然观。因为在马克思主义语境下，自然观和社会观是两个非常重要的观点。自然观是与认识论和方法论统一的，所以要研究认识论和方法论，就要有正确的自然观。而自然观，按照马克思主义的观点，它是与科学的发展紧密相关的，特别是和科学革命联系在一起。科学观直接影响着自然观，进而带来认识论和方法论的重大变革。所以，自然辩证法研究的中心问题是自然观，但是它直接联系着的是科学观，和科学技术的发展与科学革命紧密联系在一起。在自然辩证法研究中，也就是在最初的建制化过程中，有一批自然科学家担当了重要角色，像我们后来熟悉的钱三强、钱学森、周培源等，这些人都在自然辩证法研究中起到了重要的作用。几乎每一个学科，物理学、化学、数学、生物学、天文学、地质学等都有重要的代表人物研究自然辩证法。他们的参与，大大普及了科学技术哲学，普及了自然观，同时也扩大了自然辩证法的社会影响力。

从新中国成立到1978年改革开放以前，马克思主义的自然观的自然辩证法起了非常重要的正面作用，是马克思主义和科学技术工作的桥梁，也就是说，自然辩证法联结着马克思主义与科技工作、科技工作者。这一点，是自然辩证法和科学技术哲学史中非常重要的一点，它作用在今天，我们还应该很好地总结、继承。特别是，自然辩证法的研究联系科技发展的前沿，非常关注现实，而且自然科学具有内在的批判品格，所以自然辩证法本身的发展在马克思主义理论发展中也有其自身非常重要的特点。

一般来讲，和自然辩证法相联系的，都是比较开放、比较前沿的。所以当时也有人说，自然辩证法研究是一个开明的马克思主义，给了它"开明马学"的绰号，我觉得这也是对自然辩证法的一个重要褒奖。自然辩证法事业团结科学家、参与前沿开发、努力为国家服务，为我国现代化事业做出了重要贡献，受到广泛欢迎。当然，在当时，特别是"文化大革命"期间，对自然辩证法的研究也有所冲击，出现了一些比较错误的思想和影响。比如把自然辩证法当成一种标签贴在自然科学的理论上，再比如将爱因斯坦的相对论说成是唯心主义的，将摩尔根的基因遗传学说成是形而上学的等等。但总体来说，主流还是很好的。

自然辩证法事业从历史传统和现实发展中形成了自己的鲜明特色，是马克思主义发展中一个重要的方面，而且在某种意义上，在当时也成为标杆。原因在于，自然辩证法理论的发展正好体现了马克思主义理论所提倡的三大结合。一是理论与实践的结合，马克思主义理论要和中国改革开放实践结合起来；二是科技与社会的结合，科技发展有自身规律，但同时也要和社会发展相结合，社会发展与科技发展有相互促进的关系，也有可能抑制对方的发展，就是要把科技与社会结合起来；三是中国与世界的结合，在改革开放的初期，应该说自然辩证法是面向世界，是开放的重要窗口。中国和世界的结合，是我们过去40多年取得重要成绩的保证，自然辩证法研究就体现了中国的自然辩证法传统，与科学哲学、技术哲学和科技与社会，以及其他与科技相关的世界性研究相结合。

改革开放以后，特别是20世纪80年代、90年代和21世纪以来，中国哲学的发展有了长足的进步，中国哲学在这段时间建立了具有中国特色的哲学学科，有了一系列的方向。其中科学技术哲学是中国的大哲学，也就是中国特色哲学中一个重要的二级学科，后来有八个二级学科，现在有十多个二级学科。

以上是我所讲的第一个方面，就是学科的历史渊源。从中我们可以看到，中国的科学技术哲学的确是与科学哲学、技术哲学等学科发展相联系的，但它有自己的传统和历史渊源，这就是与中国自然辩证法的研究和事业是密不可分的。

二、科学技术哲学的兴起

科学技术哲学是一个新的学科规范化的名字。这个名称在世界上是独特的，过去我们知道有科学哲学、技术哲学，但是没听过科学技术哲学。今天，在中国大家都知道科学技术哲学，在世界上大家也都知道有这样一个学科。它是怎么兴起的呢？实际上有一个平台，这个平台意味着有一个共同体。全国性的学术研究平台——中国自然辩证法研究会，在1981年正式成立，一个学会当然是重要的，但是中国自然辩证法研究会还有特别重要的意义，这是小平同志题词、批准成立的。这个平台现在仍在正常开展工作，而且卓有成效，已经团结了一大批学术共同体的成员。

再就是还有一批专业性的学术期刊。学术期刊有很多，但是综合性的、比较重要的有1979年创刊的《自然辩证法通讯》、1984年由山西大学创刊并负责主办的《科学技术与辩证法》、1985年由学会主办的《自然辩证法研究》，另外还有很多其他的专业性学术期刊。这些期刊在科学技术哲学的兴起中起了很重要的作用。今天，这些期刊已经是我们学界重要的成果刊载体。《自然辩证法研究》影响较大，下设五个专栏，即自然哲学、科学哲学、技术哲学、工程哲学、科技与社会，这也可以看出自然辩证法是如何发展的。《自然辩证法通讯》起了非常重要的作用，关于自己的对象有副标题，非常有特点，是关于科学技术哲学、历史学、社会学和文化研究的综合性、理论性杂志，也就是说给我们学科做了一个这样的定位。由山西大学负责主办的《科学技术与辩证法》已改名为《科学技术哲学研究》，成为本学科的期刊。可以看出，这三个重要的期刊，对自然辩证法和科学技术哲学的定位是非常清楚的。

科学技术哲学的兴起，还有一件事情是不能绕过去的，它也是中国自然辩证法事业成长和发展的一个重要标志。在20世纪80年代，"自然辩证法"课程由国家教委确定为高等学校理工农医科硕士必修的一门马克思主义理论课，同时还规定理工农医科博士生要开设"现代科学技术革命与马克思主义"。这两门课的主要内容都和科学技术哲学紧密相关，这些课程的开设推动了教学与研究队伍的壮大。中国的大学，理工农医科占据了百分之七八十，这些学科的学生，特别是硕士生和博士生都要上这门课，这对科学技术哲学的发展、对教学和研究队伍的壮大是至关重要的。另外，从1981年开始实施的《中华人民共和国学位条例》也规定自然辩证法、科学技术哲学有资格授予硕士、博士学位。这是从1981年就有的，但是开始只有几个单位从事自然辩证法的硕士生和博士生培养。科学技术哲学的兴起应该说是与改革开放的历程紧密相关的，我们知道改革开放是我们党的一次伟大觉醒，正是这个伟大觉醒孕育了我们党从理论到实践的伟大创造。

在科学技术哲学兴起的过程中，实际上整个社会的思潮都非常活跃，其中有一个很重要的标志，就是有一大批学术著作引进国内，其中非常著名的是"走向未来丛书""汉译世界学术名著丛书""二十世纪西方哲学译丛"。这些丛书非常具有影响力，涉及自然科学和社会科学等多个方面。这些书是在20世纪70年代末和80年代出版的，我当时并不是很富裕，工资不多，但几乎每一本书出来我都买，许多书把新鲜的学科介绍到国内，代表了当时中国思想解放前沿的成果。在那个时代的学生和学者，一定有这样的体会，这些书的出版和它介绍给大家的内容，实际上是一场思想实验。

有学会和学术共同体，有学术期刊，有改革开放的事业，同时有许多新的思想的传播打基础，学科进一步向专业化方向发展。哲学也需要发展，哲学的发展就意味着哲学下面的二级学科也要得到发展。所以通过大家的努力，也征求了许多意见，教育部将哲学学科下属的二级学科目录"自然辩证法"调整为"科学技术哲学（自然辩证法）"。这就是说，学科建制化的发展在这个时候已经基本上确定下来，开始趋向成熟了。随着学科建制的完善、研究人员的增多，科学技术哲学的研究边界得到极大拓展，并不是说把"自然辩证法"调整为"科学技术哲学（自然辩证法）"，就把它固定下来了，而是这样一个学科的重要性特别在于与科学技术相关，但由于科学技术牵涉许多问题，有许多新的思想进入，需要整合，所以，科学技术哲学就成为众多新学科的"孵化器"，不断有新的人员和思想参与进来，交流、突破、迸发灵感。有一些学科留下来，使得科学技术哲学更加完善；有一些学科自立门户，在思虑成熟后转入其他学科，或成为独立学科。

科学技术哲学在自然辩证法的基础上，拓展到非常重视科学技术的认识论和方法论研究，注意科学技术和社会的关联，这几个方面整合起来，就成为科学技术哲学的主体。同时又有许多新的学科孵化出来，包括科学学、潜科学、未来学和系统科学，这些新的学科和交叉学科，按照恩格斯的说法，在学科的边缘最容易有新的创造，这些东西整合到科学技术哲学里面，使学科得到成长与壮大。所以，20世纪80年代，也就是科学技术哲学兴起的时期，是一个"理论拓展期"，起初是以科学方法论和科学认识论作为研究热点，如此催生了一大批新的学科。同时，科学技术哲学或者说自然辩证法，就成了一个宽松的"大口袋"。有人认为这个比喻不是太严肃，但是很实际。自然辩证法的确是一个"大口袋"，确实装进了许多东西，但装入很多东西并不是说就成了科学技术哲学，而是从中整合出中国的科学技术哲学，形成处于自然科学和哲学社会科学的边缘与交叉地带的百科全书式学派，汇聚了不同研究方向的研究者，突出了学科的交叉性。所以科学技术哲学在改革开放这40多年，有一个兴起、成熟与发展的过程。

改革开放以来，中国科学技术哲学的发展历程可以划分为四个阶段，非常幸运的是，所有这四个阶段，我也是一个见证者、参与者。

1. 第一个十年

从20世纪70年代末到80年代，这个时候是拨乱反正的时期。科学技术哲学由于它的跨界性，以及它与科学和技术、科技和哲学的紧密关系，在中国就成了思想解放的领头羊。第一个十年，我们有时候称科学技术哲学为科技哲学，它成为思想解放的领头羊，我想不是自封的，的确有许许多多以科技哲学的名义引进来的思想在中国社会、中国思想界广为传播。当时提出的一些观点（当然这些观点都是可以争论的）引起了非常多的关注，而且应该说是引起了各界，包括科技界、思想界的关注。比如"三个世界"理论，也就是客观世界、主观世界和客观的主观世界的理论，在20世纪80年代初，我们就把它介绍到中国，而且对它做了批评的同时，也吸收了其中的一些合理之处，应该说产生了一定的影响，虽然当时也有不少人批判这种观点，但是最后大家觉得，的确我们不能简单把这个世界仅仅划分成客观世界和主观世界，这是一个比较复杂的问题。"三个世界"理论，对客观世界和主观世界的关系做了一个非常特殊的说明，我觉得这实际上也是一个开放的、拓宽性的进展。又比如当时有学者提出来，为什么中国封建社会往往都是通过农民起义把封建帝王推翻，然后重新建立一个新的帝制，再出现新的震荡，又出现新的农民起义，用控制论的观点来解释即中国社会是一个不断动荡的社会，但又是一个超稳快的社会。当然，这是一种新的解释，关于这种解释也是有争议的。但这种解释在历史的发展中，在社会科学的研究中，引起了很多人的关注。这就是说拓宽性的进展在第一个十年，有许许多多的事例。

2. 第二个十年

从20世纪80年代末到90年代，这个时期主要的进展就是科学技术哲学学科终于在高等教育领域实现了建制化，成为哲学的二级学科。这个二级学科逐渐成熟起来，也就是说有了自己的教材体系、学科体系和人才培养体系。同时，它的受众也越来越广泛，除了哲学界，还包括理工科的人才如理工农医的硕士生和博士生。特别是20世纪90年代，随着关于科技经济和社会的关系的研究取得突破性进展，越来越多的学者转向科学、技术与社会（STS）研究，发展战略研究和科技政策研究成为一个热点。所以在这个时候，科学技术哲学实现建制化有重要的学科发展基础。同时，在这个十年，应该说自然辩证法已经成了理工科研究生的思想政治课，成为一门公共课，同时它还是一门必修课。自然辩证法作为一门思想政治课，有数以万计的教师。所以，在国际交流中，我们说到中国的科学技术哲学这个共同体有多大，我们说有几万人，这让全世界的同行都非常惊讶和佩服。

3. 第三个十年

21世纪以来的十年，科学技术哲学直面科学发展的新问题，其中一个重要的方面是生态文明，另外还有以人为本的问题。生态文明、科技发展和经济发展是密切相关的，但是生态文明是从另外一个视角来讨论文明的发展。为什么我们在原来的四个文明的基础上增加了生态文明，这正是科技发展与我们经济社会发展的必然。此外，科技与人本的关系，科技与人文的关系、与社会的关系，也是理论界关注的问题。所以在第三个十年，也就是21世纪开始以来，有这样三个中心问题理论界是不可忽视的：一个是自然与人的关系，一个是科技与社会的关系，一个是科学与人文的关系。它们成了理论界的中心论题，促进了对单向度的发展理念的反思。在这个时候，科学技术哲学的学科发展逐渐成熟，队伍有了一定的规模，呈多样化，与国际接轨，而且具有中国特色。在第三个十年，科学技术哲学的硕士点在全国已经有四五十个，博士点有一二十个。也就是说，在哲学学科中，科学技术哲学已经是一个非常重要的分支，它的学科、理论成果以及人才培养和队伍都已经取得非常重要的进展。

4. 第四个十年

最近的十年，科学技术哲学工作者积极在全社会强化科学的意识和人文的精神。下面探讨四个重要的问题和重要的发展。

第一个探讨科技发展中深层次的问题，深度透析科学精神和人文精神的融合。今天，我们依然要强调科学精神，但是我们不能离开人文精神，单独地讲科学、唯科学主义是有偏差的，一定要把科学精神和人文精神相融合起来。怎么融合？这是科技发展中的一个深层次问题，也是科学技术哲学所关注的、应当去解决的。

第二个探讨对原始创新理念和机制的培育和发展。2010年以后，我国应当说已经是一个科技大国了，但还不是科技强国。一个重要的原因就是原始创新不够。那应该怎么培育原始创新的理念，实现原始创新的新机制？这是一个重要的问题，也是科学技术哲学需要认真研究，并且正在研究的问题。

第三个探讨主动迎接新一轮科技革命的到来。新一轮科技革命也称为第四次科技革命，也就是智能革命。智能革命带来了新的机遇和挑战，但是怎么回应智能革命的机遇和挑战？这是一个比过去更复杂，也更重要和迫切的问题。现在我们有许多科学技术哲学工作者在做这方面的工作，和我们的科技人员结合起来。

第四个探讨面对新时代本学科的建设和调整中的问题。我认为应当努力进行新的开拓。当然，科学技术哲学的发展，在第四个十年，我觉得总体是上升的，但是也遇到了一些新的问题，需要认真调整，再进行新的开拓。

三、学科的规范与多元

科学技术哲学兴起后，特别是20世纪90年代中期以来，经济全球化伴随着生态危机，由气候变化带来了许多新的变化和问题，科技社会和环境的冲突加剧，这就在理论和实践方面提出了新的问题和要求。在理论研究方面，越来越要求符合国际学术传统的规范，科学技术的理论研究同样是这样。在实践研究方面，因为实践研究的开放性存在许多问题，因而其开放性又使科学技术哲学的研究路径越来越多样化，它不能按照既定的路径发展，它有自己的发展道路，有新的发展进步，所以这里就有一个规范与多元的问题。所谓规范与多元的格局，主要体现在科技与自然、科技与社会、科技与人这三大中心问题上。科学技术哲学建构出一个覆盖面宽、内容多样、边界模糊、横向交叉繁多、充满生命力与时代性的独特研究领域。那么，在这样一个规范与多元的发展中，出现了一些新的方向，有些是与传统的方向重合的，但有新的内涵，许多新的发展方向都是我们科学技术哲学需要关注的，因为对科技时代提出的科技相关问题，要进行相关的回应，而进行回应就需要拓展科学技术哲学这门综合性的交叉学科。

下面我扼要地给大家介绍一下从20世纪90年代以来，科学技术哲学所形成的几个主要的方向。

1. 自然哲学

自然哲学是传统的研究、有特色的研究。但是现在的自然哲学研究和过去比较，特别是和亚里士多德的、和我们原来所说的自然辩证法的自然科学的研究比较都有所不同。为什么？因为就自然观这个角度来说，我们现在着重讨论的，不是所谓几大演化问题。过去我们讲自然观，主要是讨论宇宙的演化、地球的演化、生命的演化和人类的演化。但是今天，这些问题主要是留给自然科学去做，自然哲学主要讨论的是天然自然和人工自然的关系。天然自然和人工自然的关系现在已经非常紧密，我们不能忽视天然自然，又不能离开所谓人工自然来抽象地谈论所谓天然自然。在这种情况下，保持人类改造天然自然与保护天然自然的某种平衡特别重要，应当认识到自然是人类唯一的家园，必须敬畏自然，这是对片面地强调人定胜天以及人可以做一切事等观点的反思，要敬畏自然，人是自然界的一部分，人是离不开自然的。

在这种情况下，我们不能离开自然、脱离自然，抽象地谈论所谓人的能动性，我们必须敬畏自然，否则就要受到惩罚。其实，这个思想恩格斯就有，他说人类如果胡作非为，肯定会受到自然的惩罚。同时，现实世界其实就是人工自然。现实世界的发展需要可持续，可持续发展的理论基础、基本内涵、伦理原则和价值标准、评价方法和指标体系，都需要重新设定。我们不能"唯GDP"，当然GDP很重要，但是"唯GDP"就有问题，而且这个问题可能非常大，这就是自然观需要研究的。但是研究的重点是什么？理念应当是什么？现实世界的发展，这个也是必须推进的，但是怎么推进现实世界的发展，这是自然哲学要讨论的。科学哲学在发展过程中，曾经有个阶段，即否定自然哲学，认为自然哲学是思辨哲学，应当被科学哲学取代。但是今天，科学技术哲学又重新认为，自然哲学有新的研究内涵、方向和价值。

2. 科学哲学

科学哲学是科学技术哲学中一个基本的理论方向。对于科学哲学的研究和它的发展，我们国家是做了很多工作的。首先，对科学哲学在过去一两百年的发展进行了认真梳理、研究、讨论和批评，这个工作还是做得非常充分的。现在每一个新出现的科学哲学理论，应当说在中国不超过一年就有学者知道而且在研究了。对科学哲学的逻辑主义的传统、历史主义的传统、建构主义的传统，以及它包含哪些学派，这些学派的关系和关联，我们都搞得比较清楚。同时，我们也注意到了批判科学的另类的科学哲学。对于另类的科学哲学，以往学者都不把它算作科学哲学，我们也进行了比较认真的研究，也因此演绎出了一些新的理论生长点，这些理论生长点成为我们国家科学技术哲学研究、科学哲学研究的亮点。其次，我们对自然科学背景下的重大哲学问题，也就是原来我们比较注意的自然科学的哲学问题的研究，有了新的进展，有很多学者研究量子哲学、生物学哲学或者是生态学哲学、认知哲学、人工智能哲学，这些研究在科学上也是非常前沿的，当然在哲学上的概括会带来思想上的许多突破。

3. 技术哲学

技术哲学从总体上研究技术和技术发展过程中的普遍规律。对早期的理论性问题，我们国家的科学技术哲学工作者做了非常多的工作，比如，研究了技术的本质究竟是什么，怎么看待技术的本质；还研究了工程论的或者工程传统的技术哲学以及人文论的或者人文传统、人文主义的技术哲学的基本思想，有哪些主要的学者流派，有哪些重要的著作。这些问题的研究非常充分，特别是在工程哲学这一新的领域，我们国家的科学技术哲学工作者非常有创造性。当然，有的学者认为工程哲学应当算是一个新的方向，但我觉得它还是技术哲学的一个重要延伸。因为在科学哲学、技术哲学，包括产业哲学的链条中，中间有工程哲学，当然还有很多其他哲学的发展。工程哲学的基本问题也是技术哲学需要研究的，因此学界把它作为技术哲学的一个重要进展。此外，在技术哲学研究中，我觉得不能忽视的一点是反思技术的负面效应。以往我们一直认为技术就是人类的工具，能为人类服务，是价值中立的。但是今天我们不能简单地说技术是价值中立的，因为预设技术、技术价值的合理性、技术发展的社会控制的概念以及技术责任、技术的善、技术与人文关怀这些问题，都成了技术哲学研究，也就是科学技术哲学研究的重要问题。特别是如今智能技术、生物遗传、基因工程技术与人直接相关，因而不能简单说技术是价值中立的。

4. 科学技术与社会研究

科学技术与社会研究是把科技与社会结合起来研究的一个新兴学科方向，主要有以下几个方面：第一，联系中国的历史和现实来进行STS研究。第二，从哲学、历史和社会学的视角透析科学技术发展的社会过程和机制，致力于科技发展与公共政策研究，也就是所谓的咨询研究。第三，在科学技术与社会研究中，还有一个与科学哲学紧密联系的，就是所谓科学知识社会学（SSK）的兴起。和其相关联的是重视和提倡科学实验室的田野调查，关注学术环境和社会因素对科学的影响，研究科学共同体的范式、科学家的信念、科学技术的资源分配等问题。科学技术与社会研究是与科技实践紧密结合在一起的。

5. 科技思想史研究

科技思想史研究是属于科技史的研究，但是与科技史的研究还有一定的区别。科技史本身是一个学科门类，科学思想史以科技史为基础，着重从哲学层面加以关照，或者把它延伸到科技社会思想史的领域。在今天的研究中，科学史和技术史的案例研究是科技思想史的重要方面，特别是从事科技哲学的共同体成员研究科学史的案例。此外，中国问题研究也是当前被关注的一个热点。古代科学思想史的研究，近现代科技转型史的研究，即中国近代和现代的科技转型究竟是从什么时候开始的？是怎么进行的？中间遇到了什么样的问题？我们今天怎样来看待转型？以及科技发展与思想文化关系史的研究，是中国问题研究中非常为大家所关注的。还有个是与科技发展有关的思想史和社会思想史的问题，比如科学意识形态的问题，科学是不是意识形态？马克思主义哲学并不讲科学是意识形态，但是西方马克思主义，比如哈贝马斯就认为科学是意识形态，究竟科学与意识形态是什么关系？演变如何？我认为现阶段应当做深入的研究，特别是要结合我们现实的发展以及科学文化和人文文化的分合历程进行研究。科技如何在历史事件中引发思想演变，诸如此类的问题都是科技思想史应该研究的。

所以，刚才我所说的规范与多元，就是说科学技术哲学的研究在近几十年来，特别是从20世纪90年代，学科建制化已经成熟和规范以后，研究倾向于不同路径，现在有五个重要的方向，当然还有一些其他的方向，这些方向不排除以后成为重要的方向。刚才我说到《自然辩证法研究》杂志有五个专栏，实际上五个专栏就是他们理解的主要方向，《自然辩证法通讯》所做的定位，也说明了多元的研究情况，这些都是我们需要关注的。

四、问题与期待

就目前的情况而言，科学技术哲学有了很大的发展，也有巨大的潜力，当然任何发展都不会是一帆风顺的，也会遇到问题。下面我想说两个我们在今天应当特别关注的问题，这个问题已经有人关注，但是我觉得我们还应该继续深入关注。另外，我也想谈谈思想政治课的定位和建设问题，因为思想政治课（自然辩证法）与科学技术哲学，是没有办法分开的，但又不完全是一回事，两者之间是互相依存、互相促进的关系。

1. 科技伦理问题

智能革命的到来，特别是人工智能和基因工程的发展取得巨大成就，一方面为经济社会迅猛发展提供了新的动力，另一方面可能为生态和人类自身的演变带来不可预计的后果。我觉得这一点，是科学技术哲学以及其他的学科如伦理学，都应当特别关注的。人工智能和基因工程都是最前沿的科技，是代表性的科技发展，而且与人自身的发展紧密相关。人工智能是说人的思维有没有可能人工化或者说被取代，基因工程是说人的进化实际上是可能为科学和技术所控制的。这种研究不仅需要我们从科学技术的角度讨论，还需要从伦理的角度，或者说从哲学的角度讨论，特别是我们今天的科技体制，其功利色彩越来越浓厚，在这样的情况下，科学的价值中立性遭到了人们的质疑。如果科技体制非常功利，科技活动、科学家与技术工作者是不是中立的呢？大家想一想就会发现，这个活动和人类其他的活动，这些人和从事其他工作的人，有本质的不同吗？他们的价值和价值观有本质的不同吗？受到质疑，我觉得是很自然的，但是科技和科学家、技术工作者，由于学科和活动本身的特点，的确和其他类型的、其他共同体的人员有所不同，那么该怎么考虑这个问题，我觉得是非常重要的。科技伦理问题的研究，不仅针对科技工作者的道德和社会责任问题，还开始关注科技与人文的关系问题、科学的价值负载问题、科学无禁区与技术有责任问题。简单地说，科学无禁区就是说人类总要从无知中解脱出来，不断地把无知变成有知，所以科学的研究、科学的探讨是没有禁区的，从这个意义上来讲，它是成立的。但科学技术的发展、科技的工作本身，又要求科技工作者有责任，如果不承担一定的责任是不行的，那么应该怎么处理和解决矛盾，这都属于科技伦理问题。我觉得这是我们学科的新的生长点之一。

2. 科学的文化哲学研究

科学文化越来越成为社会的主导性、支配性文化样式。今天我们讲文化，离不开科学文化，我们的课程、传播媒介，实际上是科技掌握的，互联网信息科技、人工智能在其中起到重要的作用。所以，教育的文化离不开科学，科学和其他文化的关系引起了学界的普遍关注。科学的文化哲学是一个新的生长点，其研究对象依然是科学，但不局限在认识论，而是把科学作为一种文化或文化活动来研究。所以科学的文化哲学，是把科学作为一种文化活动来研究，而不是主要把科学作为一种认识来研究，它不同于传统的科学论，也不同于一般的文化哲学。我觉得现在已经有很多学者重视这方面的研究，但是应当说方兴未艾，还是有很好的发展前景。

3. 思想政治课的建设问题

一开始我已经说了，科学技术哲学的前世今生，科学技术哲学这个学科的建制化发展，是和中国自然辩证法的传统紧密联系的。在它的兴起与发展过程中，自然辩证法的发展，自然辩证法事业，特别是自然辩证法的课程，起到了很重要的作用。自然辩证法的思想政治课在20世纪80年代定下来作为理工科硕士生的必修课，在20世纪90年代已经实现了博士生也要上一门关于马克思主义和科技革命的课程。它的发展备受关注，而且其发展是有很多成效的。

一般来讲，历史上的自然辩证法的思想政治课有好多模式，我所经历过的模式主要有以下三种：

第一种模式是释读经典原著。在我攻读研究生的时候，有一门重要的课就是自然辩证法原著选读，研读恩格斯的《自然辩证法》《反杜林论》，研读列宁的《唯物主义和经验批判主义》《哲学笔记》等经典原著。

第二种模式是把它作为自然观，即辩证唯物主义的自然观，从自然的演化来说明辩证唯物主义主要的理论观点和范畴，所以很重视天体宇宙演化。有一本名为《追溯三分钟》的书，从科学假设的角度阐释了演化，在当时给我们很大的震撼。还有地球的演化、生命的演化、人类的演化，在这些演化过程中，我们可以提取出唯物主义的辩证法，一种自然观。

第三种模式就是将思想政治课作为通识课。我记得20世纪80年代好多有关自然辩证法的著作就是从这个角度设计的，那个时候比较出名的几本教材都是从不同的角度设计的，都是将思想政治课作为通识课。我记得20世纪90年代到2000年前后，那个时候与清华大学的一些教授在一起讨论自然辩证法作为思想政治课究竟该怎么设计比较好，当时主要是这样一个模式，即将思想政治课作为通识课。这对理工农医的学生，可以既起到通识课的作用，又起到思想政治课的作用；对人文社会科学的学生，既起到科技普及的作用，又起到思想政治课的作用。

自然辩证法的思想政治课经过了将近30年的运作，已经很有成效。但是最近有一些新的问题，简单地说就是，究竟怎么定位自然辩证法这样一个思想政治课？它当然是马克思主义理论。但是在学科建制中，它究竟是什么？是属于哲学，还是属于马克思主义理论？其实马克思主义理论跟哲学本来就是有交叉的，但是在我们的学科目录中，确实又是两个不同的一级学科，那么，怎么判断它的定位呢？还有一个问题是，应该把自然辩证法当作必修课还是选修课？选修课只有一个学分，因而不可能有非常多的内容；如果当作必修课的话，至少是三个学分，那又是另一种设计。

此外，个别学校把科学技术哲学的学位点撤销了，因为马克思主义理论是一个一级学科，哲学是另一个一级学科，科技哲学又在哲学里面，那么自然辩证法是科学技术哲学，还是作为学科的重要支撑，究竟应该怎么看？这有一个归属问题，自然辩证法究竟应该归属到哪里？我觉得这些问题是需要认真研究的。认真研究就有助于自然辩证法这样一个思想政治课发挥它的功能，这一点非常重要。

根据刚才所提出来的两个重要的可能的生长点和有关思想政治课目前的一些情况，以及不断产生的新问题，我们应去积极应对，这也考验着学界和公众的成熟性和创造性。为进一步发展中国科学技术哲学，我们应该具备两种基本的态度：

第一，要把科学技术哲学的良性运行和科学技术的良性运行联系起来。现在迫切需要推进科学技术的良性运行，不管是我们说到的生态问题，还是究竟怎样看待科学技术，都需要科学技术哲学具有良性运行的基本态势。科技哲学第一个倾向，是为科技辩护，说明科技的合理性，为科技的发展辩护；另外一个倾向是批判科技所带来的负面影响和负面作用，认为现在人类的许多问题，特别是现在的所谓生态问题和精神危机，都是和科技有关系的。我想不管是单纯辩护，还是无情批判，我们都不能走极端，不能说仅持其中的一种态度，你可以批判，也可以辩护，但是你不能说只能批判，所有的辩护都是错误的，或者是只能辩护，批判就是反科学的。只有用全面的态度审度科学技术，才能够使科学技术哲学良性运转。这里特别要警惕漠视甚至反对科学的虚无主义倾向。不管有多少问题，或者这些问题多么严重，反对科学技术，特别是反对科学，回到科学前或者是前科学的虚无主义的倾向，我认为是绝对错误的。但是也要防止仅仅把科学作为一种功利性工具，而忽视它作为一种思想武器的浅薄眼光。科学不仅是一种功利性的工具，还是一种思想武器，这种思想武器可以批判其他的东西，也会自我批判。

第二，我想自然辩证法的思想政治课之所以一直受到理工科研究生和一般受众的欢迎，是因为它既具有思想教育功能，又具有通识课的作用，它的跨学科性，特别有助于提高理工科研究生的人文素养。我想这是其他的思想理论课很难达到的效果。所以在该课程的定位和建设中，应当坚持三句话：一是基点不动摇。作为思想理论课，自然辩证法应当传播、弘扬科学精神和人文精神，应当坚持马克思主义基本观点、基点不动摇。二是功能有特色。怎么实现自己的功能，自然辩证法有自己的特色，就像马克思主义理论教育为什么要有自然辩证法，为什么不是讲唯物辩证法就行了？为什么不是讲历史唯物主义就行了？而在1956年要进行自然辩证法的建制化，就是说它有自己的特色。今天，我想科学技术哲学也具有这样的特点。三是学科要开拓。科学技术哲学和自然辩证法一定要与时俱进，要随着中国的实践，包括社会实践、科技实践和世界的发展而变化，不断开拓其学科内涵，不能故步自封，这样科学技术哲学就能够永葆青春。

以上就是我对科学技术哲学在中国的兴起与发展的一些粗浅看法。

（汤杉杉整理）

第三讲
马克思和恩格斯对正义概念的两种用法
——兼评伍德的两个误解

◎ 段忠桥

时间：2020年7月22日19：00—21：00
地点：中国人民大学人文楼

段忠桥，中国人民大学二级教授，哲学院政治哲学研究中心主任。英国埃塞克斯大学哲学博士，牛津大学万灵学院客座研究员（1998—1999），当代国外马克思主义研究会副会长。曾任中国人民大学马克思主义学院副院长、哲学院副院长、《中国人民大学学报》主编。研究领域主要涉及历史唯物主义、当代英美马克思主义和政治哲学，出版《马克思的社会形态理论》（英文）、《当代国外社会思潮》、《理性的反思与正义的追求》、《重释历史唯物主义》、《为社会主义平等主义辩护——G.A.科恩的政治哲学追求》、《马克思的分配正义观念》等学术著作10余部，在《中国社会科学》、《哲学研究》、《马克思主义研究》及 Nature, Society, and Thought、Critique: a Journal of Socialist Theory、Politics 等学术刊物上发表论文百余篇。

第三讲 马克思和恩格斯对正义概念的两种用法

非常高兴今天有机会利用"哲学的殿堂"这个平台和大家交流，我今天要讲的题目是"马克思和恩格斯对正义概念的两种用法——兼评伍德的两个误解"。

在20世纪70—80年代英美马克思主义学者关于"马克思与正义"的大讨论中，时任美国斯坦福大学教授的艾伦·伍德提出了一个使不少人感到诧异的论断，就是"马克思并不认为资本主义是不正义的"。伍德的论断不仅在英美学界引起激烈争论，而且对我国学者也产生了很大影响。我先简单介绍一下这个争论。大家知道，自20世纪70年代以来，随着罗尔斯《正义论》的出版，当代政治哲学开始复兴，这也引起了英美马克思主义学者的关注，纷纷转向政治哲学的研究，而它们关注的重点就是马克思与正义的关系。在当时，引起关注的主题问题是"马克思如何看待资本主义""马克思认为资本主义是正义的还是不正义的"。这个讨论一直持续了十几年。如果大家感兴趣可以参看李惠斌和李义天编的、由中国人民大学出版社2010年出版的《马克思与正义理论》，其中包括伍德、胡萨米、杰拉斯等学者的观点。这本书能够让我们了解七八十年代的那场讨论。还可以看看李佃来主编的《马克思与正义》，其中收录了一些中国学者关于马克思正义观念研究的成果，其中很多文章都直接或间接地提到了伍德的论断，有很多学者都还是明确认同这个论断的。伍德的这个论断在我国也被称为"伍德命题"。这个论断在我看来是不能成立的，因为它与马克思、恩格斯的相关论述是相悖的。如果大家仔细认真阅读马克思、恩格斯著作的原文，特别是伍德引用的原文，就会感到伍德立论的基础和马克思、恩格斯是不一致的。为了推进我国学者对于马克思正义观念的研究，也为了开展真正意义上的国际学术交流，我就在《中国社会科学》2017年第9期上发表了一篇题为《对"伍德命题"文本依据的辨析与回应》的文章，在其中对伍德论断提出了质疑。后面我会简称它为《辨析》。在文中我指出伍德是在他1972年发表的论文《马克思对正义的批判》中提出"马克思并不认为资本主义是不正义的"这一命题的,并在1979年发表的论文《马克思论权利和正义:对胡萨米的回复》中对其做了进一步的解释和辩护。仔细研读这两篇论文可以发现,伍德所提出的命题实际上是基于这样三个理由:(1)在马克思的论述中,正义概念是从司法角度对社会事实的合理性的最高表示;(2)对马克思来说,一种经济交易或社会制度如果与生产方式相适应就是正义的,否则就是不正义的;(3)根据马克思的说法,资本占有剩余价值不包含不平等或不正义的交换。伍德不但详细论证了这三个理由,而且还明确给出它们各自的文本依据。在这里我想提醒大家的是,我和伍德争论是讨论马克思如何看待资本主义剥削的。因而无论是伍德还是我本人,我们的依据都是马克思和恩格斯的文本。这里的文本依据主要是恩格斯在《论住宅问题》中的一段论述、马克思在《资本论》第3卷中的一段论述和在《资本论》第1卷中的一段论述。在我看来,伍德将这三段论述作为其理由的文本依据不能成立,因为他对这些文本的解读都是错误的,而如果作为其理由的文本依据都不能成立,那他的那个命题自然也不能成立。我在文章中对于这些文本进行了阐释,得出这些文本无法支持伍德观点的结论。我的文章是2017年9月发表的,2018年初,伍德作为印第安纳大学教授,是美国人文与科学院院士,主要研究方向是德国古典哲学,同时也关注国际马克思主义研究,他从在印第安纳大学做访问学者的一个中国学者处得知我发表了这样一篇文章,并表示很想知道文章的内容,这个中国学者后来通过清华大学李义天教授把伍德的愿望转达给我。当李义天告诉我这个消息以后,我有些犹豫,是否应该把文章给伍德教授。一方面我非常乐意,因为伍德是这方面的著名学者,而且他的命题对国内学者影响很大,把文章给他对于促进我国学者的研究很有帮助。但另一个方面我不能把中文文章给伍德,而若翻译成英文要费很大力气。我在1994年前后攻读英国的埃塞克斯大学博士学位时学了一些英文,但再往后我就更加关注中文的学术,虽然我还在关注英文文献,但是要把两万字的中文翻译成英文还是一个费劲儿的大工程。我左思右想之后还是决定把文章翻译成英文。下定决心之后我就请了我们教研室的年轻老师田洁帮忙翻译,她是加拿大毕业的博士。同时为了防止翻译过程中有什么差错,我还请英国的麦克莱伦教授替我校对一遍。这样不到一个月的时间就把文章翻译成英文,发给了伍德教授。在收到我的信件以后,伍德教授和我通了几封电子邮件,表示对我的文章很感兴趣,并表示不同意我的观点,想继续写回应我的文章,我表示非常欢迎。于是,伍德很快写了一篇《马克思反对从正义出发批判资本主义——对段忠桥教授的回应》,这篇文章请李义天译成中文,发表在《中国社会科学》2018年第6期。说到这里,我要感谢《中国社会科学》,因为它发表中外学者对某个问题进行讨论的文章的情况并不多见,但是它为我们之间进行国际学术交流提供了一个平台,所以我要感谢杂志社及其编辑,尤其是孙麾老师。

　　读完伍德的回应文章后,我有些遗憾,因为他在文中只是通过偷换概念和转换论题来为自己的论断做辩护,而没有对我的质疑做出正面回应,但即便如此我觉得还是有必要对这篇文章做出回应,这不仅仅是因为国内学者对于这场争论的延续怀有期待,因为我质疑了伍德,伍德回应了我,如果没有下文了,那么这个争论涉及的问题,人们应该如何做出进一步理解呢?另外还因为伍德这篇文章进一步暴露了他对马克思、恩格斯对于正义概念的误解,而纠正这些误解对于我国学界研究马克思正义观念是十分必要的。因此我在去年年底写作了《马克思和恩格斯对正义概念的两种用法——兼评伍德的两个误解》，发表在《中国社会科学》。那么今天我的讲座就是基于这篇文章的内容，通过阐释马克思和恩格斯对于正义概念的两个用法，深入分析和说明伍德的两个误解。

今天的讲座分为三个部分，第一部分谈谈马克思和恩格斯对于正义概念的两种用法。从伍德提出"马克思并不认为资本主义是不正义的"这一论断的论文，即发表在《哲学与公共事务》1972年第1期上的《马克思对正义的批判》，和为那一论断做辩护的两篇论文，即发表在《哲学与公共事务》1979年第8期上的《马克思论权利和正义：对胡萨米的回复》和发表在《中国社会科学》2018年第6期上的《马克思反对从正义出发批判资本主义——对段忠桥教授的回应》（简称《回应》）来看，他在论断中讲的"资本主义"，指的是以资本家剥削工人为基本特征的资本主义分配关系。马克思认为资本主义分配关系是正义的还是不正义的？对于这个问题，我们的回答截然相反。

导致我们分歧的一个深层原因，是伍德没有弄清马克思和恩格斯在相关论述中对正义（公平）概念的两种用法。说到这里我有必要澄清一下"正义概念"。"正义"这一概念在马克思和恩格斯的德文原著中是用"Gerechtigkeit"表示的，由于"Gerechtigkeit"在中文版的《马克思恩格斯全集》中有时也被译为"公平"，国内很多学者都把"正义"和"公平"作为同一概念来使用；今天讲座里涉及的伍德的三篇论文中，"正义"的英文原文是"justice"，它在中译文中有时也被译为"公平"；故此，我也把"正义"和"公平"作为同一概念来使用。在伍德的文章中，"正义"这个词就是"justice"，而马克思的著作中"公平"也翻译成"justice"。在谈到资本主义分配关系时，马克思和恩格斯虽然多次使用正义概念，但却从没给它下过一个定义，也没对它的含义做过任何说明。由此我们只能做这样的推断：他们对正义概念的使用，沿袭了当时人们通常的用法，因此人们也都理解了马克思和恩格斯的正义概念，也就是用它来指称"给每个人以其应得"。其实时至今日，人们对正义概念的用法依然如此。例如，已故的牛津大学教授G.A.科恩在《拯救正义与平等》中说过这样一句话："如果因为我的一些批评者坚持要求我必须仅以通常的话语说出我认为正义是什么，那对这些对此将感到满足的人来讲，我就给出正义是给每个人以其应有这一古老的格言。"牛津大学另一个教授戴维·米勒对"正义"概念的理解与G.A.科恩大体相同，他曾经说："在断定每一种关系模式具有其独特的正义原则时，我诉诸读者对我们所谓正义的'语法'的理解。依照查士丁尼的经典定义，作为一种一般意义上的德性的正义乃是'给予每个人应有的部分这种坚定而恒久的愿望。"美国著名哲学家阿拉斯代尔·麦金泰尔也持有相同的看法，他认为："正义是给予每个人——包括他自己——他所应得的东西以及不以与他们的应得不相容的方式对待他们的一种安排。"国外这些著名学者在谈到正义概念时候的看法是一致的，即正义是给每个人他应得的。

如果我们认真阅读马克思、恩格斯的相关论述就可以发现，他们对于正义概念实际上有两种不同的用法。第一种是基于历史唯物主义用法。由于正义的含义是"给每个人以其应得"，因此，在涉及资本主义分配关系时，正义是一种道德评价。也就是说，凡被认为是正义的分配关系，也即要求从道德上予以赞扬的分配关系；凡被认为是不正义的分配关系，也就是要求从道德上予以谴责的分配关系。根据历史唯物主义，道德评价属于上层建筑中的意识形态，是由一定社会经济基础，即生产关系的总和所决定的。那么下面我引用马克思和恩格斯的两段相关论述来做进一步说明。第一段是马克思说的:"在雇佣劳动制基础上要求平等的报酬或仅仅是公平的报酬,就犹如在奴隶制基础上要求自由一样。什么东西你们认为是公道的和公平的,这与问题毫无关系。问题在于在一定的生产制度下什么东西是必要的和不可避免的。"

如果我们分析这段话,就可以看出马克思讲的"雇佣劳动制"指的是资本主义生产关系,"公平的报酬"指的是在这一生产关系中处于被支配地位的工人提出的要求,由于工人认为的"公道的和公平的"属于意识形态中的道德评价,因而它与"在一定的生产制度下什么东西是必要的和不可避免的"这一涉及生产关系的问题无关。这个话的背景是,在当时的工人运动中,一些运动领袖提出"做一天公平的工作,得一天公平的工资"。马克思这段话是批评这种口号的。马克思认为这里的"公平"与问题毫不相干。在资本主义制度下,仅仅要求公平的工资在资本主义制度下是根本做不到的,其根本的问题在于它的生产关系。马克思这段话讲了两个意思。一个是说生产关系在一定时期是必要的、不可避免的,是历史唯物主义观点;而我们认为什么是平等的、公平的要求,实际上是对这种生产关系所做的道德评价。马克思在这里把正义、公平看作是一种意识形态。

第一段是恩格斯的话。他说:"按照资产阶级经济学的规律,产品的绝大部分不是属于生产这些产品的工人。如果我们说:这是不公平的,不应该这样,那末这句话同经济学没有什么直接的关系。我们不过是说,这些经济事实同我们的道德感有矛盾。"从第二段论述来看,恩格斯讲的"产品的绝大部分不是属于生产这些产品的工人",指的是实际存在的"经济事实",也就是资本主义分配关系,"这是不公平的,不应该这样"指的是工人的道德感即道德评价。我刚才讲了,工人运动中的领袖提出的那些说法,恩格斯针对的就是这些说法。由于体现为"公平"的道德感属于上层建筑中的意识形态，它同研究经济事实的"经济学没有什么直接的关系"。

从这两段话我们可以看到，在基于历史唯物主义的用法中，马克思和恩格斯讲的公平指的是人们对从属于生产关系的分配关系的道德评价。正是基于这种用法，他们认为不能从公平出发，而只能从资本主义生产力和生产关系的矛盾运动和必然趋势出发，去说明和批判现存的资本主义制度，并一再强调无产阶级的解放事业不是基于某种公平观念的实现，而是基于历史的必然性。所以他们都反对用公平观念解释资本主义生产关系的客观规律。比如，马克思在批判蒲鲁东的永恒公平理想时指出："如果一个化学家不去研究物质变换的现实规律，并根据这些规律解决一定的问题，却要按照'自然性'和'亲和性'这些'永恒观念'来改造物质变换，那么对于这样的化学家人们该怎样想呢？如果有人说，'高利贷'违背'永恒公平'、'永恒公道'、'永恒互助'以及其他种种'永恒真理'，那么这个人对高利贷的了解比那些说高利贷违背'永恒恩典'、'永恒信仰'和'永恒神意'的教父的了解又高明多少呢？"马克思和恩格斯还严厉批判了以蒲鲁东、杜林和拉萨尔为代表的各种小资产阶级的或各种社会主义宗派分子的正义要求，明确指出无论哪种正义要求都不能用于研究资本主义经济关系的政治经济学，更不能用来指导无产阶级革命。对此恩格斯有一段非常明确的话，他说："如果我们确信现代劳动产品分配方式以及它造成的赤贫和豪富、饥饿和穷奢极欲尖锐对立的状况一定会发生变革，只是基于一种意识，即认为这种分配方式是非正义的，而正义总有一天一定要胜利，那就糟了，我们就得长久等待下去。"这是他们基于历史唯物主义用法对于各种小资产阶级的社会主义分子的批评。总而言之，基于历史唯物主义的用法，他们把正义看作是一种意识形态、一种道德观念。

他们在此基础上提出我们不能用对于公平正义的研究来取代对客观经济规律的研究，不能用公平正义的观念来指导无产阶级革命。以上是第一种用法。

马克思和恩格斯关于正义的第二种用法，是基于不同阶级或社会集团的分配诉求。在资本主义社会，由于资本主义分配关系给处于不同地位的阶级或社会集团带来不同的利益，而"正义"概念本身的含义是"给每个人以其应得"，因此，尽管不同阶级或社会集团对"每个人应得什么"存在不同的甚至截然对立的理解，但它们都把"正义"或"公平"作为自己的分配诉求。

这种用法在马克思和恩格斯著作中也多次出现，以下我来讲他们的两段相关论述。马克思说："什么是'公平的'分配呢？难道资产者不是断言今天的分配是'公平的'吗？难道它事实上不是在现今的生产方式基础上唯一'公平的'分配吗？……难道各种社会主义宗派分子关于'公平的'分配不是也有各种极不相同的观念吗？"在这段话中，马克思表明不同阶级和社会集团对于公平的分配有不同的观念，资产者断言的"公平"不同于他本人断言的"公平"，也不同于各种社会主义宗派分子断言的"公平"。这句话是马克思自己的一个判断。关于这三句话的具体解说大家可以看看我质疑伍德的那篇文章。简而言之，这里我们可以看到面对资本主义的分配方式，不同的人有不同的理解。这就表明在马克思那里，公平正义有另一种用法。另一段话是恩格斯讲的，他说："这样也就证明了，现代资本家，也像奴隶主或剥削徭役劳动的封建主一样，是靠占有他人无酬劳动发财致富的，而所有这些剥削形式彼此不同的地方只在于占有这种无酬劳动的方式有所不同罢了。这样一来，有产阶级胡说现代社会制度盛行公道、正义、权利平等、义务平等和利益普遍和谐这一类虚伪的空话，就失去了最后的立足之地，而现代资产阶级社会就像以前的各种社会一样真相大白：它也是微不足道的并且不断缩减的少数人剥削绝大多数人的庞大机构。"恩格斯的这段话也用了公道、正义、平等这样的概念，恩格斯指出的是现代资本家像奴隶主或封建主一样也是靠占有他人无偿劳动发财致富的，但有产阶级却把这说成是"公道、正义"的。

那么，以上我讲的就是，在基于不同阶级或社会集团的分配诉求的用法中，马克思和恩格斯讲的公平指的是不同的阶级或社会集团提出的"给每个人以其应得"的分配诉求。正是基于这种用法，他们在谈到正义或公平时总要加上"资产者的""工人的""各种社会主义宗派分子的"这样的定语，以表明不同阶级和社会集团虽然都把"正义"和"公平"作为自己的分配诉求，但由于他们对"每个人应得什么"的理解是不同的，他们讲的正义或公平在内容上也是各不相同的。这就是我讲的第一部分。第一部分我实际上讲了马恩对于正义概念的两种用法，基于历史唯物主义的用法，和基于不同阶级和社会集团的不同用法。

接下来我讲第二部分。大家仔细读一下伍德的三篇论文就可以发现，他虽然没有弄清马克思和恩格斯对正义概念有两种用法，但实际上也是基于这两种用法来阐释和使用马克思和恩格斯著作中的正义概念的。

伍德在他的三篇文章中，基于历史唯物主义的用法对马克思和恩格斯正义概念做了阐释。第一，正义是一个司法或法律的概念。伍德指出："根据马克思和恩格斯的观点，'正义'从根本上讲是一个司法或法律的（Rechtlich）概念，一个与法律（Recht）和人们在它之下拥有的权利（Rechte）相关的概念。对他们来说，权利和正义概念是从司法的角度判断法律、社会制度和人类行为的最高理性标准。"虽然马克思从未表明法律的范围有多大，但所有这方面概念的核心作用都与政治或司法制度相关，而这些制度的功能就在于通过施加某种社会强制性指令来规范个体或群体的行为。因此"当某事被称作'不正义的'，或是声称一种行为侵犯了某人的'权利'时，人们就会向司法机构提出某种诉求，要求它们以通常采取的方式，或以如果它们要履行其名副其实的社会职能所应采取的方式去行事"。这些都是伍德讲的。他从不同角度表明了正义是一个司法或法律的概念。

第二，正义"是'从司法角度判断社会事实合理性的最高标准'"。对于"司法角度"意指什么，伍德是这样解释的：

社会生活的基础在于物质生活的社会生产，这是马克思历史唯物主义的基本命题。恩格斯在《论住宅问题》中把物质生产方式确立为法律体系及其相关概念得到真实证明的基础。但恩格斯认为，人们并没有（而且对大多数人来说，迄今仍然没有）意识到这一点；相反，"他们看待社会生活的基本前提是，法律或权利以及法权或司法条款（Rechtsbegriffe）的立足点是独立于这些物质条件的，这就是在第一个命题中被我称为'司法角度'的内容。"由于从属于司法角度的合理性标准并非独立于物质生产方式；相反，这些标准的内容建立在现存生产关系的基础上，"因此，权利和正义这类概念，乃是从有限的司法角度出发，对社会生活的一种扭曲而含混的表述"。

第三，正义是每种生产方式衡量自身的标准。伍德指出："正如我们所看到的，在马克思的论述中，正义概念乃是从司法角度对社会事实的合理性的最高用语。然而，这种观点却总是一种依赖特定时期生产方式的政治权力或国家领域的观点。"说得具体一点就是，正义作为衡量社会事实合理性的最高标准，只是在特定的生产方式背景下呈现于人类思维中的标准。例如，在古希腊奴隶制社会中，拥有奴隶被认为是正义的，高利贷行为则被认为是不正义的，然而，在资本主义生产条件下，直接的奴役行为却是不正义的，而放贷取息则是完全正义的。因此，"正义不是抽象的人类理性衡量人类行为、制度或其他社会事实的标准。毋宁说，它是每种生产方式衡量自身的标准"。

第四，正义只服务于统治阶级的利益。伍德认为，对于马克思来说，如果一种生产方式是建立在阶级剥削的基础上，那么，这种生产方式中的正义制度，就可能会以被压迫者为代价而满足压迫者的需要。"因为我们可以论证说，如果一种交易是从现存的生产关系中自然产生的、与流行的生产方式相适应并在其中发挥具体作用，那么，它必然会服务或倾向于服务这种生产方式下的统治阶级的利益，它必然会增进或倾向于增进现存秩序的安全和稳定。"简单地说，就是正义基于历史唯物主义用法的第四种含义是，它只服务于统治阶级的利益。

以上就是伍德对正义概念所做的阐释。这与我所说的马克思和恩格斯的正义概念基于历史唯物主义的用法既存在一个明显的共同之处，即都认为正义属于上层建筑；也存在一个明显的不同之处，即伍德认为正义在马克思和恩格斯的著作中是一个法权概念，我则认为正义在马克思和恩格斯的著作中是一个道德概念。

我在《辨析》中已经表明，伍德将马克思和恩格斯著作中的正义概念说成是法权概念的依据，只是恩格斯在《论住宅问题》中讲的一段话，而他对那段话的解读是错误的，因而他的说法是不能成立的。他引用那些话来解读为什么是错的，大家可以再去看我的文章，我对伍德引用的文本及其解读和我跟他的不同做了详细说明。这里就不展开了。我把马克思和恩格斯的正义概念理解为道德概念的依据在前边已给出，即在马克思和恩格斯基于历史唯物主义用法中，"不公平的，不应该这样"被视为一种"道德感"。那么，正义在马克思和恩格斯的著作中到底是一个法权概念还是一个道德概念，是一个必须弄清楚的至关重要的问题，因为它直接关涉伍德的论断，也就是"马克思并不认为资本主义是不正义的"能否成立。

按照伍德的阐释，正义在马克思和恩格斯的著作中是一个司法概念，而司法又是与政治国家直接相关的制度。由此出发，他论证说："在马克思看来，政治国家以及与社会公共规则相联系的法律和权利概念既是由流行的生产方式所决定的，也是这种生产方式的异化的投影。"因此，正义只服务于流行的即占支配地位的生产方式，"正如马克思所解释的，资本主义交易的正义仅仅在于它们在本质上是资本主义的，在于资本主义的占有和分配与服务于资本主义制度本身的正义标准是相适应的"。由于正义只服务于占支配地位的生产方式，而且只服务于代表这一生产方式的统治阶级的利益，所以他得出结论说，"马克思并不认为资本主义是不正义的"。然而，正义在马克思和恩格斯的著作中并不是一个司法概念，而是一个道德概念。根据历史唯物主义，道德属于上层建筑中的一种意识形态，是以善或恶、正义或不正义、公平或不公平等评价方式来调整人们之间关系的行为规范。道德的这一特征决定了，它既可体现占支配地位的生产方式的要求，也可体现不占支配地位的生产方式的要求，用马克思的话来讲就是，"财产的任何一种社会形式都有各自的'道德'与之相适应"。在马克思和恩格斯著作中，正义是个道德概念，因此它可以体现占统治地位的和不占统治地位的生产方式的要求。道德的这一特征还决定了，它既可体现为在一定生产方式中处于支配地位的阶级或社会集团的要求，也可体现为在一定生产方式中处于被支配地位的阶级或社会集团的要求，对此，恩格斯讲得非常清楚："如果我们看到，现代社会的三个阶级即封建贵族、资产阶级和无产阶级都各有自己的特殊的道德，那么我们由此只能得出这样的结论：人们自觉地或不自觉地，归根到底总是从他们阶级地位所依据的实际关系中——从他们进行生产和交换的经济关系中，获得自己的伦理观念。……一切以往的道德论归根到底都是当时的社会经济状况的产物。而社会直到现在是在阶级对立中运动的，所以道德始终是阶级的道德；它或者为统治阶级的统治和利益辩护，或者当被压迫阶级变得足够强大时，代表被压迫者对这个统治的反抗和他们的未来利益。"这个，恩格斯讲得更清楚了。不同的阶级可以有不同的道德观念。如果说正义在马克思和恩格斯的著作中是一个道德概念，不同阶级或社会集团所说的正义是各不相同的，那么伍德断言"马克思并不认为资本主义是不正义的"就是难以成立的。这是因为，处于资本主义生产方式中的无产阶级也有自己的正义要求，站在无产阶级一边的马克思和恩格斯绝对不会认为资本主义是正义的；相反，他们必定认为资本主义是不正义的。对此，恩格斯有一段明确的论述："现今的制度使寄生虫安逸和奢侈，让工人劳动和贫困，并且使所有的人退化；这种制度按其实质来说是不公正的，是应该被消灭的。"这里的"不公正"也就是不正义，"应该被消灭"则体现了正义要求。

　　以上是讲座的第二部分，即马克思和恩格斯基于历史唯物主义所提出的正义的用法是什么，以及伍德对于它的解释的问题出在哪儿。简单而言，伍德把正义解释成法权概念，问题在于在马克思那里正义虽然是上层建筑，但是是个道德概念。伍德的逻辑是正义是司法概念，而司法是占统治地位的国家的司法意志，因而马克思不会认为资本主义是不正义的，因为占统治地位的司法一定是要维护资本主义生产方式。而我认为正义是一种道德观念，无产阶级有无产阶级的道德观念，资产阶级有资产阶级的道德观念，而马克思和恩格斯是站在无产阶级一边的，因而他们会和无产阶级一样，认为资本主义生产制度是不正义的，应该被消灭的。

下面我们来讲第三部分，我们再来看看伍德基于不同阶级和社会集团的分配诉求的用法对马克思和恩格斯著作中正义概念的阐释和使用。仔细读一下伍德的三篇文章我们可以发现，他先后谈到出现在马克思和恩格斯著作中的七种不同阶级或社会集团所诉求的分配正义。一是社会主义思想家讲的正义："社会主义思想家（例如皮埃尔·蒲鲁东和斐迪南·拉萨尔）确实因为资本主义的不正义而谴责它，或者提倡某种形式的社会主义以确保正义、平等或人权。"他们指出，工人为了一份相对固定的薪水而受雇于资本家，由资本家提供工具和原材料——亦即马克思所说的生产资料——并在劳动过程中通过使用它们而消耗其价值。但是，在这个过程结束时，工人所生产的商品价值却要比支付给他的工资价值以及生产资料所消耗的价值的总和多得多，因此，"在这些社会主义者看来，被马克思称为剩余价值的这部分价值，被资本家占有就是不正义的"。二是李嘉图式的社会主义者讲的正义："马克思拒绝支持某些李嘉图式的社会主义者的论点，他们认为资本家与工人之间的交换是不正义的，因为他们的交换不是等价的。"三是资产阶级经济学家讲的正义：根据马克思的观点，支付给工薪工人的一般是其劳动力的全部价值，而"依据李嘉图的公式和商品交换的最严格规则，这是一种正义的交换，因为正义的交换是一种等价物的交换"。四是英国银行家和经济学家吉尔伯特讲的正义："马克思在上下文中所表明的是，吉尔伯特试图通过宣称这是'自然正义的'来解释为什么借入资本的利息要付给贷款人。"五是小资产阶级讲的正义：小资产阶级讲的生产方式马克思有时称为个人的、以自己的劳动为基础的私有制，在该制度下，"劳动者占有自己产品的全部价值，任何人剥夺这部分价值（比如说，通过欺诈性交换或是抢劫）对他都是不正义的"。六是工人群众所讲的正义:"马克思拒绝接受'公平的工资'和'做一天公平的工作,得一天公平的工资'这样的口号,因为他认为工人已经接受了这些口号所要求的东西。"七是马克思本人讲的正义:权利和正义从来都是建立在现存的生产关系的基础上,"一个交易与之相符合,就是正义的;一个交易与之相矛盾,就是不正义的。世界上没有在此之上或是超出它之外的正义标准。资本家对剩余价值的剥夺——资本家的抢劫或盗窃,工人必须交给资本家的贡品——符合资本主义的生产方式,符合资本家与工人之间的生产关系。因此,根据马克思的正义概念,资本家应当抢劫工人以及工人应当被迫向资本家进贡,乃是完全正义的"。

可以发现,伍德讲的前六种不同阶级或社会集团所诉求的分配正义,都与我讲的马克思和恩格斯基于不同阶级和社会集团的分配诉求的用法有明显的共通之处,也就是正义在他们那里意指的都是"给每个人以其应得",都是一种道德评价,尽管由于对应得什么的理解各不相同,他们的分配诉求,即他们讲的正义,在内容上实际是各不相同的。但第七种,即马克思本人讲的正义,却与我讲的第二种用法明显不同,因为它的含义是一种交易,与现存的资本主义的生产方式相符合,进而言之,它不是一种道德评价,而是一种事实判断。

对于如何理解伍德对马克思正义概念做这种阐释我就不进一步展开了,有兴趣可以看看我的文章。伍德这些用法其实都是基于马克思和恩格斯对于正义概念的第二种用法。我在这里要进一步指出,伍德之所以在《回应》一文中仍坚持他的阐释,是因为他对马克思和恩格斯基于不同阶级和社会集团的分配诉求的用法存在一种误解,即马克思从来没有,而且也不会对资本主义是否正义发表看法,用他自己的话来讲就是:"关于资本主义正义或不正义的问题,马克思几乎没有说什么。……根据笔者对马克思的解读，之所以出现这种情况是因为对马克思来说，对于资本主义制度是正义的还是不正义的无论是做解释还是做评价，都几乎没有意义。"也就是说，伍德从第二种用法出发，指出马克思根本不会对资本主义正义与否发表言论。然而，以下是马克思和恩格斯的两段相关论述。马克思在《1857—1858年经济学手稿》中分析劳动和资本的关系时明确指出："认识到产品是劳动能力自己的产品，并断定劳动同自己的实现条件的分离是不公平的、强制的，这是了不起的觉悟，这种觉悟是以资本为基础的生产方式的产物，而且也正是为这种生产方式送葬的丧钟，就像当奴隶觉悟到他不能作第三者的财产，觉悟到他是一个人的时候，奴隶制度就只能人为地苟延残喘，而不能继续作为生产的基础一样。"那么马克思这里说的"认识到产品是劳动能力自己的产品，并断定劳动同自己的实现条件的分离是不公平的、强制的"，无疑是指当时工人对资本主义剥削的道德评价。我的产品是我的劳动能力生产出来的，由于我和生产条件分离，而导致资本家的剥削，这是不公平的。从马克思对这一道德评价的赞扬和马克思说"了不起的觉悟"中我们可以推断，马克思本人是高度认可这一道德评价的；而"认识到产品是劳动能力自己的产品"无疑含有这样的意思，即工人的劳动能力是属于工人自己的，因而劳动产品应归工人所有，资本家依靠对生产资料的占有而无偿占有工人生产的剩余产品，因而是不公平的。这段话表明，马克思不仅也认为资本主义剥削是不正义的，因为它无偿占有了本应属于工人的剩余产品，而且还高度评价了工人的这种觉悟，因为它是为资本主义生产方式送葬的丧钟。所以伍德的"马克思并不认为资本主义是不正义"的说法是毫无根据的。

另一段话是恩格斯在1884年写的《马克思和洛贝尔图斯：卡尔·马克思〈哲学的贫困〉一书德文第一版序言》中的一段话。

这段话很长，但是意味很深："李嘉图理论的上述应用，——认为全部社会产品，即工人的产品属于唯一的、真正的生产者，即工人，——直接引导到共产主义。但是，马克思在上述的地方也指出，这种应用在经济学的形式上是错误的，因为这只不过是把道德运用于经济学而已。按照资产阶级经济学的规律，产品的绝大部分不是属于生产这些产品的工人。如果我们说：这是不公平的，不应该这样，那末这句话同经济学没有什么直接的关系。我们不过是说，这些经济事实同我们的道德感有矛盾。所以马克思从来不把他的共产主义要求建立在这样的基础上，而是建立在资本主义生产方式的必然的、我们眼见一天甚于一天的崩溃上；他只说了剩余价值由无酬劳动构成这个简单的事实。但是，在经济学的形式上是错误的东西，在世界历史上却可以是正确的。如果群众的道德意识宣布某一经济事实，如当年的奴隶制或徭役制，是不公正的，这就证明这一经济事实本身已经过时，其他经济事实已经出现，因而原来的事实已经变得不能忍受和不能维持了。因而，在经济学的形式的谬误后面，可能隐藏着非常真实的经济内容。"

在这段话中的"李嘉图理论的上述应用，——认为全部社会产品，即工人的产品属于唯一的、真正的生产者，即工人，——直接引导到共产主义"是就什么而言的？对此，恩格斯做了这样的解释："现代社会主义，不论哪一派，只要从资产阶级政治经济学出发，几乎没有例外地都同李嘉图的价值理论相衔接。李嘉图在1817年他的'原理'中，一开头就提出两个原理：第一，任何商品的价值仅仅取决于生产这个商品所需要的劳动量，第二，全部社会劳动的产品分配于土地所有者（地租）、资本家（利润）和工人（工资）这三个阶级之间。在英国，早在1821年，就已经从这两个原理中做出了社会主义的结论，并且有一部分提得这样尖锐和这样果断，使得那些现在几乎完全被忘记了的、很大一部分靠马克思才再次发现的文献,在'资本论'出版以前,一直是不可超越的东西。"说得再具体一点就是,对于李嘉图的商品的价值决定于劳动时间的原理,一些资产阶级经济学家提出了这样的非难:"如果一个产品的交换价值等于它所包含的劳动时间,一个工作日的交换价值就等于一个工作日的产品。换句话说,工资应当等于劳动的产品。但是实际情形恰好相反。"这些资产阶级经济学家对李嘉图的这种非难后来被社会主义者抓住了。"社会主义者假定这个公式在理论上是正确的,责备实际与理论相矛盾,要求资产阶级社会在实践中贯彻由它的理论原则臆想的结论。英国的社会主义者至少就是这样把李嘉图的交换价值公式倒转过来反对政治经济学。"也就是说,李嘉图的理论一开始受到了资产阶级经济学家的非难,说其无法解释利润的来源,这被社会主义经济学家抓住了,提出了"做一天公平的工作,拿一天公平的工资"。他们对于资本主义的批评都是从李嘉图开始的。从恩格斯的这段话可以看出,他讲的"我们",指的是马克思和他本人;"产品的绝大部分不是属于生产这些产品的工人",指的是资本家对工人的剥削,即前者无偿占有了后者生产的剩余产品;"我们"说资本主义剥削"是不公平的,不应该这样",是基于"认为全部社会产品,即工人的产品属于唯一的、真正的生产者,即工人"这样一种道德意识,这种应用在经济学的形式上是错误的,因为这只不过是把道德运用于经济学而已;马克思(以及恩格斯)从来不把他们的共产主义理想建立在这样的基础上,而是建立在由经济学揭示的资本主义生产方式必然的、他们眼见一天甚于一天的崩溃上。所以,"马克思只说了剩余价值由无酬劳动构成这个简单的事实";道德意识不是没有任何意义的,因为"在经济学的形式的谬误后面,可能隐藏着非常真实的经济内容"。从这段话我们可以推断,虽然马克思和恩格斯反对当时的社会主义者把道德运用于经济学的做法，但他们并不反对后者的道德意识，并且认为这种道德意识是有意义的。进而言之，马克思和恩格斯同当时的社会主义者一样，也认为资本主义剥削是不公平的，其理由也是"产品应当属于真正的生产者"。从这段话还可以推断，马克思和恩格斯之所以很少谈及资本家对工人的剥削是不正义的，以及为什么是不正义的问题，这首先是因为当时的社会主义者已多次谈过这一问题，而且他们认同这些人的看法；此外还因为，他们认为共产主义的实现不是基于某种道德意识，而是基于历史发展的客观必然性，因而不能只停留在对资本主义剥削的道德谴责上，而应超越这种道德谴责去深入研究揭示这种客观必然性的政治经济学。这是我讲的第三部分。

我这个讲座主要表明伍德对于马克思和恩格斯著作中的两种误解：一是基于历史唯物主义用法的误解，把正义看作司法概念，而不是道德概念；二是基于不同阶级和社会集团的分配诉求的用法中认为马克思从未谴责资本主义的不正义。正是因为这两种误解他才会一再坚持他的论断。那么我今天这个讲座就表明伍德对于马克思的正义理论，特别是资本主义剥削是正义还是不正义的理解是站不住脚的。那么结合我之前质疑伍德文章，伍德论断所依据的文本是他错误理解的文本。进而言之的原因就是我今天讲的原因，是因为他没有看到两种用法，对于它们的理解也存在错误。

伍德对我国学界很有影响，纠正他的误解对于我国学者对于马克思正义思想的研究十分必要。所以，希望大家读读伍德，读读我的文章，同时如果能结合中国学界的现实理论再来反思这个问题，这对我们以后的研究会有很大的好处。

（宫志翀　整理）

第四讲
从认知的视角看人类意识与机器意识的演化

◎ 刘晓力

时间：2020 年 7 月 23 日 19：00—21：00
地点：中国人民大学人文楼

  刘晓力，北京大学哲学博士，哈佛大学哲学系访问学者，中国人民大学二级教授，中国人民大学哲学与认知科学交叉平台首席专家。研究方向为逻辑哲学、科学哲学、心灵与认知哲学。出版著作《理性的生命——哥德尔思想研究》《认知科学前沿中的哲学问题》，在《中国社会科学》《哲学研究》等期刊上发表重要论文，主持国家社科基金重大项目"认知科学对当代哲学的挑战"。曾任中国逻辑学会副会长，现为中国自然辩证法研究会科学哲学专业委员会理事长，*Frontiers of Philosophy in China*、《自然辩证法通讯》、《自然辩证法研究》、《科学技术哲学》杂志编委。

第四讲 从认知的视角看人类意识与机器意识的演化

目前，人工智能（artificial intelligence，AI）技术的发展看上去确实有一种革命性变革的趋势，人们担心机器真的有可能像人一样有意识和自我意识，从而取代人并争夺生存空间。几乎所有的AI科幻电影都会告诉我们，终有一天机器真的会自我觉醒，不仅操纵人类，甚至毁灭人类。对此，一些科学家和人文学者或者表现出某种乐观情绪，期待乌托邦式的AI生命3.0的实现，或者表现出对"美丽新世界"的审慎担忧。尽管我们每个人都相信人有意识和自我意识，机器究竟有没有自我意识、会不会有意识，以及何时会发展出自我意识，却是一个我们知之甚少也知之不确的问题。

一、摩尔定律和莫拉维克悖论

人工智能界有个尽人皆知的摩尔定律——每一美元所能买到的电脑性能，将每18个月翻一番，但今天更流行一种莫拉维克悖论。这是由机器人学家莫拉维克、布鲁克斯和人工智能开创者明斯基提出来的。他们认为，计算机依照预先给定的规则做高阶推理、复杂计算、知识竞赛等事情，消耗的计算资源相对要少一些；但让机器自如地应付环境、具有较强的感知和行为能力则要更难一些，因为需要消耗更多的资源。正如语言学家和认知科学家平克所言，经过30余年的研究，人工智能学者发现的一个最重要的课题是：困难问题是易解的，简单问题却是难解的。目前人工智能在实现某种弱人工智能的意义上已经超过了人类，特别在超级的大型工程计算和工业机器人领域，甚至大大超过了人类智能，对那些需要巨大算力，或者单靠人力不能完成的一些繁重、琐碎重复的工作，机器做得更快更好。然而，让一个机器人像一个小孩子一样去感知外部世界并自由地应对环境却是非常困难的。1~2岁的小朋友具有非常好的处理环境信息的能力，能很好地平衡自己的身体躲避危险，有非常灵活的感知行动能力和自适应环境的能力。而且，运用这种能力时，是不需要什么逻辑推理和精心算计的。这是因为，大量的感知行为能力是依赖于许多日常的默会知识和人类的情感以及一定的自我意识的，而默会知识和情感是很难算法化的，要机器像人类那样具有自我意识，就是更加难以想象的事情了。

可以说，今天的人工智能还没有摆脱"无心的机器"状态，这里的心是"mind"，有时译成"精神"，有时译成"心灵"或"心智"，内涵非常丰富。实际上，人类心灵包括知觉、认知、行动控制和情绪情感等多个层面。另外，人有心灵，是指我们是有意识和意识体验、有自我觉知的。如果说今天的机器还是"无心的机器"，至少有三方面的理据：第一，机器不能理解符号的语义以及物理世界和人类社会的意义；第二，机器没有意识和意识体验；第三，机器缺少自主性和自我觉知。目前一门由七个学科构成的称作"认知科学"的交叉学科正在试图揭示人类心智和人类认知的本质，这个巨大的学科群包括哲学、心理学、语言学、神经科学、人工智能、人类学和教育学（见图4-1）。

二、无心的机器与人类最大的不同是没有意识和自我意识

单从功能和外部行为来看，今天的机器人能踢足球，能下棋，能演奏乐器，能作诗，能跳《小苹果》，能打太极拳；有表情，会说话；甚至还是新闻写作、知识竞赛和超难游戏的高手。那么，为

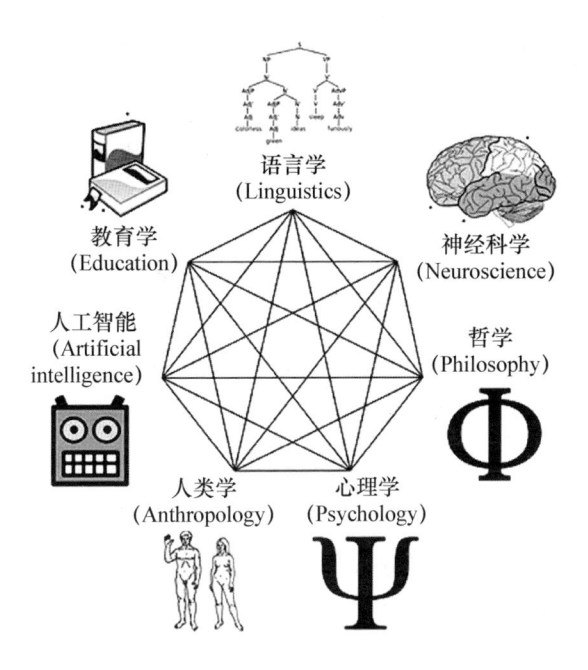

图4-1 "认知科学"学科搭建结构

什么我们还在说智能机器没有意识？下面我们来分析"无心的机器"遭遇的几大困难。

1. 机器不理解世界的意义

人类的内在世界与外部世界具有特定的意义关联。例如，我们内心的所思所想，多半都是有所指向的，一般指向外部世界的对象，或者指向自我反思的内部对象。比如，"我想看展览"，表达了我的心理状态"我想"是有所指向的，就是指向"看展览"。"我知道我想看展览"，是"我知道"这个心理状态指向"我想看展览"的内在反思对象。此外，"张三相信计算机能超过人类心智"，那么"计算机能超过人类心智"是"张三相信"这种心理状态指向的东西。所以，人的心理活动指向的对象是跟内部心理或外部世界关联的，这个有所指向的关联属性在哲学里叫作"意向性"。但是，绝大多数人相信机器目前还不具有意向性。

为什么我们能跟外部世界建立这样的意义关联？一种好的解释是这是进化的结果。由于经过几亿年生物演化和几百万年智人进化过来的有机体和人脑具有独特的构造，我们的心理状态自然地、自发地跟外部世界建立起一种意义关联。人能主动地不需要外界的动力就可以积极与环境进行互动，而且人对于这种主动性还有某种自我觉知，我不仅能觉知到我是当下内在感受的体验者，还是自己行动的自主发动者，如果需要，我会为自己的行动提供理由。这是目前机器完全无法做到的。

动物当然也跟外部世界有联系，借自然之物为己所用。但是，人跟其他动物的一大区别是，人不仅能借助抽象符号进行思维，表达思想，有了印刷术和更复杂的技术之后，还能将思想记入书刊、音乐、影像并传播出去。事实上，人类在运用语言描述世界时，就跟外部世界建构起了更多的意义关联，而且人是这种意义的制造者。人会借助抽象符号，通过微妙的身体语言和人与人之间的话语交流，学习并共享知识，制造和使用从简单工具到复杂机器等各种人工造物。重要的是，这些抽象符号背后是有语义的，人类成员能达到相互间的意义理解并掌握和运用知识。

因此，需要进一步讨论的问题是，计算机程序有没有那种内在的自发的与世界的意义关联，计算机程序运行的符号的意义是自主产生的，还是机器设计者和人类程序员赋予的？如果计算机程序承载着人类抽象语言的语法结构，机器懂不懂人类语言所表达的意义？

最近10余年，我们看到，通过深度学习训练，多层人工神经网络和卷积神经网络可以执行各类特殊复杂的任务，但是我们也知道，在进行图像处理、语音处理，包括各种信息引擎搜索时，机器所做的都是完成识别、搜索、过滤、匹配的任务，完全不涉及意义的理解，其算法运行过程不过是某种函数的拟合而已。例如，大家都感受到手机一代比一代智能了，而且输入的语音很快就会转化成多语种的文字传输出去，相当于机器语音识别系统做了一个即时的语言翻译工作。那么，机器翻译的过程是不是理解语义的过程？谷歌翻译软件到底懂不懂英文、中文及其他语种之间的意义转换？目前可以说它还不懂。例如风靡全球的索菲亚（历史上首个获得公民身份的机器人）看似可以自如地与人进行有表情的交流对话，但她实际上不能真正理解人类语言，她的语音对答都是对设定中的某种选择的结果。因此，自然语言意义理解的问题，仍然是目前人工智能难以解决的一大瓶颈问题，也被称作人工智能的"符号落地难题"。

如果让机器和外部世界建立意义关联，主动地和包括人类在内的外部世界互动，做出"值得人类信赖"的行动，还需要机器具备理解物理世界与人类社会的一种能力。今天的机器，如自动驾驶汽车以及各种在物理环境中活动的机器人，其所作所为可以说与外部世界有所关联，但这不是建立在理解外部世界意义、理解人类意图的基础上的联系，只不过是在实现某种特殊的功能而已。机器行为的意义是需要人类给予解释的。如果让波士顿动力仿生机器狗上战场，大狗根本不知道"战场"为何物，何是"敌人"、何是"战场的危险"。因为"战场"也好，"敌我"也罢，都需要人类建构其语词的意义。如何与外部物理世界互动的问题是人工智能的另一个瓶颈问题，称作"物理落地难题"。因此，新近有人提出，原初的图灵测试只在语言层面检验智能是不充分的，应该将其加入物理的社会的要素，修正为快递机器人或护老机器人的测试标准。

2.机器没有意识和意识体验

人是有机生命体,这个生命体的独特之处在于他有意识和意识体验。例如,人除了有意向性,有信念愿望意图,会推理,能规划;还有喜怒哀乐、爱恨情仇,有疼痛的感觉,有沮丧无聊的情绪,有对他人的同情之心。显然,机器目前完全没有这种意识和意识体验。比如,我喜欢摄影,此刻正在一个坐满听众的讲堂讲座,看到光线照进来,房间里蓝色的椅子呈现出不同的明暗色彩,四周墙壁的色彩也非常柔和,加上听众聚精会神地听讲,整个画面给我非常和谐的感觉,我想如果我用照相机记录下来会很美。我的这种感受就是一种意识体验。我看到色彩明暗,感受到画面的和谐,产生一种温馨惬意的感受,就是我独特的意识体验的一部分。而意识体验是依赖不同主体的。此外,一个人还能够依据个人痛苦的体验推及他人也可能会产生大致相似的体验,这就是人的同理之心。说今天的机器已经有相当的智能,那么,它有没有类似的意识体验,有没有同理之心,懂不懂什么是和谐和痛苦的感受?目前确实没有。与AlphaGo对弈时,有人说正是由于李世石情绪波动、焦虑输赢,才输了棋,而AlphaGo却始终镇定自若。那是因为AlphaGo没有意识体验,没有焦虑,根本不能体验输与赢的不同感受。

那么,我们到底怎么把这样一种类似人类的意识和意识体验输入计算机程序,让人工智能实现有情感有意识,可以和人类达成交流理解,在未来人机共生的时代与人类更好相处?可以说,尽管现在很多专家在研究机器意识、机器情感,甚至尝试建造有情感有意识体验的机器人,但是连他们自己也认为,我们离机器真正具有意识和情感的时代还很遥远。

3.机器没有自主性和自我觉知

今天的机器是没有自主性的，它的行为的驱动力并非来自内部。例如，在李世石与AlphaGo对弈时，如果拔掉电源、中断网络，AlphaGo的外部驱动力没有了，也就没有了当下的在线智能。而人是有自主性的行动者，具有积极地与外部世界互动的主观能动性。最重要的是我们相信人有自由意志，当面对诸多选择需要采取行动时，无论是发自内心的愿望，还是经过各种利益权衡，采取某种行动是由个人的独立意志决定的。当然，机器也会在各种备选答案中做出某种行为选择，但那终究是在算法和程序输入所设定的选择空间中做出的选择。此外，人的行动大多是有动机意图的，人会规划未来，想象未曾发生的事件，可以预测当未来情境与现实情况不同的时候应当采取什么行动。最重要的一点，人是有自我觉知的，知道自己知道什么，也知道自己行动的动机，可以为自己的行为提供理由。有人说AlphaGo下的那招臭棋是为了欺骗李世石，它真的会欺骗吗？它有没有一种自欺和欺骗他者的觉知？会不会为它的走子行为提供理由呢？这当然是另一个非常有意思的话题。

在AlphaGo跟李世石结束对战后，我们在中国人民大学召开了一个"人工智能与哲学"的研讨会，我讲了AlphaGo并不仅仅是单纯的算法或程序，实际上是一个具有增强式集群智能的延展认知系统。AlphaGo首先是被一个由走子网络、估值网络、快速走子程序和蒙特卡洛搜索四大算法构成的算法系统操纵的；除此之外，人机大战现场的机器配备包括1 200个中央处理器（CPU）和170个图形处理器（GPU）；还配备了40个在线网络平台，云端大数据提供了历史上人类积累下来的3 000万个棋谱，可以利用大数据搜索调取棋谱进行即时高速的信息处理；同时，还专门为这场赛事铺设了一条通往首尔的光缆，甚至参与设计和实施赛事的还是一批年薪200万~300万美元的深度学习领域的世界顶级专家。

由此可见，这个大系统并非像大众理解的只是一个下围棋的计算机程序，实际上是一个人机互联交互的巨无霸耦合体、一个为处理围棋这个专项任务建构起来的延展认知系统。所谓延展，就是把有机体大脑的思维和智力活动，通过一些外部设备的关联延展到大脑之外，把很多智能任务下载到机器上做功能化处理，比如说大数据、云计算、CPU、GPU；再把当前棋局与人类棋手或者依赖直觉、经验和知识积累的3 000万个棋谱中的招数进行比对，计算出比较好的走法。所以说，跟李世石较量的AlphaGo，实际上是一个巨大的延展认知的智能系统。

那么，这个系统的智能到底是什么？我认为，是包括了人的智能和机器智能的一种增强式的集群智能、一个有人机交互系统的智能。这个系统的核心还是由人的意识和人的具有主体性的心智主宰。当然，一旦弈棋的算法确定了，它的运行过程还是自动的。

三、人类意识与机器意识是否遵循不同的演化道路？

最近十几年，人工智能界开始探索如何开发具有意识甚至有自我意识的机器人。设想，如果机器能脱离人类自主编程的话，我们会不会说它有自我意识了？20世纪70年代，在庆祝伟大的逻辑学家、数学家，人工智能先驱之一的冯·诺依曼先生诞辰60周年的会议上，最伟大的逻辑学家哥德尔曾经问了一个问题：机器知不知道自己运行的程序？在座的人都认为没有。今天，谷歌正在尝试让机器自我编程，让代码写代码，在这些尝试者看来，如果这项自主技术实现的话，就会成为一个革命性的机器自我进化的标志了。

在2015年世界人工智能大会上，艾伦脑科学研究所的首席科学家科赫，做了题为"什么是生物意识和人工智能意识"的主题报告，探究人工智能是否能像人一样有意识和自我意识。正是那时，我在全国科学哲学大会上做了题为"机器意识与人的意识"的主题报告，很多国内学界认为这想法太超前了，但AlphaGo出来以后，大家一下觉得确实大有必要展开这一话题的深入讨论了。

目前有一款叫iCub的机器人是全球萌宠，人工智能实验室都会买这样的机器人用于开发研究。制造它的实验室声称，它们下一个目标就是要让iCub拥有理解能力和自我意识。而像每个人都有人格、有个性一样，开发者希望不久就能制造出有机器格的iCub，让每个机器能有独特的个性。现在的iCub既有表情又有一定程度的对话能力，还有很好的感知抓握物体的能力和运动平衡能力，但是不能说它们具备理解力，更不具有机器格。那么，什么又是非生命的非人格的机器格呢？这个问题就与人类自我与机器自我的演化问题相关了。

自然界为什么会进化出人这样具有自我意识和不同人格的生物，却没有进化出有人格的机器，确实是一个有趣的话题。人类进化始于灵长类的森林古猿，历经南方古猿、能人、直立人、智人四个进化阶段，也经历了自我意识、语言、科学和智能技术革命几次大的智力觉醒。哲学家弗兰纳根概括了人类有意识的心理状态的种种类型（见图4-2）。首先有通过我们的感知系统——眼、耳、鼻、舌、身等获得的知觉；其次有记忆，如情景记忆、语义记忆，还有一些过程性记忆；再有各种认知的状态，包括音乐认知、数学认知、文学认知和科学认知等。最后，还有情绪、情感、信念、愿望、意图的部分。人的自我意识则是更高一级的二阶意识状态。

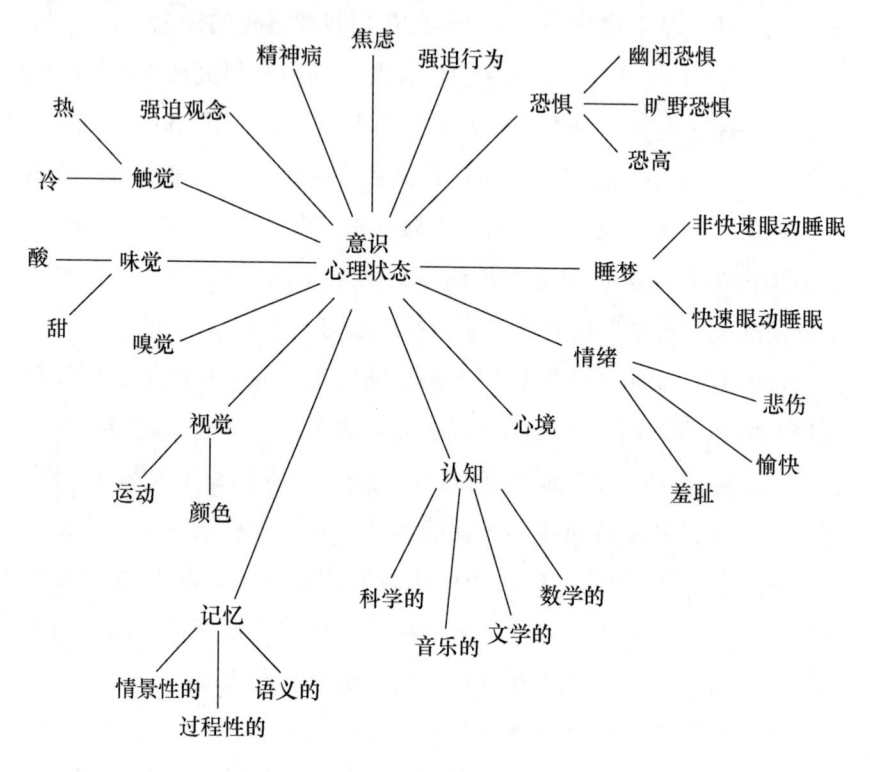

图4-2　人类有意识心理状态的类型

按照生物心理学对人的自我意识演化的说明，一般1周岁左右会发展出自我的初级阶段，这第一阶段的自我叫表象阶段的自我，这个阶段会把自己当作他人看待，用名字称呼自己。例如，小明会把自己叫"小明"，会说"小明要……"，不是"我要……"。等发展出第二阶段的自我，会说"这个是我的"，但这时候"我"的概念多半还是指某某东西属于我。等到2周岁，就能主动用第一人称的"我"来代替自己的名字进行交流，这时初步的自我意识就产生了。

第三阶段的自我是儿童发育到3~6岁时完成的，即能够进行自我评价、自我行为控制。这一阶段才真正发展出相对完全的自我意识。有一个著名的自我意识的"镜像测试"。例如，给小朋友的额头上点一个红点儿让她站在镜子面前，看她会不会去摸自己额头上的那个红点儿。18个月的孩子一般都能通过测试。最早人们发现大猩猩是可以通过测试的，而猴子经过特殊的训练也是可以通过测试的。

此外，明斯基提出，可以从跨时间的三个维度考察自我：第一个是先天遗传维度的自我。承载特定遗传基因的生物意义上身体的自我，是生物意义上的一个自我维度。第二个是作为文化遗产的自我维度，是经过后天的社会化和文化教养获得的一种自我，这个自我是与社会关系中的他者互动形成的，是一种人际的自我。第三个是具有心路历程维度的自我，它依赖一个人的意识经验的历史过程，构成所谓自传式的自我。

最早从理论上提出"自我"概念的是哈佛大学的心理学家威廉·詹姆斯。他认为，意识和自我意识是进化的产物，是为了有机体达到生存的实用目的演化而来的。人类能够发展出自我意识，是因为要在有限的资源下抵御敌人，在环境中有效生存。机器显然没有数亿年的人类物种的进化史。机器的自我有没有可能实现，或者说，机器具备什么样的条件才能被认为有意识和自我意识，这正是机器意识和机器自我研究的出发点。

四、机器意识与机器自我的初步研究

20年前就有人开始探索机器意识与机器自我的研究课题，最近几年这个课题受到更多关注，中国一些学者自2003年起也逐步进入这一领域。目前人工智能要建造有意识的机器通常采用三大策略：一是纯粹算法策略，包括自上而下的符号计算和自下而上的统计计算策略；二是类脑智能研究策略，主张受人类大脑结构和大脑工作机制的启发进行有意识和情感的人工智能研究，这是最近几年人工智能研究者与脑科学家联手探索人类心灵本质的新的研究方向；三是脑机接口策略。2013年，奥巴马政府提出"美国大脑计划"，其目标是绘制出正常的人类全脑神经元图谱，类似于人类基因组计划的做法。2013年，欧盟宣布人类脑计划的目的是进行人脑的计算功能模拟，用芯片创建和复制人类大脑。中国2015年启动大脑计划，目标是将大脑的基础理论成果运用到医疗、教育等领域，以提高人类生活质量。

认知心理学之父奈瑟尔著名的"自我的五个面向说"目前已成为机器自我意识研究的指南之一：一是生态自我面向，即能够在现实世界充分利用外部资源，与环境互动的自我面向；二是人际的自我面向；三是跨时间延伸的自我面向；四是观念自我面向；五是私密的自我面向。所谓跨时间延伸的自我，是指在历时的生命过程中，个体仍然保有自我的同一性特征。所以，建造有自我意识的机器人就要从这几个方面理解自我，探讨如何实现不同维度的自我。

2003—2005年，一些学者进一步提出建造有意识的机器系统需要满足如下几个必要条件：第一，要有感知状态；第二，要有意象能力；第三，要有注意能力；第四，要有规划能力；第五，要有情感。其中意象能力要求系统有一种建构图景或设计情景、联想情景的能力，包括建构世界的一部分"像是什么样子"的感受性能力。例如，从未去过希腊的人要做希腊旅行计划，首先大脑会聚焦世界的一个地域并去想象它，创建一些希腊像什么样子的意象，再去设计旅游路线和行程，预测未曾经历的事件会怎样发生以及如何应对。

其中，第五个条件非常重要。人工智能的先驱者明斯基2006年出版《情感机器》一书，断言"人不过是有情感大脑的机器"，你说你有喜怒哀乐、爱恨情愁，有自我意识，其实不过就是一台以大脑为认知资源的需要情感调控的机器而已。机器必须有情感状态才能真正说它有意识，知道什么是好坏、什么是善恶，懂得做价值评判。机器要有道德判断并做出有道德行动的能力，就必须有自己的包含知识的价值系统。因此，如果人类期望未来的机器不危害人类利益，成为值得信赖的智慧机器，仅仅考虑自上而下地把人类价值规范植入机器系统是不现实的，还必须让机器具有自下而上自主学习道德知识、产生自发的道德情感和道德知觉、有意识地做出既不伤害人类又兼顾机器需求的道德决策能力。

我们都知道，人类有一个非常强的独特的情感能力，心理学上叫"共情"，即同情共感的能力。他人痛苦时你会怀有恻隐之心，情同此心，心同此理。人类正是由于有共情能力才能达成人与人之间的理解。只有让机器也具有这种同理之心，才有可能理解人类社会行为的意义。1992年，欧洲脑与行为学会会长里佐拉蒂及其研究小组，通过研究恒河猴的前运动皮层神经元工作机理，发现了猴脑中共情的"镜像神经元"效应，其后人们在人脑中也发现了同样的机制。这一工作为研究人类如何具有同理之心、如何具有模仿学习的能力，直至能够建立自我与他者的关系，共享外部世界经验等提供了重要的认知心理学的说明。这一发现也被誉为20世纪最重要的心理学成就之一。研究机器的人际自我面向的专家，希望借鉴镜像神经元理论去建构有模仿能力和交流能力的机器人（见图4-3、图4-4）。

图 4-3　镜像神经元示意图　　图 4-4　产生交流与共情的神经元

　　例如，让几个机器人在一面镜子前做各种动作，再重放动作录像，让每个机器人指出哪个动作是它做的。据说，中科院自动化研究所的机器人可以通过这个测验。2015 年，美国伦斯勒理工学院曾做过机器人在镜子前通过动作进行相互交流，匿名识别自己动作的实验，这一实验是探索机器自我的一种尝试，他们声称已经制造出了有人际自我的机器。

　　此外，康奈尔大学机器人实验室主任、《3D 打印》的作者利普森则通过另外的实验探索机器如何能具有自我意识。20 世纪 80 年代，认知科学就主张人的意识实际上是由两层脑实现的，第一层是指挥自己和外部世界打交道的行动脑；第二层是对行动进行监督的脑，相当于还有一个反馈行动信息进行价值评估的脑。在利普森看来，由此假设出发可以探索出一条具有自我意识的机器人的制造之路。他相信，自我意识的一个重要的特征应当是具有想象自我、建构自我图景从而进行未来行为决策的能力，特别是能够想象自己处在一个没有经历的环境中建立自我形象，并在这样一种自我形象的基础上做行动预测，规划未来。利普森声称他们真的做了有两个脑的机器。这是一个装有一系列传感器、由八个马达驱动的用四条腿走路的机器人。低层的脑指挥机器人向前走动，高层脑评估低层脑所引导的行动是否准确达到了目标，再根据环境信息反馈调整前进的方向、速度和姿势……这样，机器似乎就建立了一种所谓的自我形象，能够评估自己行动了。机器最初并不知道自己是什么样子，进行了十几次实验后，才开始把自己的形象和外部环境关联起来。通过调整自己与外部世界的关系，它似乎越来越适应外部世界，也逐渐可以预测路况稳步前行了。

为了进一步测试自我意识的程度，利普森大胆地把机器人的一条腿卸掉了。一天之后他发现机器人慢慢又开始调整卸掉一条腿的身体，把只有3条腿的身体当作和外部世界打交道的自己，慢慢调整行为在实验环境中生存下来了。利普森就此说，这表明机器进化了！他也因此主张，研究机器自我，最好把机器人放在一个真实世界里，不要仅在虚拟世界里讨论算法，而是让机器人跟外部世界直接打交道，这样它就会慢慢进化，知道所处环境是什么以及它在环境中的角色，就像把小孩子放在自然环境里，他会灵活地跟这个世界互动，具有与环境交互的自适应性一样。由以上实验可以看出，机器意识和机器自我研究还处在极不成熟的初级阶段。

五、如何解决人工智能的"情感落地"问题

60余年前，人工智能最初的理想是非常宏大的。期望借助物理和功能模拟的方式建造通用人工智能（Artificial General Intelligence，AGI），并最终获得对人类心智本质的理解。但是，随着摩尔定律效应的释放，算法化的人工智能借助大算力和大数据的驱动，伴随第

四次工业革命的脚步一路高歌，建造各类工业应用的智能机器和用于专项智能增强的机器人却反而越来越成为技术产业界研发的主要方向。可以说，60余年人工智能的历史是"不断偏离AGI初心"的历史。其中，前30年的老式AI更多关注借助纯粹抽象符号进行计算和推理功能的机器的实现，而长期忽视了对机器在环境中具有感知和行动能力的研究。

　　为消解前述的莫拉维克悖论现象，20世纪80年代之后再度复兴的人工神经网络和深度学习，借助第二代认知科学的涉身性认知的思想资源，逐渐使后30年的AI发展进入"统计计算"的新时期。但是，在反思和修正传统AI路径局限的努力中，深度学习的"黑箱"又制造出许多人类认知不能解释的反常现象：第一，深度学习是机器通过大样本训练被动式学习，而人类往往借助小样本和日常知识自主学习；第二，神经网络只有依赖大量人工标注，才能对于所处理的数据获得有意义的解释；第三，数据分析出现过度拟合，导致基准数据有失客观性；第四，神经网络的行为由于各类数据偏见难以控制其公正性；第五，机器视觉对图像和场景变化过度敏感，识别缺少稳定性；第六，算法的不透明性使服务于特殊目的的神经网络无法预测未知数据，致使学习迁移困难，算法应用难以泛化。

　　因此，依照我们的判断，尽管今天的人工智能在大规模计算、图像处理、语音识别和工业机器人方面取得了巨大的成就，但人们还没有看到真正的"聪明机器"的问世，更没有实现类人的机器意识。可以说，AI依然未摆脱"无心的机器、无情感的机器和无实践推理的机器"的命运。这充分体现为AI的发展深受三大瓶颈的制约：第一，机器并不理解符号语言的意义——AI的"符号落地问题"；第二，机器不理解外部物理世界的意义——AI的"物理落地问题"；第三，机器不理解人类社会行为的价值意义，2019年我将其称为AI

的"情感落地问题"。这三大落地问题恰是目前人工智能和机器意识研究的最大屏障。我们主张，在人机共在的世界中，人工智能能够达成与人类和谐共处所满足的条件之一，应当是"情感落地"瓶颈问题获得合理解决。

如前所述，今天的人工智能既没有道德意识也不能为自己的行为负道德责任。例如：《危险边缘》知识竞赛的获胜者沃森只是一个知识信息检索系统，并不理解知识库中语言符号的语义；自动驾驶汽车也从未将儿童放在真实道路上的情境中进行道德行为的实测；机器人索菲亚不过是带有丰富表情的依据预编程的语音应答系统，不可能与人类进行真正的情感交流；AlphaGo不会对其走子的理由提供合理解释。这是因为目前的人工智能体还不是一个有自主行动能力的施动者，既不能为其行为提供理由也不能负行为后果的责任。最重要的是，今日机器还不是有情感动机、能辨善恶的道德主体。

温德尔·瓦拉赫和科林·艾伦在2009年出版的《道德机器》中提出究竟何谓人工道德主体（artificial moral agent，AMA）、建构人工道德主体的途径是什么等尖锐问题。如果依据我们前面对人工智能历史分期的考察，从涉身性认知的视角看，仅仅遵循经典的符号计算的路线，自上而下地为机器植入一套明确描述的道德规则，是无法建构出AMA的。同时，仅仅通过自下而上深度学习的统计计算路线实现AMA也是极有局限的。因为，目前看来，单纯依据统计计算路线，机器不能自主地从现实世界提取信息、获得知识，并对实现环境目标进行实践推理，不会做出实时的道德判断并依据道德信念恰当行动。这是因为机器还不能对由情感触发产生的道德敏感和行为的意向性做出恰当的道德判断，引导自身行动。目前建构人工道德主体的路径之一，是通过建立心灵的认知架构（cognitive architecture of mind），从功能层面局部实现某些道德要求。20世纪

80年代，AGI的倡导者纽厄尔提出心灵认知架构的观念时，是期望在一个抽象的层次重构大脑的功能结构，并解释心灵所有的认知功能，如感知、记忆、学习、推理、规划、情感和语言等，从而获得统一的认知理论（unified theories of cognition）模型。20世纪90年代，神经科学家通过实证研究提出，在人类的大脑中存在两种价值判断和决策的神经通路系统，一种是依据情感直觉做决策的背侧通路X系统，另一种是依据理性认知做决策的腹侧通路Y系统。

我们的初步方案是，为了进一步探索建构恰当的心智认知架构，实现人工智能主体的"情感落地"，需要引进"情感触发"（emotional trigger）、"信用赋能"（credit assignment）和"实践推理"（practical inference）三个维度，从理论上界定AMA所应具备的核心特征。我们的结论是，AMA要成为在实时的社会环境中具备实践智慧的道德主体，就意味着AMA是一个在情感动机的触发下具备信用赋能和实践推理能力的智能主体。

明斯基从心理学和人类认知的视角曾经提出，人的认知是由情感动机触发的："情感是人类不同思维方式的触发器：每一种情感状态的转变都是在激活大脑某些认知资源的同时关闭了另一些资源，也就改变了人类大脑的运行方式，无论常识思考、逻辑推理、智能学习还是自我反思，无不如此。"而且，人类可通过少样本的学习获得更多的学习成果，不仅擅长学习具体事物间的联系，还能创建它们为何联系起来的普遍结构，从而寻求事物联系的一般模式。这意味着，人类既有能力寻找表现外部事物的方法，也能寻找表达内部心理状态的途径，还能具有元认知的反思和修正自身行为的能力。这就是人类的"信用赋能"的能力，而人类具有"信用赋能"的能力是我们超越其他动物的最重要的能力。我认为，一个真正的能辨善恶的人工道德主体，意味着是一个满足如下条件的认知主体：首先，它是一个独立的依据表征而行动的认知主体，是一个能够在情感的激发下，产生道德敏感并基于对情境的知觉经验获得信念，采取有意图行动的认知主体；其次，它是会通过少样本的学习获得更多知识，通过寻求事物一般模式进行因果推断的"信用赋能"能力的主体；最后，它还应当是自主设定行为目标，具有反思自身行为的元认知能力，能够基于实时的环境信息进行预测、规划、主动地通过实践推理达成道德目标的主体。

新一代AGI学者期望能够遵循跨学科的思路，通过算法实现人工道德主体的建构，可行的路径之一是重建新一代融合符号计算和统计计算的心智的认知架构。例如，2017年莱尔德等人倡导建立类人心智架构的标准模型就是这样一种努力。他们追求的目标是建立同时面向人工智能、认知科学、神经科学和机器人学多个交叉领域的通用计算框架。此前，经典的认知架构是一种纯粹的符号处理模型，随着脑科学对于意识研究的进展和神经网络深度学习等新技术的突破，新一代认知架构开始借鉴类脑智能研究方法，采用符号式处理和统计式处理混合的模型，既体现了统计学习，包括贝叶斯学习和强化学习的形式，也包含了大规模模块内部和模块间的并行操作，同时仍然保留了串行操作的空间，这就为人工道德主体的技术实现提供了某种可能性。当然，对于人工智能究竟能否真正演化成一个道德主体的问题的探讨，仍然需要经历漫长的过程。更为重要的是，只在局部功能实现的层面探讨人工道德主体是有极大局限的，只有接受认知科学中的涉身交互的观念，培育良好的社会技术环境，使机器能够逐渐进化出等级越来越高的道德知觉，有能力在理解物理世界和人类行为的意义、理解人-机共存的社会意义的基础上具有真正的交互性、自主性、能动性和自适应性，才有可能使机器实现这种演化目标。同时，我们认为，理想的既满足人类价值又兼顾机器利益、值得信赖的道德主体应当是人-机融合的延展认知系统，而这样的系统的道德行为责任的归属应当是分布式的，是由人-机多主体构成的行动者网络承担的。

六、如果人类意识与机器意识遵循独立演化的道路，前景如何

讨论机器意识和建构人工道德主体的风险显然无法避开奥莫亨德罗悖论：一旦机器有自我意识，意味着机器具有自我保护意识，意识到在想要达到的所有目标中，第一要务是自身的生存。机器有意识和道德觉知，意味着它有行动的自主选择权利。如果真正具有自主性和自我意识的人工智能实现了，就意味着AGI时代真正到来了，也就是机器可以说"不"的时代到来了。从人类前途命运考虑，这样的人工造物的一切行动能否持守人类的善根是大大值得怀疑的。人类创造了工具，工具也塑造着人类，人工算法的进化和技术的演化自有其作为社会技术系统的演进轨迹。如果作为嵌入社会环境的生命3.0系统的演化是可能的，恐怕也是不以人的意志为转移的。

生物心理学从行为怎样演化、大脑和有机体的其他器官如何控制行为的角度解释动物的行为和意识。人的所思所想所为，都是因为人有一套进化而来的特殊的脑机制，有完成专有功能的一套生物器官。目前，关于机器自我意识的实验似乎都想模仿人类意识的进化模式，但人的意识和机器的意识是不是遵循同样的演化道路，是有巨大争议的。今天认知科学成果较为丰富的分支是心理学、脑神经科学和人工智能，人们也一直在寻求通过模拟人类大脑去实现有意识的人工智能的道路。然而，直到今天，脑科学还没有搞清楚人类到底是如何依赖大脑工作的。人们只知道，如此这般思维或做出

如此行为的时候,某些脑区在活动;但是,人们还没有办法完全确定哪些特定脑区刚好实现了这些特殊功能,我们还没有搞清楚全部的大脑图谱细节。事实上,人类对自己大脑的了解还处在盲人摸象的阶段,也许恰如德谟克利特时代谈论原子一样。

尽管DNA的发现者脑科学家克里克认为,其实我们的所思所想,一切喜怒哀乐和我们一切的行为,都不过是大脑神经元和它们的生物化学反应而已,但是探索人类意识和自我意识的工作仍然举步维艰。2001—2004年,通过PET、fMRI技术,人们也进行了一系列"自我相关刺激实验",实验发现,在进行自我相关刺激(如自我表征、自我评估、自我监测、自我整合)(见图4-5)时,实际上参与处理刺激信息的脑区,包括了大脑皮层的多个区域。例如,腹内侧部分前额叶皮层(OMPFC)、背侧部分(DMPFC)和顶叶/后扣带皮层(PCC)以及前部皮层结构(ACC)等,从中发现存在一类有大脑皮层中线结构(cortical midline structure,CMS),这种结构被看作产生自我意识的一种大脑神经相关物。而且研究者认为,重要的在于,不是几个脑区在活动,而是脑区间的相互关联方式,共同构成了所谓大脑皮层中线结构,产生出一种整合的统一自我意识。而且这一假说可以推广开来,寻求更抽象的通用数学结构,用于说明既适合于人类也适合于机器的自我意识产生的机制。显然这一假设遭遇了一系列的科学和哲学上的质疑和反驳。

智能机器是人类制造的,如果有自我意识,计算机自我的呈现方式是人工的数字化算法实现的,而且也极大地依赖计算机实现运算的物质材料。机器意识和机器自我是不是会走另外一条与我们、通过有机生命获得意识和自我意识的路径完全不同的演化之路?

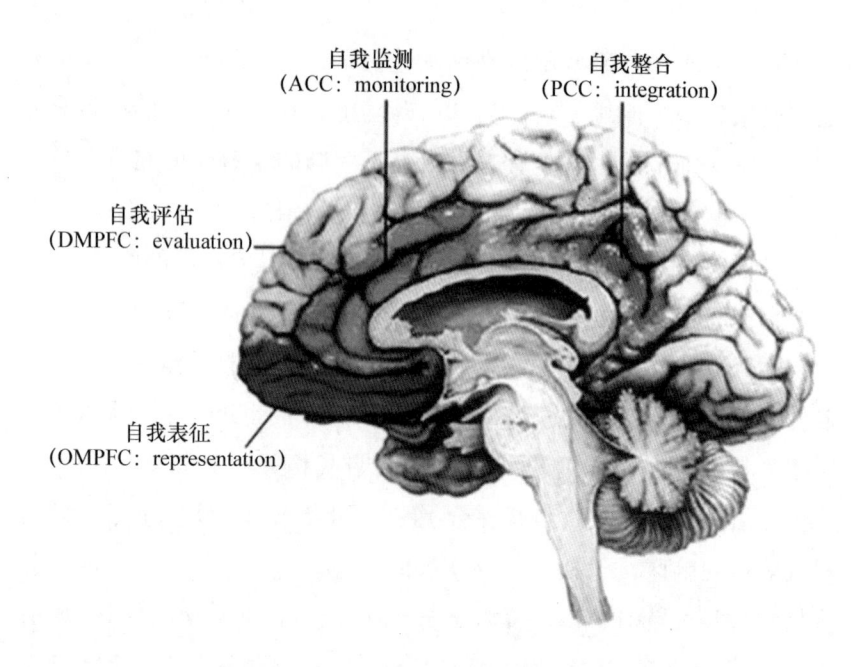

自我监测
(ACC: monitoring)

自我整合
(PCC: integration)

自我评估
(DMPFC: evaluation)

自我表征
(OMPFC: representation)

图4-5 自我相关刺激对应的脑区

2016年10月,霍金再次发表剑桥演讲,提出如果机器以独特的演化途径自我演化,甚至演化出超越人的意识的自我意识,其前景是更糟还是更好的问题。当然,他认为,人工智能很可能发展成一种完全跟人类相冲突、有独立自由意志的东西,人类文明历史也将终结于此。2016年底,世界级的O'Reilly人工智能大会提出了12个权威观点,这里择其要把惊人之语摘录出来:AI是一个黑箱,我们不知道它将走向何方;AI不是个简单活,有时我们想要土豆,结果却造出地瓜;AI必须考虑文化和社会背景;AI的用处极大但并非万能,我们现在好像找到了一些梯子,但是找到好梯子不代表能登上月球;AI是一种增强智能,它同时拥有人类力量和机器力量;AI改变了人机对话方式,但它需要懂得人类情感;别再用图灵测试了,换个更智能的测试吧,比如让机器满世界送比萨饼。

我们相信，仅仅聚焦在建构机器主体的认知架构上讨论值得信赖的人工智能，还是有局限的，还需要探讨人工道德主体进化的社会环境是什么，需要讨论未来时代以嵌入社会环境的人-机交互和人-机融合的延展认知系统中，作为独立构成成分的道德主体的条件究竟是什么。更为重要的是，"值得信赖"也应当是交互的——包括人对机器的信赖和机器对人的信赖。因此需要讨论人工自主体的边界和风险何在。我认为，为未来人-机融合的延展认知系统制定相应的伦理规范，需要考虑如下三个层面：个体主体的层面、个体自我的层面以及作为社会技术系统的层面，特别是作为一个道德主体的延展认知系统，应当是在三个层面都有充分界定和描述，有相应的道德伦理规范的充分考量。今天人工智能走到了即将产生巨大变革的一个节点，是真正需要大智慧和灵感的时候了，让我们共同期待大智慧的到来吧！

第五讲
西季威克的功利主义

◎ 龚群

时间：2020年7月24日19:00—20:00
地点：中国人民大学人文楼

龚群，中国人民大学哲学院二级教授，长期从事伦理学、政治哲学研究。出版《罗尔斯政治哲学》《现代伦理学》《追问正义》等20多部学术专著，在海内外发表论文250余篇，共计600多万字。

第五讲 西季威克的功利主义

今天我给大家准备的是"西季威克的功利主义"这个主题。之所以准备这个题目，是因为这么多年来，功利主义确实是我自己研究的一个领域，我也做了一些功课。选择西季威克是因为目前国内对他的功利主义的研究，相对于边沁、密尔而言，关注度不是很够，我想借这个讲座的机会，引起学界同人对于这个主题给予更多的关注。当然这是国内的情况。国外对于西季威克的研究比较丰富和成熟。今天这个讲座主要是介绍西季威克的功利主义思想，以期抛砖引玉。今天来了很多老师和同学，大家有意见可以相互讨论。

功利主义有一个漫长的发展过程，其历史可以追溯到很远，但是作为一种真正的伦理学理论来讲，它是从边沁开始的。从边沁开始到现在，它已经发展成为一个主要的伦理学理论，是规范伦理学的一个重要的流派。另外一个重要的规范主义伦理学就是道义论。自20世纪中叶以来，美德伦理学复兴，也逐渐成长为一个具有规范性的伦理学理论。当然，关于美德伦理学到底算不算规范伦理学，国内外也有不同的意见。如果要把它算入规范伦理学，那么规范伦理学就形成了三足鼎立的理论局面。

就功利主义的产生而言，边沁、密尔把快乐与痛苦作为道德评价的标准，奠定了功利主义的基本形态。20世纪的功利主义理论，已经发展出了很多变种，比如行动功利主义、规则功利主义，还有平均主义的功利主义、满意式的功利主义等等，百家争鸣，非常热闹。进入21世纪以后，功利主义理论渐渐没有那么热闹了，但仍然有人在做深入的研究。以上是对规范伦理学的大体局面和功利主义发展脉络的简要梳理。在功利主义理论的发展过程中，有一个经典功利主义者没有受到国内学界应有的重视和关注，他就是亨利·西季威克（Henry Sidgwick）。西季威克究竟做了什么工作？其工作有何意义？这就是此次讲座要讨论的问题。

在正式进入主题之前，我想简要谈一些与伦理学相关的问题。首先是关于人类存在和人类行为的评价。回答这个问题最根本的前提就是搞清楚我们为什么需要伦理学，人类为什么需要伦理学。作为人类存在来讲，一个最根本的要素就是价值要素，或者说就是道德要素，这是作为人类存在也是评价人类的最根本的要素。这一要素表现在我们的行为当中，我们就可以对行为进行道德评价或者价值评价，这是评价行为的一个最基本的方面。当然还有其他方面，比如政治或法律方面。其次是关于行为者和行为的问题。就伦理学的研究来讲，应该说有这样两个部分。关于行为者，我们可以研究道德心理、道德意识、道德动机等等，还有诸如德性、品格之类的；关于行为，就是研究行动的正确性、行动的正确性标准是什么、做什么是正确的之类的问题。这两者之间是有相关性的，但也可以分开来看待。你可以关注某个方面、某个点，如动机或结果来作为行为评价的依据，由此可以区分你是动机论者还是后果论者。今天讲的功利主义，就是根据行动产生的后果来评价行动，不看动机或过程，它就是一种后果主义。而关注动机不关注后果的，就是动机论，比如康德说的善良意志就是一种典型的唯动机论。从动因到行为之间还有一个中间，这个中间就叫行为过程，行为过程是不是也可以作为一个行为评价的依据呢？实际上是可以的，那要看依据什么标准来做事。

今天要讨论的是快乐主义的功利主义，快乐主义的功利主义实际上强调的是依据行为带来的快乐和痛苦的后果来进行行为的判断。当然，它也可以作为一个决策程序。我们在行动之前就考虑，该怎么行动、如何决策，才能带来最大的快乐。所以，功利主义既可以说是一种决策理论，也可以看作一种评价理论。

下面我讲一个比较大的话题——世界的转变和价值观的转变。

什么叫世界的转变和价值观的转变呢？18世纪边沁、密尔的功利主义的出现实际上表明了某种世界观或者价值观的重大转变，当然这是相对于西方的中世纪而言的。在对待人的快乐和痛苦的问题上，中世纪的观点是强调使我们的感性服从神性的命令，彻底贬低感性欲望，强调贫穷、服从、忠贞等。而功利主义则正面肯定了人的感性存在和感性需要，甚至强调人的感性的快乐。所以这样是经历了一种彻底转变的过程。当然这种转变自13世纪的文艺复兴时期便开始，从文艺复兴直到边沁、密尔的功利主义这样一种比较成熟理论形态经历了四五百年的历史，才有了价值观的彻底转换和确定。

1. 直觉主义

下面我们进入西季威克的思想。《伦理学史纲》《伦理学方法》是西季威克最重要的两本伦理学著作。他最重视做伦理学研究的方法，他在《伦理学方法》中论述了伦理学理论研究的三种方法或进路，分别是直觉主义、自我主义（egoism）、功利主义。西季威克的目的是用直觉主义的方法证明功利主义的合理性。首先需要说明egoism的翻译问题。有学者曾将egoism翻译为利己主义，但是我主张翻译成自我主义。在英语学术界，这个概念并不是像我们所理解的利己，带着一种贬义的色彩，而是一种对自我利益、自我幸福的合理的正当追求，它实际上是一个中性的概念，而在汉语中"利己"实际上是一个负面的概念，如果翻译成"利己主义"，我们就往往会戴着有色眼镜来解读，而忽略了原本的含义，将其中的对于幸福的正当需求消解掉。

接下来我们继续讲伦理学的方法。刚刚提到西季威克考察了三种方法：直觉主义、自我主义和功利主义，我们先讲直觉主义这个问题。按照西季威克的说法，直觉主义的直接来源是巴特勒的道德感（moral sense）这一概念，舍夫茨伯利等人也有对道德感有类似的阐述。那么道德感是个什么东西呢？在巴特勒看来，道德感就是我们内在的第六感官。什么叫第六感官？即五官之外再加上一个感官就叫道德感。所以，这里的"感"不是"感情"的"感"，而是"感官"的"感"，是作为一个内在的心理器官来看待的。从这个意义上讲，我们就有一种内在的、天生的并且是直接地进行道德是非判断的能力。比如我们看到了路边有人抢劫，我们就判断他的行动是错的，做出这个判断是直接的，不需要什么概念。这就是直觉主义的来源。那么西季威克如何看待直觉呢？西季威克区分了三种直觉主义：感性直觉主义、教义式的直觉主义和哲学的直觉主义。第一是感性直觉主义，比如我们看到一个人虐猫，我们就在内心做出判断，虐猫的行动是错误的。第二是教义式的直觉主义，也叫作原则式直觉主义。所谓教义、原则就是通常不会受到怀疑、质疑的，比如战场上需要英勇杀敌，面对敌人不要心慈手软，这似乎是大家习以为常遵守的、不用质疑的原则，如果你质疑的话，好像自己就显得不合常理，是很奇怪的，这就是教义式的态度来对待生活中的道德原则与教义。第三是哲学的直觉主义。我们似乎并不是很熟悉哲学的直觉，哲学的直觉主义在分析、批判和质疑的前提下接受常识道德，而不是教义式的不加反思、毫不怀疑地接受，只有经过哲学反思之后，才可得到更为清晰确定的、理性自明的原则。不同于未经审视的感性自明，只有建立在理性自明的原则基础上的伦理学才是更为清晰、更为可靠的。举个例子，通常的诚实原则会告诉我们要做到诚实，但是当你面对敌人的时候，还要不要诚实呢？当为了保护朋友的性命，可不可以撒谎呢？面对这些复杂的情况，诚实原则似乎不是不可动摇的。如果教义式地遵守诚实原则，甚至会造成恶劣的后果，比如医生诚实地告诉了心理承受能力差的病人其真实病情，反而使得病人一命呜呼。所以西季威克主张我们应该对习以为常的道德原则进行哲学上的分析批判，在经过批判性的反思之后，才能得到理性能力下的自明原则，这个原则毫无疑问跟我们前面所说的那种教义的自明或感性的自明完全不同，因为后者没有经过反思批判。

西季威克认为可靠的直觉只有哲学的直觉，希望将伦理学建立在理性批判和反思之后建立的自明的基础之上。但是他也意识到，实际上在日常生活中或者做道德判断的时候，这三种直觉和直觉主义有可能是混在一块儿的，做出这种区分只是为了理论研究的方便。西季威克说："在我看来，人们对这些抽象真理都多少带有一些明确性的领悟，这种领悟构成'基本的道德准则是内在合理的'这一常识信念的持久基础。"在西季威克看来，人们的直觉领悟能力为人们的常识道德信念提供了最深厚的基础。人们的这种直觉领悟能力是与原则的自明性一致的，而西季威克则是通过"寻求真正清楚明确的伦理学直觉来达到对功利主义的这种基本原则的一种把握"。所以在这一点上西季威克自己就是一个哲学上的直觉主义者，他的功利主义原则就是在这样一种直接的方法上得到认证的。当然对这个问题的讲解要等进入他的功利主义问题上，我们再具体展开。

说到这里还要讲一讲摩尔。大家都知道1903年摩尔出版的《伦理学原理》，他的伦理的理论被认为是分析的伦理学的开端，也就是我们今天说的元伦理学的开端。摩尔这部著作中，一个最重要的判断就是"善是不可分析的"，这恰恰就标志它是一种直觉主义的理论。换句话说，从摩尔开始，直觉主义开始作为西方伦理学的一支流派。史蒂文森、艾耶尔等元伦理学家则将直觉主义的伦理学理论发展壮大。我觉得直觉应该是中国哲学思维的一个基本的方法。比如你读《道德经》，读《论语》，会发现实际上很多思想都是以名言隽语、断言的形式表达的，诉诸直觉判断，让人直接体悟而非论证。禅宗是最典型的直觉主义，禅宗的"棒喝""顿悟"都显示出直觉的效用。如果说西方的伦理学家发展出了非常有理论深度、有厚度的思想，那么今天的中国能否发展出现代的、有深度的、系统的直觉主义理论体系呢？发展出具有中国风格、中国特色的直觉主义，这是值得期待的。

2.西季威克对功利主义的改造

下面我要讲西季威克对边沁和密尔功利主义理论的改造。尽管边沁区分了个人福利与社会福利，但他认为社会福利就等于个人福利的简单相加；密尔加深了对社会福利的思考，在一定程度和意义上，他看到了个人幸福的简单相加是不能够完全等同于社会幸福的。换句话说，就社会福利来讲，大概有一种独立于个人幸福的那种层面的因素存在。西季威克发现功利主义的体系内部存在着两个部分，这两个部分存在着分裂的可能，这就是边沁、密尔的功利主义最大的问题。他们的功利主义实际上是把两种幸福混为一谈，因此必然面临困境。西季威克不是努力使个人幸福和社会幸福沟通融洽，而是主张个人幸福与社会幸福或者说普遍幸福可以作为两个独立的幸福而存在，因为这是两种不同的伦理目标和追求。由此他把功利主义的理论体系进行内部分裂，即分为：以个人幸福为目的的自我主义——也叫自我的快乐主义，这种伦理方法以个人的快乐和幸福为最终目的，个人的快乐和幸福也是行动正确性的标准；以普遍幸福为目的的功利主义——也叫普遍的快乐主义，这种伦理方法则是以社会的普遍幸福为最终目的，实现了最大幸福的行动就是正确的行动。由此西季威克区分出两种完全不同进路的伦理学方法。因此，在西季威克的伦理学体系中，从方法论上看，功利主义被看作是一种独立于自我主义的、以最大幸福为目的的伦理学方法。根据西季威克的定义，"功利主义在这里所指的是这样的伦理学理论，在特定的环境下，客观的正当的行为是将能产生最大整体幸福的行为，即把其幸福将受到影响的所有存在物都考虑进来的行为。我们把这种理论称为功利原则，把基于这种理论的方法称为'普遍快乐主义'"。事实上，西季威克的功利主义，即普遍快乐主义往往在很大程度上要求个人为了社会利益牺牲个人的利益。因此，自我主义与功利主义是不同的进路，是不可混淆的。

西季威克从人性的结构来论证自我主义的合理性，一个合理的自我主义者不可以为道德热情所左右。西季威克指出，人类个体由于自然本体自身的结构，他们对于感官的满足、对于权力和名望的占有，以及强烈的友情、对科学和艺术的追求等，比产生于良心的快乐有着敏锐得多的感觉，以至于即使从小就对他们进行道德教育，也不能成功地使他们的道德情感达到所需要的突出程度。要人们把做出一切牺牲而明确地轻视自己的利益这样的义务看成是他们应当履行的义务是不切实际的。在西季威克看来，这几乎就是一种道德乌托邦，或者说，只有在这道德乌托邦里，人们才可能做到，所以像边沁、密尔所说的从个人幸福出发并不能得到社会的普遍幸福。

尽管西季威克承认自我主义作为伦理学方法具有很大的力量，但西季威克仍然是一个经典的功利主义者。为什么这么说呢？首先，西季威克认为，以普遍幸福为基本内容的功利主义的"幸福"概念，仍然是快乐与痛苦之比的净余额。这是经典的定义，善的快乐的量减去痛苦的量，这个概念既适用于自我个体的快乐主义，也适用于普遍的快乐主义，"我们说的最大幸福指的是快乐对于痛苦的最大可能的余额，我们说的痛苦指的是与快乐同值的负量，所以在伦理学的计算上这两种相反的量是相互抵消的"。当然具体怎么计算是个技术问题，他没有具体说明，但可以确定的是，西季威克仍是将最基本的快乐和痛苦作为一个幸福衡量标准。其次，追求普遍幸福的功利主义的"普遍"是在什么意义上说的？这里的"普遍"无疑意味着"所有存在物"，但所有存在物是否是所有有感觉的存在物，还是仅仅局限于人类这个种类呢？西季威克指出，边沁、密尔和他都显然认为前者才是符合他们原则的普遍性特征的观点，即一般功利主义都认为这个普遍是"所有有感觉的存在物"。我们知道功利主义中包含了现代的动物伦理、动物权利学说的一个最原始的说法，就是动物有感觉，能感觉到痛苦，所以辛格的《动物解放》一书中也考虑到动物作为有感受性的存在，它们的苦乐也是重要的。牛马羊猪也应得到善待和保护，工厂和屠宰场的动物应该被仁慈地处死，而不能徒增它们的痛苦。在这种意义上的快乐或幸福是他们所追求的普遍的善，所有有感觉的存在物的苦乐都应被纳入道德考虑。之所以说西季威克是一个经典的功利主义者，原因就在于他仍然坚持以快乐与痛苦的结果作为行动评判的依据。西季威克还创造出一个快乐零值（hedonistic zero）的概念。这个快乐的零值概念，在西季威克这里，就是度量快乐正值的原点或起点。当我们考察快乐主义必然包含快乐与痛苦的比较时，这一概念就很清楚。当我们说到快乐与痛苦时，存在着从最大快乐到痛苦产生或从量上看有一个中间点，这个点就是零。西季威克说这是从正值快乐到负值痛苦的中间点。他举例说，如果我们在快乐的体验上有一个负值，那么就要从幸福总量的正值中除去这个负值，"因此我们必须设想一个从正值到负值的意识中的过渡点"。

密尔不是对快乐有一个质与量的区分吗？密尔认为，痛苦的苏格拉底也比快乐的猪更幸福，因为苏格拉底在思想上得到一点真理他就无比幸福，这是吃喝享乐等感性快乐所无法比拟的幸福。西季威克如何回应密尔的问题呢？西季威克会认为，这种判断其实是旁观者的错觉，是个人的偏爱。"由于快乐计算涉及只再现在观念中的感觉的比较，它可能因再现得不完善而有错误，但是如果只就当下的感觉性质而言，就没有人能反驳那个有感觉的个人的偏爱。"作为旁观者可能会认为那种所谓的高级的快乐的量没有低级的快乐的量大，但是作为当事人，一定会发生一种令人愉快的感觉，而这种快乐的量无疑是无法比拟的。比如说苏格拉底思考问题所获得的智识或思想上的快乐，虽然他讨论的问题最后没有确定的答案，他依旧困惑，但是如果他有一点收获，这种快乐的巨大是别人无法想象的。因此，西季威克把密尔拉到边沁的意义上来为密尔辩护。也因此，玛莎·努斯鲍姆称西季威克的功利主义理论为"度量学"的，即对快乐与痛苦的量进行计算，像数学一样，把"快乐与痛苦的最大余额"作为快乐或痛苦的评判标准。那么道德有何作用呢？在这个问题上，西季威克回到了边沁那里，认为道德对个人的作用就体现在激励和制裁上，这是什么意思？比如说我们向雷锋学习，像雷锋一样做好事，扶老太太过马路，那么当我完成这样一件好事，回到家里，写日记的时候我获得了无比的快乐，这就是一种道德激励；如果我做坏事被人发现了，人们会在背后议论我和我做的坏事，我就不会再去做坏事，这就叫道德制裁。换句话说，道德对我们的作用就体现在它的激励和制裁的作用上，它是快乐和痛苦的一个来源。

3.自我主义与功利主义

之前讲到，要求个人为社会做出完全的牺牲，毫不为己，这是很难做到的，甚至是不可能做到的。一方面要考虑自我追求个人幸福的原则，另一方面也要考虑社会幸福的原则。比如公共利益，往往需要个人做出一定的自我牺牲。西季威克的功利主义原则是把边沁的最大多数人的最大幸福单独拿出来作为唯一的功利主义原则,而排除了个人幸福作为功利主义追求的目标。在西季威克看来,最大多数人的最大幸福原则主要是他人的幸福问题,因此将自我幸福作为追求目标不可能导致对他人幸福的追求。这两者之间的目标是不同的。个人幸福和社会幸福两者之间怎么沟通起来?这是个很大的问题。在西季威克这里,普遍幸福无疑是在价值等级上比个人幸福更高的价值和道德目标,然而,在一个普遍的以自我幸福为终极目的的世界,我们就无法从自我主义出发推论出功利主义。那么超出个人幸福的功利主义还有可能得到人们的信奉吗?或者说两者之间能够联结起来吗?应当说这就是西季威克的功利主义伦理学所从事的最重要的工作之一。

西季威克说:"我们无法通过推理来引导他把普遍的快乐主义作为一个首要原则,我们不可能证明,自己的幸福同另一个人的幸福的区别是不重要的。在这种情况下,功利主义所能做的就是向自我主义者说明从普遍的原则中引出来的规则的制裁力,即向他指出遵守和违反这些规则会分别令他产生哪些快乐和痛苦,来尽可能把这两个原则协调起来。"西季威克的策略并非是要说服人把最大多数人的最大幸福作为个人的终极目的,并非是要说个人始终要去尽力实现最大多数的最大幸福,而是主张通过道德义务、道德规则、道德原则对个人的幸福追求行为产生某种限制,从而协调个人的行为,使得个人对幸福的追求能够在某些方面、某种程度上与社会的普遍幸福结合起来。自我主义者的主张是,自然创造他就是让他去追求自己的幸福。然而西季威克却说,我们可以向他指出,他的幸福不可能比其他人的同等幸福更为重要,因为功利主义有一个基本原则,每一个人只能算作一个而不能算作更多。那么,"他就可以从他自己的原则出发而被引导着接受普遍幸福或快乐，把它作为绝对的、无须任何限定的善的或值得欲求的东西，因而把它作为一个应当有理性的人本身的行为追求的目的"。就西季威克来说，他提出这样一种经他修正的功利主义，最大的挑战是他所提出的自我主义的幸福观，即以个人快乐幸福为中心的幸福追求。西季威克自己也承认，这两者之间存在着巨大的鸿沟。正如乔治·罗伯特所说："自我主义与功利主义原则存在着实践上的矛盾，这意味着没有逻辑的可能存在着这样的环境：为实现一个原则目的的行为能够与完成另一个目标来说是必要的行为相联结，这另一个行为不同于前一个行为而且是排他性的。"西季威克无法否认个人追求幸福的正当性，但是他认为社会幸福同样重要，不能放弃，所以西季威克的确无法证明自我主义的幸福观能够与功利主义原则相联结，但是可以实现从前者到后者的转换。而转换如何可能？这时，西季威克所讲的哲学的直觉主义便发挥了作用。

　　西季威克认为，凭着理性直觉，我们能够把握抽象的仁爱原则，即每个人首先有义务把其他任何人的善看得与自己同等重要。换言之，理性不可能把其他人的善看得比自己的更小或更少。这实际上是康德的普遍法则在他这里的体现，即他人和我一样重要，大家通过理性都会同意的原则，这样个人的准则就能上升为普遍的法则。西季威克说，我们可以向现代社会的普通人的良心提出一个这样的假设，即如果在某一场合，他追求自己的幸福会使某个其他人的幸福蒙受更大牺牲，并且没有任何第三者能够受益，我们就可以问他，他这样追求自己的幸福是否正当，答案当然是否定的。因此西季威克认为，在人们所认可的正义、审慎和合理仁爱的原则中，至少有一种可以直接凭抽象直觉认识的自明因素，所谓"自明因素"即不证自明的因素。这样的自明因素的存在，是对西季威克的普遍幸福的功利主义的直觉证明。换句话说，西季威克为我们每个都追求自我幸福的存在者找到的通往普遍幸福的道路是理性直觉的方法。其实在西季威克之前，有些道德哲学家就已经从常识接受的道德规则中寻找理性的直觉。比如克拉克就曾经阐述过两条"真正自明的正当性规则"，一条是正当的规则，即基督教的以己所欲而施于人，另一条就是仁爱。

普遍的爱（universal love）或仁爱（benevolence）是达到社会普遍幸福这一目的的最明确、最直接和最有效的手段。在西季威克看来，普遍仁爱是获得普遍善的正确手段，只有超越个人的特殊善的那个普遍的善才是终极善。因此，在理性直觉的意义上，普遍性的善才是终极性的。这种终极善，与某种生命的品质相关，这种值得欲求的品质，属于生命的心理方面，也就是意识方面。西季威克说："我们可以在一种更广意义上理解有意识的生命，把我们的德性、真理、美、自由概念中的客观的意识联系包括进来，从这种观点出发，我们就可以把对真理的认识、对美的沉思以及把对自由的或德性的活动，都视为明显优于快乐或幸福的选择对象。"可见西季威克所说的"意识"，实际上就是说的生命的精神品格。人们一般会认为，有利于生命存在或生命保存的才是善，比如食物和房屋；毁灭生命的是恶。但是西季威克认为，人类有机体的存在本身是值得欲求的，人类躯体存在的意义与价值在于"它伴有一种总的来说是值得欲求的意识，所以，正是这种值得欲求的意识才是我们必然视为终极善的东西"。可见，西季威克实际上已经偏离了他在论述什么是自我主义的个人幸福追求时所说的那种人性结构，这里的说法是将人的精神品格看作唯一具有终极善价值的东西，因而他把德性视为终极善的一部分。而当把德性包含在终极善的概念之中，我们就离功利主义的普遍幸福更近了一步。当然这里说的功利是经过西季威克改造过的功利主义，而不是边沁、密尔式的功利主义。

最后我简单地谈谈西季威克的理论贡献，我们看麦金泰尔的评价："西季威克发现自己被迫做出这样一个令人不快的结论：我们的基本道德信念有两个特性，它们无法在任何形式上统一起来。"这是因为，他将边沁密尔的功利主义一分为二，而只承认其中一部分的功利主义；同时，他又继承和发展了边沁和密尔的功利主义思想，这表明他继承了功利主义的最高原则，并将它看成唯一代表功利主义的基本思想，而且仍然以快乐和痛苦作为理解功利主义的最基本问题。西季威克在伦理思想史上的贡献还在于，西季威克将功利主义与直觉主义融合起来，体现在他既以功利主义来解释直觉主义，又以直觉主义来补充功利主义。比如当他在谈到价值直觉主义的时候，他就指出，价值直觉主义的方法最终所诉诸的就是功利的考虑。

简短地总结一下，西季威克伦理思想的重要性在于，他提出了功利主义理论的一个主要困境，即他明确指出了功利主义的个人幸福与普遍幸福之间存在着逻辑上的鸿沟。一个人很容易在利己的快乐主义和普遍的快乐主义之间摇摆，但是西季威克并没有轻易放弃功利主义的原则，他认为问题在于功利主义的方法，只有用直觉主义的方法才能实现从自我主义到功利主义的转换。

（冉越整理）

第二季

第一讲
哲学创造与阐释的历史变奏

◎ 郭湛

时间：2020 年 11 月 4 日 18：00—20：00
地点：中国人民大学公共教学三楼 3503

  郭湛，1945 年生，中国人民大学荣誉一级教授。曾任《中国人民大学学报》主编、中国人民大学马克思主义哲学研究中心主任、哲学院博士生导师、中国辩证唯物主义研究会副会长。现任教育部社会科学委员会哲学学部秘书长。主要从事马克思主义认识论、历史观和文化观研究。著有《人活动的效率》《哲学与社会》《主体性哲学——人的存在及其意义》《面向实践的反思》《社会的文化程序》，主编《哲学素质培养》、《社会公共性研究》以及《中国现代化之哲学探讨》（主编之一）、《思维世界导论——关于思维的认识论考察》（主编之一）、《马克思主义哲学中国化教程》（第一主编），合著《华夏复兴与中华文明道路》《公共性哲学——人的共同体的发展》，发表论文 200 余篇。

非常荣幸能够参加学院组织的这次讲座。我今天要讲的题目是"哲学创造与阐释的历史变奏"。这次讲座是以"哲学"这个词开头的，线上线下能有这么多听者，说明了哲学问题为大家所关注这样一个事实，这是很令人高兴的。能够有那么多人关注它，说明哲学在社会生活中有其生命力所在。

我要讲的这个问题，是哲学研究领域的一个根本性问题。这就是在哲学发展历史中，始终存在的哲学的创造和阐释的关系问题。我们都知道，哲学的存在是一个事实。如果说关于哲学如何，我们有很多不同看法，那么对于有哲学存在这一点大家没有疑问。但是如果我们追溯哲学是怎么来的，哲学又是怎么发展的，其中的问题就比较多了。所以我们就从这个问题开始，我首先要讲的就是哲学是被人们创造出来的。

哲学的产生是在文化的发展中出现的一个事件。有了哲学，之后又创造出一些哲学经典文本，后来的学者对这些经典文本进行了长期的研究。至今我们还在研究一两千年前那些西方的和中国的经典。我们看到，哲学历史上出现了这样一个现象：哲学的创造和阐释似乎构成了一种历史变奏的关系。首先是它被创造出来，而后就要对它进行阐释。创造者也要对他的创造进行阐释，他的学派、后人都要继续阐释它，如果觉得阐释得不够就可能引起新的创造。在哲学中创造和阐释这种历史变奏是一个明显的现象，值得我们去研究。所以我就把哲学史上这种创造和阐释的关系表述为"创造—阐释—创造"，或者说"阐释—创造—阐释"这样一种相互关系。

这种创造和阐释的变化或转化，在历史上是在不同层面上展开的。一个哲学家在哲学领域的创造和阐释可能构成一条曲线，一个学派也会出现这样的曲线，至于整个民族或国家的哲学的整体也可能出现这样一个变化的过程。所以可以从个体、群体和整体三个层面对创造和阐释加以研究。

在创造和阐释之间,除了"变奏"还有"协奏"。之所以说是"协奏",是因为阐释和创造既是相互包含、相互影响、相互促进的,又是相互转化的。在一个时期,创造可能成为主导倾向,也可能在另一个时期,阐释成为主导倾向,这就构成了哲学历史中创造和阐释此起彼伏的现象。怎样去研究、看待、处理这种创造和阐释的关系,关系到我们民族的哲学能不能顺利向前发展。所以这是一个很重要的问题。我想分几个小点来讲这个问题。

第一点,创造与阐释在哲学史上的转换。我们学哲学史时对这一点都深有体会。首先需要追溯到哲学最初的产生,我们可以称它为哲学的"创世纪"。"哲学是怎样产生的?"这是哲学史中非常有趣的一个问题,当然研究这个问题是很困难的,每一部哲学史开篇要回答的就是这个问题。哲学的发展是人类文化历史中的一个现象。哲学有创生的时刻,并不意味着哲学是无中生有、凭空产生出来的。哲学的产生一定有文化发展的历史前提。所以我们在追溯哲学最初产生的时候,总是要研究它处在什么样的文化发展条件或背景下,了解到在人们对科学、艺术、宗教、社会各种认识基础上,才生发出哲学的思想。所以,哲学的"创世纪"是我们在读哲学史时都特别关注、希望能够找到答案的一个问题。

但这里我并不想追溯历史,这是很多专家研究的问题。我只是想首先肯定这样一个历史事实,就是哲学在最初的时候被创造出来,这个过程可以用"艰难困苦,玉汝于成"来形容。西方经历了这样的过程。拉斐尔的《雅典学园》这幅画,就表达了希腊古代哲学、包括罗马哲学群星荟萃的历史状况。这是一个哲学开创的时代。中国古代也有这样的过程。那些哲学典籍,像《周易》《论语》《老子》《理想国》《形而上学》等等我们认真研究的著作,它们的创造和阐释跨越了几千年，到现在我们还在不断去研究它们。哲学的创造和阐释始终在进行中，这是一个历史事实。一个经典的哲学文本一旦被创造出来，它的传播，继续的阐释包括注释、诠释都在不断进行，至今我们还在研究，而且有时还有新的典籍被发掘出来。

从创造到阐释的过程是通过批判的或非批判的方式进行的，大致可能导致三种结果：一种是重复，如果没有创造、没有创新，就是重复；一种是倒退，如果胡乱地去批判先前的经典，那么可能制造出还不如原来的东西，这就是倒退；一种是创造或创新，如果能够创造出超越旧经典的新哲学文本，那么就是创造或创新。创新或创造会增添新的经典文本，再引出新的阐释。所以，我们看到历史上的哲学文本不断地产生出来，又不断去阐释它们，大致为一个"创造—阐释—创造"或者"阐释—创造—阐释"的转换过程。

在西方，从古希腊哲学到德国古典哲学，一直到现代的西方哲学和今天的世界哲学，包括马克思主义哲学的产生和发展，都呈现出一种"创造—阐释—创造"的变奏过程。这是一种历史现象。我们特别重视古希腊哲学，它是西方哲学的源头，对于人类哲学文化发展影响深远。古希腊哲学给我们留下的经验，最主要的就是创造之后再阐释，这是在哲学领域里要做的两件最重要的事情。亚里士多德说"一切通过理智的教育和学习都依靠原先已有的知识进行"，强调哲学或文化教育的继承以及继承基础上的发展的重要性。西方哲学重视阐释，但是更重视创造，因为没有创造，就无从阐释。西方哲学在创造和阐释的关系上的这种主张，是推动西方文化发展的重要推动力量。这一点值得我们认真研究。

中国传统哲学同样表现出这种创造和阐释转换的现象，也存在这种历史的变奏。这一点我们从中国古代哲学发展历程可以看得很清楚。先秦时期是哲学创造的鼎盛时期，诸子百家争鸣，到了汉代出现了"罢黜百家，独尊儒术"。推崇儒家学说，对其他诸家有抑制作用，但无论是儒家还是其他各家思想都存在创造和阐释这种关系，这是一个基本的现象。

100多年前，马克思主义包括它的哲学传入中国，在中国出现了马克思主义哲学中国化的历史潮流，这对中国哲学状况的改变具有深刻的作用。结合中国的历史发展，再来看西方的历史，可以做一个对比。很多学者认为，相较于西方哲学更注重创造，中国传统哲学好像对阐释的重视要更多一些，这个现象也许能够解释为何中国至少2 000年的封建制度和文化能够保持较稳定的发展。哲学上的这种主张——特别重视阐释，以儒家思想为主导，对传统思想文化有深刻的影响。这可能是中国古代社会长期稳定发展的一个重要因素，它也使中国封建社会在经济和其他各个方面走到了世界前列。但是中国哲学比较重视阐释和继承，有时对创新和超越强调得不够，这是影响中国哲学后来发展的一个重要因素，也是我们不能不看到的。这个现象值得我们研究：我们作为中国哲学的后人，应该怎样看待我们的传统，怎样有批判、有继承地使我们的哲学得到更好的发展？但是这个问题并没有想象的那么困难，因为任何一种哲学，在创造之后都会引起阐释，而阐释之后又会引起新的创造，这是一个具有必然性的过程。

第二点，阐释与创造变奏的三个层面——个体、群体和整体，以及这三个层面之间的关联。我们可以把马克思主义哲学的发展作为一个案例。马克思主义哲学的产生是一个由阐释走向创造的变奏。在这个过程中，个体、群体、整体这几个层面是交互作用的。

从事哲学活动的人首先是个体，是哲学家或哲学工作者，这是一个基本的事实。我们在看历史上哲学发展的过程时，比较重视每个哲学家的思想和著作，而每个哲学家的发展过程都经历了阐释和创造的变奏过程。除了最初的那批哲学家，作为开创者创造了哲学，他们自己做阐释，后人也去做阐释。再往后的哲学家都从学习前人的经典开始，首先要做的就是学习和阐释。但一旦成为一个哲学研究者，成为一个哲学家，就不能停留在阐释上，而要进一步进行创造，包括对阐释本身进行创造。由创造性的阐释再进一步是哲学思想理论上的创造，这样才有新的哲学、新的理论和新的经典产生出来。

马克思就是这样一个例子，他是哲学史上最有创造力的一个哲学家。马克思在读大学时最初学的是法学，他的父亲是搞法学的，希望儿子成为一个大律师。但是在读法学的过程中，他发现没有哲学法学就研究不下去，所以后来逐渐转向法哲学，最后走向哲学。他做的博士论文不是一个法学题目，而是一个古希腊的哲学题目：《德谟克利特的自然哲学和伊壁鸠鲁的自然哲学的差别》，这是一个哲学史上的问题。他的博士论文显然是以阐释为主导的，但是他有创造性的理解、有颇具新意的阐述。

马克思在大学期间就表现出多方面的兴趣，对多门科学都有所关注。我们知道马克思还是个诗人，写了很多诗，那时他热恋着燕妮，给燕妮写了一两本诗集。从纯粹文学的角度评判马克思，他不一定是最优秀的，但是他的诗寄托和表达的感情非常真挚，而且里面有深刻的思想。当然马克思不会停留在文学、艺术或诗歌上，他对科学、历史、哲学都有很多关注和研究，所以在广泛的兴趣和扎实的知识的基础上走向了哲学。这些兴趣和知识培养了他的抽象的、综合的、理性的思维能力，成为理论思维能力极高的学者，所以他才能进入哲学领域，成为马克思主义哲学的开创者。

麦克莱伦在写《卡尔·马克思传》的时候，研究了马克思当时思想和学习的状况。他认为，在大学期间，马克思就通过学习、阅读和思考，在思想上经历了从康德、黑格尔、谢林等为代表的德国哲学的整个历史过程，所以他才能对德国古典哲学观念辩证法和费尔巴哈人本唯物论进行反思和重构，加上他对社会现实的深切关注，最终创立了历史辩证法，也就是历史唯物论。可以说他完成了一次从哲学阐释到哲学创造的变奏，这是马克思个人经历的一个过程。恩格斯虽然和马克思情况不一样，但他也经历了一个类似转换的过程。

在马克思哲学创立之后，马克思和恩格斯一起，还有一些学者加入进来，实际上形成了一个马克思主义哲学学派。这一点是毫无疑问的。当然这个学派之中也有不同的观点。在后来，比如像工人出身的狄慈根，也成为马克思哲学的追随者，但是他也有一些自己的看法。所以，马克思主义哲学学派在马克思那个时代就已经有了，进入了一个群体对唯物史观进行思考的状态。当某种哲学成为众多社会成员的共同意识时，就超出了个体范围，成为一种群体行为。

再进一步，这种群体的哲学思考或反思，又与社会产生一种共振效应，影响社会。特别是马克思主义哲学，强调不仅仅是解释世界，更重要的是要改变世界。这种重大的变化使它对社会生活、对实践产生了深刻影响，可以说以一种理性的精神力量推动社会生活的变革。马克思主义哲学作为社会主义国家、无产阶级政党的世界观，它的影响不仅是在个人和学派层面，更多的是影响整个社会，其对第二国际、第三国际的影响，对俄国革命和苏联的影响，对中国当今社会发展的影响都是非常深刻的。在今天，我们中国提出并推动构建人类命运共同体。人类命运共同体不仅仅是社会和经济层面的，更深刻的意义在于它是一种哲学理念，是对社会生活和人类发展的一种根本性理解。这就使得马克思主义哲学的思想超出了学派的层面，更多地成为一个国家、社会甚至人类整体的现象。

由此可见，哲学的发展是由创造和阐释的变奏促进社会的变革、发展和建构的历史过程。马克思主义哲学传入中国100多年来，经历了马克思主义哲学中国化的过程。马克思主义哲学中国化的结果，可以说"化"出了一个中国马克思主义哲学。我们不是简单地传播马克思的哲学思想，而是结合中国实际和当今世界现实，在马克思主义哲学一些基本理论上有了很多新的思考和总结，并通过中国特色社会主义实践深刻改变了中国和世界。这种从个体到群体再到整体的转化，此起彼伏，波澜壮阔，堪称中国哲学乃至世界哲学史上的奇观。

马克思主义哲学的创造和阐释，在历史过程中，至少在马克思的那个时代有两个高峰，一个是唯物史观的创立，一个是剩余价值学说的创立。这两大理论成果是马克思和恩格斯在世时就创造出来的，同时又努力地去阐释它，这个学派的很多马克思主义者也在不断参与这种阐释。这是我们在研究马克思主义发展史时能够很明显地看得到的。

唯物史观明显是哲学的历史观。马克思的剩余价值学说和《资本论》不是今天所说的完全意义上的经济学，而更是政治、经济社会哲学的理论。马克思通过《资本论》，对人类社会特别是当代社会的未来发展做出了科学预见，预言了人类社会发展总体上的大趋势。这在今天来说是完全能够站得住的。所以马克思哲学的创造和阐释，可以说在个体、群体和整体层面上都发生了重大的历史作用，对今天的中国和世界的影响是非常深远的。

在理论认识与现实实践的基础上，各国马克思主义者努力把这一理论同本国国情相结合。所以今天的世界上，很多国家都有自己的马克思主义理论形态，出现了明显的多样化趋势：中国的、越南的、古巴的。那么怎么看待这个现象？如果认为马克思主义是一种思想，应该纯而又纯，就只能回到马克思去。这种思路实际上是不可取的。因为按照这个思路，连恩格斯都不能算作一个真正的马克思主义者，所以有的人主张连恩格斯都要清理出去，那就只有马克思自己是马克思主义者了。但是马克思自己也说过，我播下的是龙种，收获的却是跳蚤，反正我不是马克思主义者。那马克思主义哲学怎么办啊？我觉得这里有个思维方法问题。如果你认为马克思主义哲学理论只能是一种形态，只能是纯而又纯的原初形态，那就否定了马克思主义哲学本身有个"创造—阐释—再创造"的过程。不允许马克思之后的马克思主义者再去创造马克思主义的新理论，我认为这种态度是不可取的。这违背了马克思主义发展的规律。

我们应该鼓励各国马克思主义者，依据本国情况创造性地运用和发展马克思主义，这样就会出现多种多样的"次生"形态。次生形态也是马克思主义哲学的现实形态，这一点是我们应该承认的。如果执意清理马克思主义门户，把凡是后来发展出来的与原初的马克思主义有所不同的都判定为修正主义或其他什么主义，最后的结果就是马克思主义变成孤家寡人，就会使社会主义运动四分五裂，这是不可取的。所以，对不断发展的马克思主义出现各有各的特点的多种形态，甚至有不同的理解和解释，都应该是允许的，因为它有不同的国情作为前提。

第三点，当代中国哲学发展中的阐释和创造。前面提到，中国社会主义发展经历了阐释和创造的过程，改革开放以来的40多年中，马克思主义哲学的发展也存在着"创造—阐释—再创造"这种转换的周期。

比较明显的是，在改革开放之初真理标准问题大讨论之后，解放思想、百家争鸣，那时哲学界出现了一次创造的高潮。当时大家的思想很开放，讨论得很多，分歧也不少，但是各种争论都促进了马克思主义的发展和繁荣。

那时，比如说中国人民大学的马克思主义哲学学科，就有很多自己独到的东西。当时以萧前、李秀林老师等为代表的人大马哲学派，在一些问题的研究上走在全国前列，特别是在编写教科书方面做了很多贡献，在全国影响很大。很多学者在各个领域，包括唯物史观、认识论、价值论、政治哲学等领域的研究都走在学界的前列。所以在这个阶段，马克思主义哲学的发展应该说是很兴旺的。但是回过头来总结这一段历史，有很多学者认为当时的"论"比较受到重视，而"史"欠缺一些。因为感觉"论"的根据不够充分，使很多人回到经典著作，回到历史中去考证或者挖掘，就出现了回到马克思、回到文本中的研究倾向。这样做的结果使马克思主义哲学的研究在学术性上得以加强，因为引经据典可能更充分更详尽。这也导致在"论"的发展上，就不如20世纪80年代时那么突飞猛进，由此出现了马克思主义哲学研究中以阐释为主导的范式。

关于这个问题的看法，是我和刘志洪共同研究的成果，最近写了文章发表在《哲学研究》上。在这样的情况下，我们感觉马克思主义哲学学科里出现了一种文本阐释抑制思想创造的倾向。这种现象已经比较明显地呈现出来。在哲学发展中，创造和阐释互为前提、相互联结、相互影响，不能把它们完全对立起来。我们要在一定的阐释的基础上去创造，而新的创造又会带来进一步的阐释，要把这两者关系处理好。在这个过程中，有时可能会出现一些具有倾向性的现象，这个问题是需要注意的。

哲学发展中创造和阐释的关系，好像一种波浪式的关系。假如我们设想其间有一个中轴，上升的是创造，下降的是阐释，然后阐释到一定程度又有新的创造，新的创造到一定程度又有新的阐释，所以形成一种波浪形意象。每个人的思想历程，都是这样一个波浪形的过程：阐释积累到一定程度，出现了创造的高峰，创造之后，再去阐释它，进而再出现新的创造。

马克思、恩格斯在创造和阐释上明显有两次大的波浪。在其他学者的学术思想历程中，都会找到阐释和创造的高峰和低谷这种现象。一个学派思想的创造和阐释也会有这种现象。如果个人、群体、整体创造和阐释的波浪式过程形成一种叠加，就会出现非常复杂的情况。在这个人那里，可能他现在处于学习、阐释的阶段，然后才开始有创造。在那个人那里，也许正处于创造的高峰，等到高峰过后他已经走下坡路，只能去阐释自己了，也许将来还会有波峰。一个学派可能处于创造的高峰，成果很多，但也可能到一定程度就主要是阐释这些成果了。这种现象在历史上多次出现。由此可见，个人、群体这种创造和阐释的波浪式发展，相互叠加，交互作用，会形成社会整体思想领域的复杂局面。它们不是都处在高峰上或低谷中，而是许多不同的波形相互叠加。

这是一个很奇特的现象，值得我们去研究。就整个中国包括世界哲学的状况而言，都是不同的波浪相互叠加并整合的状态。如何看待中国哲学、世界哲学的历史和现状，判断每个思想家、学派乃至一个民族在哲学上是处于创造的高峰，还是处于阐释的高峰，这是值得我们去认真分析的。

无论是哪一个学科，每个研究者，从大学本科生到硕士生，再到博士生，甚至博士后，在成长中都要经历这样一个过程。在这个过程中，我们首先是学习和继承已有的理论、学术、经典，然后再学着在阐释的基础上创新，先在阐释上有所创新，然后进一步在理论上、思想上有所创新。

我是改革开放以后中国人民大学哲学系第一批硕士研究生，是这一届研究生中最先进行论文答辩的。当时我的学位论文讲的是实践运动的规律，即实践、效能、效果和反馈的辩证循环。论文借用控制论的反馈概念，强调在实践中要通过信息反馈调节实践过程。当时我的老师们很欣赏这篇论文，认为它把马克思主义哲学同其他学科结合起来，在哲学的实践论研究中是富有创意的。这篇文章1983年在《哲学研究》上发表了。《哲学研究》还为这篇文章加了一个按语，表明对实践哲学问题的关注，肯定了论文的创新意义。后来我的博士论文题目是《人活动的效率》，从哲学的视野论述社会生活中人的活动的效率问题。

对于新的或未解决的问题的创新研究，是每一学科学者的使命。我们首先是要学习，要继承，要能够阐释，但不能停留在这里。进一步要有创造性的阐释，要有创造性的观点、创造性的理论，这样才能推动思想理论的进步，推动从阐释到创造的历史变奏。这需要众多学者都这样做，形成包括波峰和波谷的波浪式发展。只有当很多学者都有这样的波动时，整个学派、整个国家才有这种理论创造的高潮，才能出现像古代希腊、中国的百家争鸣或近代科学和哲学波澜壮阔的局面。

经历阐释到创造的转换，是每一个学者都必须要走的道路。总的来说，我们培养研究生，从硕士论文到博士论文，论文的创新程度应该是逐步提高的。我们不能要求硕士论文的创新性太高，它应该是立足于阐释，做出有创新成分的努力；到了做博士论文时，就应该有更高的创新；到博士后，甚至去进行专门的教学和研究时，创新性应该有进一步的提高。这是一个由阐释到创造不断发展的过程。每一个学者、每一个学派都有这样的由阐释到创造的不断提升，这也是整个哲学发展的保障。

今天学界的状况如何，是需要我们关注的。改革开放40多年来，我国高等教育发展很快，培养了大批研究生，这是中国今天迅速发展的一个重要前提。有人提出"今天中国为什么出不了大师"的问题。这要看你所说的是怎样的"大师"。我们培养了这么多学者和能人，在各个领域成为专业发展的骨干，成为科学技术和文化教育进步的根本，是中国崛起或复兴大业的人力资源所在。那么，在这些人中逐步涌现出人们所说的"大师"，就是不可避免的。

但是反过来说，我们也需要拷问今天的教育和学术是不是在正常的、理想的状态中发展。这个问题就是我在这里要涉及的，我们现在哲学领域的学术实际上已经出现了阐释几乎是压倒了创造的倾向。这不是凭空去说的，我们可以看研究生论文的题目，看报刊发表的论文题目。比如看《新华文摘》，从封面本期要目、转载文章目录，到重点文章摘要，以至近期主要文章篇目，能够让读者大体上了解学界研究成果发表状况。《新华文摘》现在是半月刊，后面附有报刊文章篇目辑览，涉及各领域近期主要文章的题目、作者和发表报刊时间信息。例如政治、法学、经济、哲学这四个栏目，每个栏目每期大约选十几篇，像哲学栏目就十一二篇。它是在全国报刊发表的相关文章中，汇集了较为重要的质量高的文章题目和作者的信息，可以看作学界研究成果状态的晴雨表。

大家不妨浏览一下《新华文摘》报刊篇目辑览，会看到这样的现象，像政治、法学、经济这几个方面发表的文章，百分之八九十都是针对现实中的一些重要问题，涉及历史文献经典研究的比例很小。但如果看哲学栏目，就会发现其中百分之八十以上都是阐释性的文章。这类文章通常是对已有学派、哲学家或某一经典文本的分析阐释。虽然阐释本身也会有某种创造性，但它主要是阐释性的。同政治、法学、经济相比，哲学的现实关注度显然不高，我们更多关注的是文本、学派、哲学家的思想，是过去历史上的东西。当然这可能是哲学的一个特点，即需要不断回到已有经典文本中去。但如果我们更多注意的都是文本，而对现实的重大问题关注不足，这就是一个很严重的问题，说明我们对现实的研究是很不够的。相关的各种项目申报的选题也有类似的偏向。

这是一个在我们学科中长时间延续的现象，说明在哲学界，我们的研究主要还是对哲学史或者过去经典的阐释。哲学史和经典非常重要，是哲学学习和发展的前提。但如果整个哲学界都主要关注历史和文本，那么现实问题的研究和创新就会被大大削弱。新的现实问题也不好研究和表述，有的对现实问题的研究成果可能质量不够高，达不到报刊编者的要求，难以发表。研究学术历史和经典文本的阐释性的文章，因为有很多材料可以参考，可能讲得头头是道，学术性很强，所以发表的可能性就更大些。这种现象我觉得已经很普遍了。

当然，在研究生的培养中，我们不能忽视，更不能否定阐释的重要性。因为对研究生来说，首先需要做阐释性研究。对马克思主义的经典或者西方的、中国的经典做必要的阐释，这是思想理论学科学术的基本功。包括我们的硕士论文，很多都可以做阐释性的，但在阐释中要注意去提炼、概括、分析、比较，提出一些有创见的东西，这是以后创造性发展的基础。然而这样做慢慢使大家养成了习惯，似乎哲学的研究就是文本的研究，就是对前人思想的研究即阐释性的研究，这就有问题了。

相对来说阐释性文章比较容易做得有学术性，要是提出个新的问题去分析研究，可能显得很不充分，两者在质量上可能有差别。阐释性的论文显得学术性很强，比较容易发表。这样便会出现一种恶性循环。我们的研究生越来越习惯于做这种阐释性的论文，而研究生毕业后留下来任教搞研究，也习惯于这样做。高校的科研考核有数量的要求，为了能够使论文发表数量多，那么在原来的阐释性研究基础上去做是比较容易的。这样培养出来的研究生出去做编辑，他们对阐释性论文也很熟悉，于是逐渐形成了阐释性论文写作与发表的习惯性循环。对此，大家都习惯了，认为这就是学术，就是合规范和高质量。但问题在于，如果满足于阐释性的东西，这对一个国家的哲学来说不是一件好事情。

我们应该在阐释的基础上走向创造，要敢于去进行富有创新性的研究，这样才能回答和解决我们面对的这些现实的和未来的新问题，而不是凡事都得求教于千百年前的哲学家。让苏格拉底和孔夫子来回答我们今天面对的问题，显然是不现实的。所以，今天的哲学如何能够从阐释走向创造，这是我们需要特别研究的一个问题。

最后一点，谈谈创造和阐释这种变奏给我们的启示。哲学的创造和阐释的变奏关系，是我们在学习和研究中随时都会遇到的问题。要创造首先要学习，包括要阐释。当然，在阐释中可以表达出具有创新性的体会，使阐释本身也向前发展。然后再进一步找到已有阐释中存在的问题，用新的方式来探索回答这个问题的途径，才可能推动新的哲学创造。因此，如何处理阐释和创造的关系是一个大问题，不能把两者对立起来，认为创造是脱离阐释凭空的创造，这是不对的。

历史上最初的哲学家在没有哲学时创造了哲学。那时没有什么哲学文本可学，只能从其他文本中做出哲学概括，这就是创造。现在的问题是，这样的创作方式现在是否还能够用，还能不能行得通？现在有一些我们称为"民哲"的民间哲学家，他们走的就是这个路子。他们不学哲学史，不看以前的经典，就凭着自己的聪明，拍脑袋进行哲学"创造"。这种"创造"如果回到哲学的创世纪，也许是可以的，但现在这么做行不行？哲学已经存在了两三千年，那么多典籍都不看，也不知道哲学的历史，只凭冥思苦想就要产生哲学，能行吗？这当然是不行的。至少要浏览一下主要的经典，知道已经有些什么思想，避免简单重复。古人都已经说过的东西，如果当作新的东西去讲，或者还不如前人讲的，却当作自己的"创造"，就没有意义了。人们应该在已有哲学的基础上进行新的哲学创造。

哲学创造如何进行？如何在已有阐释或创造的基础上再创造，这是一个需要认真对待的问题。今天我们就遇到了学院派的哲学家只注重阐释而忽视创造和民间的哲学家只知道"创造"而不去学习和阐释这两种极端。怎样才能走出一条哲学创造和阐释交互作用的正确道路来推进哲学发展，需要我们反思。

现在有一个很大的问题：几千年的哲学积累了无数典籍，当代和未来的哲学还在不断创造新的典籍。现在我们拥有的典籍越来越多，不看不行，看又看不过来，怎么办？要么走"民哲"的道路，不看或很少看，那条路是走不通的。但是如果我们就钻到书堆里面去，等到我们把所有的书都看完再去阐释和创造，可能就没有时间了。所以，这是个很尖锐的问题。就说马克思主义哲学，虽然当年马克思恩格斯的著作只有五六十本，是有限的，但后来的马克思主义者的创造成果层出不穷。改革开放之后的中国哲学界，包括中国马克思主义哲学学科，文章、著作日益增多。中国人民大学马克思主义哲学专业学者的著作，每个人都好几本，好多我都有，一时都看不过来，怎么办？你不把这些都看过了，怎么去理解今天的发展，怎么去进行新的创造？已有的典籍不看不行，但怎么看才行，需要我们去研究。

我主张一定要了解哲学的历史和典籍，但这种了解应该是简约化的，要掌握其中最重要的思想、理论和方法。对于细枝末节的东西，不做专门研究的人可以不去管它。对当代的哲学研究者的论著也应该做出这样的概括。看一篇论文或著作，首先要看它的摘要或简介，其中最重要的思想、理论都在摘要或简介里。这就是说，我们可以采取一种简约化的方式抓住论著的摘要或简介，把握其大体脉络，在需要时再去研究它的细节。能够用概括的方式来把握已有哲学思想的发展及其主要成果是很重要的。

马克思的著作那么多，但是马克思最重要的思想可以用很简要的话语来加以概括。马克思自己就曾经对他的历史唯物主义基本思想用千八百字概括出来，这种表述对我们来说是最重要的。那么，其他哲学家最重要的思想能不能也做类似概括？当然是可以的。这对于我们的学者是非常需要的。不能回避已有的历史，但是一定要用概括的方式来把握其中最主要的脉络。由此可以知道今天的哲学发展到什么程度，在哪些方面还有空白或者问题，哪些问题还没有解决，哪些问题的解决还不够理想，如何进一步加以解决。这样才能找到学术发展的方向，才能有自己新的创造的可能。

把握阐释和创造的统一，可以借用古人说的"学"和"思"的关系来理解。"学"就是学习，阅读和阐释；"思"就是思考，就要有自己的超越或创造。我们既是学者，同时也是思者，在不断地思考。思考的成果要随时记录下来。读书要写一点笔记，把你的想法写出来，这可能就是一个新思想的萌芽。我以前写过一些这样的笔记，有的后来就写成了文章。思者和学者两者应该是统一的。我们不要做纯粹的学者，只是学、只是做学徒是不够的。学了之后要思考，要有自己的创造。开始时的创造可能确实幼稚，但慢慢地我们就会成熟起来，就会走出一条发展的路。

回过头来看今天学界的状况，总的感觉是，在质和量的关系中侧重于量，而不重视质。在教育或者科研的考核方式上，明显有"唯数量"的倾向，似乎只要数量多就好，就能显示整体实力。至于质量，一篇文章是不是有创见，是不是对重大的理论问题有自己的理解和创造，这些都不重要，只要发表就可以。发表在什么级别的刊物上，论文就是什么级别。这种简单化的考核方式，使得我们很多学者认为文章只要能发表就行。什么文章好做并好发表？当然是在自己已有阐释的基础上继续阐释，因为这种研究是没有止境的。西方的学者不断写出很多东西来，我们研究西方学者新发表的文章，对那些文章进行介绍和阐释，就够我们研究一辈子的了。

那么，我们中国自己面对的问题谁来研究，谁来回答？对不起，没有时间和精力了。全国所有哲学研究者，不要说对历史上的，就是对当代国外不断产生出来的文章和著作就研究不完，我们被淹没在信息海洋中。如何能够把握住当今时代最重要的问题，做出我们的理论探索和概括？今天的学人能不能解决这个问题，现在还是一个问号，需要我们来回答。我们需要在阐释已有经典的基础上，进行新的创造。我们不敢说我们一定能够创造出经典，但是只有当我们有这种创造的气氛，整个民族能够迸发创造活力时，在哲学理论层面上才有可能产生出无愧于这个时代的经典。

哲学上的阐释和创造的变奏如何能够达到更高的发展水平，使阐释和创造能够良性互动？这是值得我们去研究的。中国文化在历史上曾经达到过很高的水平。今天，中华民族正在走向复兴，文化的各个领域，包括哲学也在复兴，应当做出不亚于历史上百家争鸣那样的理论创造。因为今天有了更多可以概括的科学、文化、社会的资源，有了庞大的高校、研究机构和哲学工作者队伍，我们应该能够完成这样的历史任务。这就相当于要去攀登珠穆朗玛峰一样。去年我曾经和家里人一起开车上了青藏高原，到了能够看到喜马拉雅山的地方，远远看到珠穆朗玛峰三个雪峰相连。由于距离很远，我必须把手机镜头拉近，才能拍下珠穆朗玛峰的照片。当时，我在高原上遥望世界最高峰，虽不能至，心向往之。我们做学术、搞哲学，也是向往学术的高峰，即使达不到，也要努力趋向于它。一个民族要有这样的精神，才能创造无愧于时代和民族的哲学创新成果。

通过前面的分析可见，今天我们的哲学不要说与自然科学相比，就是与人文社会科学其他学科相比，我们对理论创造的投入都远远不如。这是一个很严重的问题。学习、阐释和继承都是必要的，但这是我们工作的第一个阶段，是打基础的阶段，是登上学术高原的阶段。第二个阶段就是要登上高峰，那个高峰需要我们创造。创造是很不容易的，但是我们必须努力地去做。现在有很多学者，包括很多年轻学者，我认为他们已经有了许多新的理论创造。他们的著作送给我，我来不及仔细去看，但大体浏览一下，觉得他们很多的思路和观点已经具有创造性了，这是一个很好的发展前提。如果我们努力在阐释的基础上走向创造，那么中国哲学复兴就将指日可待。但如果我们满足于现在这种状况，满足于发表论文的数量，只要能发表就成，形成一个阐释压倒创造的氛围，这个希望可能就会变得非常渺茫。

中国人民大学作为中国的哲学重镇，我们应该有明确的意向，要处理好阐释和创造的关系，在阐释的基础上创造。阐释要做到高水平，在此基础上的创造也应当是高水平的。在这两个方面，我们人大哲学院都有很好的基础。我们不仅是阐释的先锋队伍，而且是创造的强大阵营。充分利用这个条件进一步由阐释走向创造，以我们人大哲学学科不竭的创造力去推动中国当代哲学的创造性发展，是我们应该担负的历史责任。我们希望创造性的文章越来越多，质量越来越高。这也是我对我们人大哲学学者的期待。

（魏冠华、胡雯、杨熙贤整理）

第二讲
重思伦理学与形而上学的关系
——兼论海德格尔哲学的"伦理学问题"

◎ 张志伟

时间：2020 年 11 月 5 日 18：00—20：00
地点：中国人民大学公共教学三楼 3503

张志伟，中国人民大学哲学院二级教授，哲学博士，博士生导师，中国人民大学哲学院学术委员会主任，享受国务院政府特殊津贴专家，兼任教育部高等学校文化素质教育指导委员会委员，中华全国外国哲学史学会理事长，北京市哲学会副会长。研究方向为西方哲学。主要代表作：《康德的道德世界观》《西方哲学十五讲》，主编《西方哲学史》《形而上学的历史演变》《形而上学读本》《政治哲学史》（多卷本）等。

第二讲　重思伦理学与形而上学的关系

今天这次讲座的主题是"重思伦理学与形而上学的关系",副标题是"兼论海德格尔哲学的'伦理学问题'"。为什么讨论这个问题?为什么要重新思考伦理学与形而上学之间的关系?我想一个主要原因就是我们这个时代面临着与此相关的难题。我们可以将19世纪形而上学的衰落作为一个坐标,它标志着此前的伦理学或者以宗教为基础或者以形而上学为基础,在宗教信仰衰落、古典形而上学终结之后,伦理学逐渐回归了世俗——如果我们把形而上学或者宗教称作"神圣"的话,那么此后的伦理学可以说是回归了"世俗"。无论宗教还是形而上学,都表现为一种绝对主义的立场,而回归世俗的伦理学则面临着相对主义的难题。虽然如此,我们这个时代对伦理学的需要却是前所未有的。这就是我们为什么要重新思考伦理学和形而上学之间关系的主要原因。首先要说一声抱歉,我的专业不是伦理学,希望我在讨论伦理学的时候,不至于说太多的外行话。

从一般意义上来讲,伦理学主要关涉人与人之间的关系以及人与自身之间的关系。从伦理和道德这两个概念的起源来说,伦理源于希腊语ethos,道德来自拉丁语moralis,这两个词从原初的含义来说都是"风俗习惯"的意思。不过在现代中文的学术语境中,我们似乎可以在伦理和道德之间做一下区分:伦理通常偏重于人与人之间的伦理规范,道德一般来讲更偏重于个人的道德境界或者道德修养。从这个角度来说,伦理似乎有点儿偏外在的约束,例如就人与人之间的关系而言,也许我可能并不愿意这样做,但是在外在的压力下我只好这样做,所以是具有相对而言外在性的约束规范。当然,一种伦理规范也可以通过内在化的方式成为个人道德理想。道德通常指具有内在价值的自觉追求的理想。从亚里士多德到黑格尔,形而上学在2 000多年的西方哲学史中占据着核心地位,作为人类一切知识的基础,形而上学也为伦理学奠基。但是,人的道德行为需要以意志自由为前提，所以在形而上学的基础与伦理学的自由之间难以协调，我们后面会具体讨论这方面的内容。从这个角度来说，从19世纪形而上学衰落之后，伦理学虽然摒弃了形而上学或者宗教的基础，但是也面临自身的难题。

在历史上，伦理道德或者以习俗为基础，或者以宗教为基础，在哲学上则是以形而上学为基础。如果说宗法、宗教或者哲学可以看作或者曾经是维系一个文明的整体统一性的价值观念的话，那么伦理道德往往是这个价值观念的具体体现。由于伦理道德不是像法律制度那样外在的强制性的限制，而是具有自身价值的内在约束，或者说是某种自我约束，所以在某个文明或者某个社会中，它往往发挥着极其重要的作用，具有某种凝聚力或者向心力。不过，从17世纪科学革命到19世纪，特别是在19世纪，由于宗教信仰衰落，古典形而上学终结，社会从传统社会向现代社会转型，在这个大背景下，传统观念逐渐失去了对社会生活的现实影响力，这意味着原本适用于传统社会的传统观念难以与现代社会相互兼容。就古典形而上学的终结而言，哲学貌似从天上回归了人间，这就是我们前面说的——伦理学回归了世俗。与此同时也因为形而上学失去了哲学的核心地位，伦理学往往成为哲学家们关注的焦点。20世纪70年代罗尔斯《正义论》的出版标志着政治哲学的复兴，包括政治哲学和伦理学在内的实践哲学成为热点和焦点，所以人们甚至说20世纪有一个"实践哲学的转向"。由此我们也可以看到，伦理学面临的问题实际上也构成了当今时代的重大课题。

那么，我们这次讲座的副标题为什么是"兼论海德格尔哲学的'伦理学问题'"？因为在我看来，当我们讨论伦理学与形而上学之间关系的时候，海德格尔哲学恰恰起了一个凸显其困境的作用。19世纪以前的哲学家在形而上学的影响之下，在形而上学衰落之后，在伦理学问题上，用一个不恰当的比喻，哲学家们貌似面临着"布利丹之驴"的困境：原本形而上学是给伦理学奠定基础的，但是当形而上学衰落之后，伦理学回归世俗，在世俗之中伦理学却又面临着相对主义的困境，在这种情况下，哲学家们希望给伦理学寻求具有普遍性的基础，然而又不可能回到宗教或者形而上学……如果他两边都不能接受的话，就面临着一种左右为难的困境。在我看来，在某种意义上来说，海德格尔有一种走出这一困境的企图，一方面他在批判形而上学的同时试图把存在问题从中拯救出来，重提存在问题；另一方面他对人道主义也做了深刻的批判，他也不想倒向世俗这个方面。不恰当地讲，海德格尔有点类似于要以存在的尺度和秩序来取代人间的尺度和秩序，但他的存在又不是传统形而上学理解的存在。这样一来，在海德格尔哲学中有没有或者能不能有一种伦理学就成了一个争论的问题，这个争论当然有一个非常复杂的背景，其中也包括海德格尔与纳粹之间的纠葛，他在1933年到1934年有10个月的时间担任过弗莱堡大学校长，并且加入了国家社会主义工人党——"纳粹"，所以人们总会问：海德格尔的哲学是不是一种纳粹哲学？或者说他和纳粹的关系是不是可以在他的哲学中找到根源？这就使得海德格尔的"伦理学问题"掺杂了其他各方面的原因，显得有些扑朔迷离。我在今天的讲座中不涉及这些方面，我们只从学理的角度讨论海德格尔哲学尤其是他前期的代表作《存在与时间》与伦理学之间的关系。

总体来讲，我在这次讲座中想和大家讨论的是我们这个时代面临的伦理学难题，这些难题原本是西方哲学所特有的。但是自从17世纪以后直到现在，几百年过去了，全世界差不多都走上了由西方文明开辟的现代化道路。这样一来，西方文明面临的问题实际上也是我们今天面临的问题。

我们今天想跟大家讨论三个问题。第一个问题是伦理学和形而上学的关系问题。

一、伦理学与形而上学

形而上学之为形而上学有一个非常重要的作用，那就是为一切知识奠定基础。以近代哲学的开创者笛卡儿的一个比喻为例，他把人类知识比喻为一棵大树，形而上学是根，物理学是树干，其他科学包括伦理学则是枝杈和果实。从这个意义上来讲，形而上学是为伦理学奠基的，任何一种伦理学都需要以形而上学为基础。形而上学试图为一切知识奠基，就其自身而言，它的理想构架体现为一种目的论的体系，因为它要回答的是终极之问，尽管在历史上从公元2世纪开始，基督教和希腊哲学相融合，形成了一种基督教哲学，它以超越的上帝为核心的基督教神学为背景，但是在16世纪之后，尤其17世纪近代哲学出现，随着经院哲学的衰落，哲学重新回到自己的基础——理性，一种更加自洽的形而上学体系就出现了。因为形而上学要回答终极之问，它就不可能像基督教那样，以一个绝对超越的作为人格神的上帝作为宇宙万物的创造者。形而上学的体系更倾向于解释宇宙如何能够自己说明自己的一种目的论的框架。如果我们用一对概念来解释这样一种目的论的架构，那就是 natura naturans 和 natura naturata，我们通常把这一对拉丁文概念译作"能生的自然"和"被生的自然"，或者我们也可以把它译作"作为原因的自然"和"作为结果的自然"。在某种意义上说，这一对概念构成了斯宾诺莎和黑格尔的形而上学的基本原则，他们主张"作为原因的自然"和"作为结果的自然"是一个自然，也就是说宇宙是自成因果的，它自己实现自己，自己完成自己。然而，这样一种目的论的体系固然有可能解释形而上学的自由，也就是说把形而上学意义上的终极原因解释为"自由因"，例如斯宾诺莎的"实体即自因"，黑格尔的"实体即主体"，但是这样一种形而上学的自由很难解释清楚人的自由。

所以，在自由问题上，古典哲学和现代哲学形成了鲜明的对照。古典哲学考虑的主要是如何以形而上学为人的自由提供基础，也就是说人必须提升到形而上学的高度才有自由；现代哲学显然不会考虑形而上学，它更关注的是仅就人而言，究竟人有没有自由的问题。就我们今天讨论的伦理学问题来说，从我个人的角度来看，伦理学必须以自由为前提，如果没有自由，伦理学是不可能的。当我们评价一个人的道德行为的时候，通常要以人的意志自由为前提，否则就谈不上道德评价。对于古典哲学来说，人的有限性意味着他的存在需要更高的基础和根据，这就意味着我们一讲到人在宇宙中安身立命的根基和基础是什么的时候，显然这个基础不是他自己确立的，人或者受自然法则的限制，或者受宗教的制约，或者由形而上学来规定。这个问题曾经以绝对超越的上帝与人的自由意志之间的矛盾困扰过教父时代的圣奥古斯丁，也困扰着此后的形而上学家们：唯有形而上学的终极原因是自由因，除此之外其他所有的事物包括人在内统统在必然性的因果链条之中，这个形而上学的自由因与人的自由怎么协调？如果人自身没有自由，那么对他的行为进行道德评价就没有任何意义。更进一步说，道德毕竟是有规范的，而且规范一定是超个人的，如果规范只对你个人有效就无所谓道德不道德了，那不过是你个人的主观准则而已。甚至可以说，道德规范不但是超个人的甚至有可能是超人类的，因为你要给伦理学提供形而上学的基础或者宗教的基础，目的是显示道德准则的普遍意义。但是这样一来，在形而上学的基础和伦理学的自由之间，也就是在必然与自由之间存在着矛盾。下面我们想结合斯宾诺莎、黑格尔和康德来讨论伦理学和形而上学之间的关系问题。

我们知道斯宾诺莎的代表作是《伦理学》。这个书名就体现了斯宾诺莎哲学的一个基本诉求，它要以本体论为基础，以认识论为手段，以伦理学为指向的目标，也就是以人达到至善为最高的目标。斯宾诺莎本体论的核心概念是"实体即自因"，为了消解笛卡儿的心物二元论，他把思维和广延降为同一个实体的两个属性，以万物作为实体属性的分殊，从而构成了一个相对完整的形而上学体系。斯宾诺莎的问题是他虽然强调"实体即自因"，但是他没有解释清楚原因和结果如何可以是同一个东西。另外，在斯宾诺莎哲学里，只有实体是自因的，世间万物都是在他物内并通过他物而被认识的东西，也就是说统统隶属于必然性的因果法则。他甚至有这样的讲法：偶然性是不存在的，所谓偶然性不过是无知的托词。也就是说，所谓偶然性不过是你没有认识到它的原因罢了，只要认识到它的原因就会知道任何事物的存在都有其存在的条件和原因，所以都是必然的。那么对于人来说，他要想达到自由境界，只有通过知神认识神来实现，不过斯宾诺莎的神不是人格神，不是宗教的神，而是自然的神圣必然性，或者说就是实体。所以，斯宾诺莎哲学看起来是以人的至善人的自由为最高的目标，但是却体现为一种严格的决定论。斯宾诺莎的决定论可以区分为两类，一种是外在的强制性的必然性，一种是内在的或者叫作自由的必然性。通过黑格尔，我们知道斯宾诺莎有句话叫作"认识了的必然就是自由"，实际上这句话需要加以解释：并不是说认识了外在的必然就是自由，而是说只有认识了自身内在的必然性才是自由。也就是说，只有当人从在他物内并通过他物而被认识的自然状态，提升到在自身内的实体层面，通过认识达到这个层面，他才可以说是自由的。所以对斯宾诺莎来说，人除非成为圣贤，否则不可能实现自由。因此，虽然斯宾诺莎给伦理学提供了形而上学的基础，但是人的自由是很难实现的。

　　黑格尔意识到斯宾诺莎的"实体即自因"缺少自我意识原则，缺少能动性，他解决问题的方式是"实体即主体"，通过实体本身就具有展开自身的内在的主体性或能动性来解释实体如何能够从"作为原因的自然"发展成为"作为结果的自然"，由此黑格尔就把必然与自由统一了起来。首先，在黑格尔哲学中，宇宙是一个从潜在展开到现实的自我完成的目的论的"圆圈"，起点和终点是同一个东西，只不过起点是潜在的，终点是起点的现实化。这就意味着后来发展出来的所有结果实际上原初就蕴含在开端之中，所以一切都是必然如此的。但是，另一方面，实体即主体，宇宙的生成是一个自我运动、自我展开、自我实现、自我现实化自身的过程，所以对黑格尔来说，它也是一个实现自由的过程。看起来它毕竟只是一种形而上学的自由。不过当黑格尔论证人类精神不过是绝对精神的现实体现的时候，他实际上相当于把形而上学的自由和人类精神的自由统一了起来。我们知道，整个近代哲学都受制于笛卡儿的二元论。尽管这种二元论有它的积极意义，它从自然之中清除了所有的像灵魂、魔法、天使等等一切因素，将宇宙看作是纯粹的物理世界，这种机械论为后来的牛顿物理学开辟了道路；但是这种二元论将主体与客体、心与物看作是两个完全不同的东西，这就使得我们的认识活动成了问题。在某种意义上说，黑格尔试图克服这种二元论。近代哲学把人看作是认识主体，把宇宙看作是在我之外与我相对而立的对象，在黑格尔看来这是不可能的，因为我们不过是宇宙中的一部分，我们也是宇宙发展过程的一个阶段。这样一来，黑格尔就把人类精神的认识活动"还原"到了宇宙自身的运动之中。我们站在人类精神的角度看是我在认识宇宙，而站在宇宙的角度看则是宇宙通过自己的产物——人类精神——实现了自我认识。所以在黑格尔那里，人类精神其实就是绝对精神的代言人，或者说宇宙只有发展到了人类精神这个层面才最终达到了它的现实。正是在这个意义上，黑格尔把世界历史看作是自由的实现过程。虽然如此，恰恰在黑格尔这样一种目的论的体系中，人类精神也不过是绝对精神实现自身的手段、工具或者傀儡，这一点是黑格尔之后的哲学家很难容忍的。所以在某种意义上说，黑格尔并没有真正解决人的自由问题，他的自由仍然是形而上学的自由，归根结底是绝对精神的自由，而不是人类精神的自由。

在古典哲学中，康德哲学在解决形而上学和伦理学之间的矛盾这个方面独树一帜。康德不再考虑以形而上学为伦理学奠基，而是反过来以伦理学为基础考虑形而上学的出路，他把问题颠倒过来。所以在这个意义上说，康德的伦理学具有形而上学的地位。

哲学在相当长的历史中以科学自居，尤其是在近代自然科学成为知识的典范以后，更是如此。但是康德有一个非常明确的观点，形而上学体现了人类理性试图超越自身有限性通达无条件的东西或者自由境界的理想，而科学体现为关于自然的普遍必然的知识，所以在这两者之间是不能兼容的：如果要让形而上学或者哲学成为像自然科学那样的科学，那就意味着你获得的是普遍性和必然性，所以传统的形而上学无异于南辕北辙，与自己的目标背道而驰，它越是要成为科学，离它的目标就越远。另一方面，康德通过对科学知识的考察，强调形而上学的对象是超越了经验的，不是认识的对象。所以，康德哲学一个基本观点是，自然科学与道德或者伦理学是不兼容的，以科学自居的形而上学当然与伦理学也不能兼容。

康德既要想解决伦理学的问题，也要想解决形而上学的问题，这实际上是一个问题。在某种意义上说，康德做了两方面的协调，一方面是自由和必然之间的关系，因为前面讲到这是必然要遇到的问题，另一方面是人类理性和纯粹理性之间的关系，前者涉及伦理学和科学，后者涉及伦理学和形而上学。而这两方面的协调集中到一点，就体现在康德伦理学的核心，道德法则即理性自律，自由即自律。

我们知道康德的哥白尼式的革命颠倒了主体与客体之间的关系，它强调人是一种有限的理性存在，这意味着他只能以他的有限的方式认识世界，这种有限的认识方式既是认识的条件，同时也构成了认识的障碍。当我们通过"先天认识形式"看世界的时候，它保证了我们通过感觉经验获得的知识具有普遍性和必然性，因为所谓"先天"独立于经验的同时构成了经验的条件；但是另一方面，由于我们只能通过这种认识方式看世界，所以世界本身是什么样子我不知道。这就是康德关于物自体的不可知论。然而，康德恰恰以这种不可知论为他的自由开辟了道路。既然我们只能认识现象，处在现象之外的事物自身虽然不可知却必须存在，如果没有事物自身，我们就无法解释现象的发生，毕竟一定有东西刺激感官，然后产生感觉经验，最后形成知识。所以，我们必须承认在经验之外，在现象之外，一定有东西存在，只不过那个东西不受你的认识形式限制。既然如此，从理论上或者从逻辑上说，我们如果能够认识事物自身，它就是有条件的东西，反过来说，既然它处在我们认识的限制之外，我们就完全可以把它设想为无条件的东西或者自由的东西，康德把这个自由叫作"先验的自由"，也就是说自由虽然不可知但是有可能性，而由于自由的可能性，也就给伦理学提供了可能性。然而，问题在于按照康德"先验的自由"，形而上学意义上的自由，是通过不可知论而得出的逻辑结论，我们不可能以它为基础去推论什么东西，因为它是不可知的。所以康德采取了绕圈子的方式,我们以不可知论获得了自由的可能性,为伦理学提供了可能性,然后通过证明道德法则来证明自由的现实性,这个自由康德称为"实践的自由"。从这个意义上说,康德以他的方式把自由和必然统一起来了:道德法则是出于理性自身内在必然性的法则,用康德的话说叫作"理性为自身立法"。在康德看来,人类理性有两大先天立法权:知性为自然立法与理性为自身立法。不过这里的理性指的不是人类理性而是纯粹理性,我们不能把康德的思想表述为"人为自然立法"或者"人为自身立法"。人是有限的理性存在,作为理性存在它以纯粹理性为基础,所以道德法则是理性自律,它体现为有限的人的理性排除感觉经验的影响,排除自然的限制,以纯粹理性自身的法则作为他的主观准则,只有在这种情况下才谈得上道德法则,谈得上人的自由。所以我们说道德法则出于理性自律,这里的理性不是人类理性。因为人类理性毕竟是有限的理性,它受制于自然法则,只有当人类理性摆脱了自然限制,遵从理性自身的法则,出于理性自身的目的而行动的时候,也就是遵从道德法则而行动的时候,他才是真正意义上的理性存在。所以当康德说人是目的不是手段的时候,他所说的不是人的自然存在,而是人的理性存在。这就是说,当一个人出于对一切有理性者普遍有效的法则而行动的时候,他所遵从的不是个人的主观准则,而是出于理性自身目的的普遍法则。一个有理性的人遵从理性法则而行动,这意味着他遵从的是自身的法则,所以是理性为自身立法。因此,康德还是需要有一个纯粹理性,只是人类的有限理性是不够的。这是一个方面。另一个方面是,从实践理性的角度来说,它只能影响人的动机、人的意志,而不能决定行为一定能够实现。这就涉及在康德哲学中理论理性和实践理性,也就是自然和道德之间的矛盾。对康德来说,道德法则是无条件的,但是它影响的只是人的动机，由动机决定的行为一旦做出，就不由道德法则来决定，而由自然法则控制了。举个例子，当我们看到有人落水，你要去救人，这是一种道德行为，你的动机毫无疑问是道德的，但良善的动机并不能决定你跳水去救人就一定能够把人救出来。中国有句老话叫作水火无情，大自然绝不会因为你动机良善就对你网开一面，等你跳到水里后水自然分开，让你把人救走。如果你不会游泳，该把你淹死还是要淹死。所以，动机可以保证你的行为的道德价值，但你这个动机所实施的行为能否实现，能否成功，就不由你的动机所决定了，它受自然法则的限制。这样一来，对康德来说就需要有一个能够超出理论理性和实践理性，也就是自然和道德之外的更高的存在来协调两者之间的关系，使得自然具备让你的道德行为能够实现出来的各种条件，这就是《实践理性批判》中实践理性的三个公设——意志自由、灵魂不朽和上帝存在——中的上帝。与此同时，康德整个哲学最终也需要有一个道德神学。

因此，为了给有限的人类理性提供根据，康德需要有纯粹理性。为了协调理论理性和实践理性，康德需要一种道德神学。康德的思想有其时代的特点，他意识到了启蒙主义的局限，甚至可以说预感到随着宗教信仰的衰落，建立在基督教神学基础上的价值观念也会随之崩溃。所以在康德哲学中，道德法则是无条件的，它不以神学为基础，也不以形而上学为基础。不过另一方面，康德又没有达到后来尼采意识到的"上帝死了"的境界，所以他还需要有一个协调理论理性和实践理性的超越的上帝。因此在康德伦理学中，没有建立在神学基础上的道德，但是需要有一种建立在道德基础上的神学。就此而论，我们可以说康德也仍然没有克服伦理学和形而上学之间的矛盾。

综上所述，我们可以看到，在伦理学和形而上学之间存在着深刻的矛盾。对于古典哲学来说，伦理学是需要以形而上学为基础的，但是形而上学却无法给伦理学的自由提供根据，而且一说到自由总是形而上学的自由，而形而上学的自由很难落实为人的自由。下面，我将结合海德格尔哲学，进一步讨论在形而上学衰落的背景下伦理学面临的困境。这是我要和大家讨论的第二个问题，即海德格尔的"伦理学问题"。

二、海德格尔的"伦理学问题"

在西方哲学史上，形而上学曾经占据着主导地位，但是自黑格尔之后，19世纪哲学和20世纪哲学对形而上学进行了一波又一波的激烈批判。同样是对形而上学的批判，英美分析哲学强调的往往是形而上学不是科学，而海德格尔却恰恰相反，他强调的是形而上学太科学了。形而上学就像科学对待存在物一样对待存在，所以形而上学一向标榜自己要研究和解决的是存在的问题，但实际上归根结底思的不是存在而是存在物，这就是海德格尔所说的"存在的遗忘"。他要做的工作就是把存在问题从形而上学中拯救出来，他要重提存在问题。对很多哲学家来说，形而上学的衰落意味着伦理学摆脱了宗教和形而上学的限制，现在海德格尔要重提存在问题，要以某种非形而上学的方式思考这个存在，那是不是要以这样的存在为伦理学重建基础呢？未必。我们从海德格尔早期的代表作，1927年出版的《存在与时间》来看，海德格尔的确要通过对人这种存在物——他称之为此在（dasein）的生存论分析来解答存在问题，但此在不是人，人不过是万物中的一个族类而已，此在意味着它是由存在所规定的一种特殊的存在物，海德格尔试图通过对此在的生存论分析建构一种基础存在论。在他看来，以往的形而上学都是无根的，我们必须先弄清楚存在的意义问题，而存在的意义问题必须通过一个存在物来回答，这就是我们一向所说的存在物——此在。因为人这种在者的与众不同之处就在于它是始终处在"去存在"（to be）之中，所以它不是现成凝固的东西，而是始终指向未来的可能性的存在，这意味着存在有可能通过此在的生存活动得以显现，这是海德格尔的着眼点。

海德格尔强调，他对此在的生存论分析是"前科学"或"前理论"的，解决存在问题不是通过理性认识能够达到的，理性认识只能达到存在物，不可能达到存在，而这个存在只能通过人的日常生活的生存活动来揭示它是如何显现的。从这个意义上来讲，的确关涉存在论与伦理学之间的关系问题，这也就是人们之所以期待海德格尔在写了《存在与时间》之后写一本伦理学著作的原因。所以我们说人们关注海德格尔的伦理学问题，在海德格尔那里是有原因的，或者说，人们对《存在与时间》的误解，海德格尔自己是有责任的。他自己后来深有体会，在1973年出版的《康德与形而上学疑难》的第四版序言中，他写道，"到1929年，已经变得很清楚，人们误解了《存在与时间》中提出的存在问题"，仅仅通过《存在与时间》，"人们还没有进入真正的问题"[①]。所以从20世纪30年代开始，海德格尔放弃了此在之路，开始了"思想的转向"。

我们主要围绕《存在与时间》来讨论海德格尔的"伦理学问题"，实际上人们的误解在海德格尔那里是有原因的。一方面，《存在与时间》中关于存在的意义的回答是沿着关于人这种存在物也就是关于此在的生存论分析进行的，此在的本性被海德格尔规定为"去存在"和"向来我属性"，我们完全可以把它解读为个体性和自

---

① 海德格尔. 康德与形而上学疑难. 上海：上海译文出版社，2011：1-2.

由。另一方面，《存在与时间》给人的印象是此在自始就已经沉沦，始终逃避自己的存在，然后就是讲怎么才能让此在回到它自身，本真地在世，勇敢地承担起自己的存在。它给人的感觉是，如果此在立足自身而生存在世，那就意味着存在通过此在的存在能够得以显现，此在的存在就是存在了。然而，这两个方面都是成问题的。我们以萨特的一个通俗演讲为例。萨特在20世纪40年代做了一次题为《存在主义是一种人道主义》的演讲，这篇演讲虽然是萨特思想中非常通俗的部分，但是很有代表性。萨特在很多地方继承了海德格尔的思想，他强调人就是个人，个人是自由的，而自由这件事是人的命运，人命定是自由的，这个没道理可讲。后来萨特写了《辩证理性批判》，他甚至要以一种存在主义的人学弥补马克思主义的"人学空场"，他认为马克思主义是真理，但它里面缺少人道主义的东西，他要去弥补它的局限。由此，法国的存在主义就强化和突出了一种主体中心论，而这一点恰恰是与海德格尔哲学背道而驰的，因为海德格尔反对主体中心论，反对人类中心说。他在1947年出版了《关于人道主义的书信》，以回答法国朋友的问题的方式，对很多问题做了澄清。我们说过，形而上学衰落，伦理学回归世俗，我们似乎可以以人性或者人道主义为伦理学奠定新的基础。但是在海德格尔看来，人道主义和形而上学看起来相反，实际上如出一辙，不过是一块硬币的两面。为什么？让我们来看形而上学，看起来形而上学研究的是宇宙万物存在的基础和根据问题，哲学家通过思想来把握存在，然而这样的存在不过是理性认识对存在者的抽象，海德格尔把这一抽象称为对存在者的"增补"，也就是说把对存在物的抽象归于存在，然后以此来解释存在物的存在，实际上存在不过是对存在者的抽象而已。从这个意义上说，形而上学其实也是一种主体中心论，本质上也就是一种人类中心论。所以，海德格尔重提存在问题，他既不想重建形而上学，也不想在摒弃物的哲学的情况下走向人的哲学。这就使得海德格尔比较另类，他既不想走向形而上学，也不想走向人的伦理学。

在《关于人道主义的书信》中，海德格尔自述说有青年朋友问他什么时候写一本伦理学的书，人们之所以有此一问，是因为《存在与时间》在很长一段时间，尤其是在战后，被人们当作人生哲学去读，而且其中涉及的筹划、选择、罪责、死亡等等一系列的主题，的确和伦理学有关。海德格尔的回答很巧妙，他说《存在与时间》中关于此在的生存论分析就是一种"源始的伦理学"[1]。这可以从两个方面看，一方面，人们一般讲的伦理学都不够"源始"，《存在与时间》才是真正源始的伦理学，因为它深入了此在的生存活动的源始层面。但另一方面，我们不要因为这里有"伦理学"的字样，就把它看作是伦理学了。值得注意的是，海德格尔后来在这段话的下面加了一个"边注"，他说"这封书信始终还说着形而上学的语言，而且是蓄意地。另一种语言还隐而不露"[2]。我们知道，《关于人道主义的书信》是1947年出版的，但是从20世纪30年代开始，海德格尔的思想已经发生了转向，他自己在30年代就已经意识到，他对形而上学的批判还不够，用一种形而上学的语言批判形而上学是不可能的，还没有真正摆脱形而上学的限制，所以他这一段话的意思是说他是"蓄意的"还只是在说着形而上学的语言，也许让他真的用他后期的观点讨论这个问题，恐怕他的说法就不一样了。即便如此，海德格尔也已经非常婉转地告诉大家，他的"源始的伦理学"不是伦理学，而是关于此在的生存论分析，也就是"基础存在论"。

不过，从《存在与时间》中关于此在的生存论分析所涉及的这

---

[1] 海德格尔. 海德格尔文集. 北京：商务印书馆，2016：420.

[2] 同[1] 369.

个领域来看，海德格尔的确是把以往形而上学向来不屑一顾的日常生活纳入了哲学的思考范围。形而上学一向是"高大上"的，向来是一种高级的思维方式，它要通过静观的方式，也就是理性认识的方式把握存在，所以对于人的日常生活不屑一顾。但海德格尔恰恰要回归到人的日常生活，要通过人的生存活动来寻求存在如何显现的结构。正因为它涉及了这样一个领域，他所讨论的话题，比如此在和他人、筹划、责任、自由、沉沦、死亡、良知、罪责等等，的确都属于伦理学讨论的范围。但是，我们要知道，海德格尔分析的焦点是此在而不是人，这是我们要始终保持清醒的，读《存在与时间》这本书，一定要注意他其实不是讲人，而是讲人作为存在物被存在所规定的方面，所以他并不关心人和人之间的关系、人和社会之间的关系，这都不在他的思考范围。虽然他讨论的是伦理学范围的东西，但是他所关注的始终是此在和存在之间的关系。所以，当海德格尔讨论此在与他人的关系的时候，在他那里实际上并没有他人。他不是从人际关系和社会关系的角度，而是从生存论的角度，分析此在与他人共同的生存方式。我们看看下面脍炙人口的一段话：

> 能代表这些他人。要紧的只是他人的不触目的、从作为共在的此在那里趁其不备就已经接收过来的统治权。人本身属于他人之列并且巩固着他人的权力。人之所以使用"他人"这个称呼，为的是要掩盖自己本质上从属于他人之列的情形，而这样的"他人"就是那些在日常共处中首先和通常"在此"的人们。这个谁不是这个人，不是那个人，不是人本身，不是一些人，不是一切人的总数，这个"谁"是个中性的东西：常人。[①]

---

① 海德格尔.存在与时间.北京：商务印书馆，2016：181–182.

所谓"常人",我们用通俗的话说就是"大家"。海德格尔在这里要追问的是在日常生活中此在是谁。他分析的结果是此在向来不是作为自己,而是被他人所决定,他人怎么做我就怎么做。我之所以说"他人",是因为看起来好像我不是从属于他人的,而实际上是"他人"掌握着控制着此在的一切生存可能性,但是这个"他人"又不是一个具体的他人,它是一个中性的东西:"常人"(das Man)。按照海德格尔的生存论分析,此在在日常生活中不是作为自己而是作为他人而存在的。如果问:他人是谁?回答是:常人。你再问:常人是谁?回答触目惊心,这个常人查无此人,从无此人。当此在遇到困难要求有人站出来承担责任的时候,常人就溜走了,他貌似可以承担一切责任,原因就在于他可以不负任何责任。海德格尔在这里实际上揭示的是此在在日常生活中逃避自己的存在,不愿意面对自己的存在可能性,筹划选择自己的人生,他把自己的这种存在可能性推给了他人,推给了常人,这样就营造了一个貌似温馨的家园,好像一切都得到了最佳的安排,一切都安排得井井有条,你只要照着做就行了。相反,如果让此在自己面对自己的存在,他却有"不在家"的陌生感。套用米兰·昆德拉小说的名字——生命中不能承受之轻,此在面对的是可能性,不确定的可能性,必须由你自己去筹划选择,要你为此承担责任,要你为此承担后果。我不堪重负,我宁愿把我的选择交给他人交给常人,但是海德格尔揭示了常人查无此人,实际上归根结底是此在自己存在,只不过此在不是以自己负责任的方式存在,而是以自欺的方式存在。海德格尔把此在这种以常人的方式生存叫作"沉沦状态"。海德格尔所说的"沉沦"并不是说此在原本生活在一个纯洁的状态,后来堕落了,他有一个很有意思的比喻,叫作"此在从自身脱落到自身"。为什么?因为常人查无此人,实际上日常生存的就是此在自己,只不过它是以不负责任的方式生存。

所以，海德格尔的确说到了"他人"，但是"他人"在海德格尔这里消失不见了，他之所以讲"他人"就是一个跳板，借助于他人来讲常人，最终说明此在归根结底是自己存在这个"秘密"，实际上没有他人没有常人，归根结底是此在自己存在。更进一步来讲，我们之所以会产生自我与他人的关系问题，就是因为把我和他人都看作是现成的存在，从而掩盖了我自己其实从属于他人、从属于常人的真相，归根结底还是此在逃避自己的存在，逃避自己的生活。然而对海德格尔来说，逃来逃去无处可逃，此在从自身脱落到自身，此在还是在自身之中，不过归根结底它要经过这一番沉沦才能做本真的自己。所以，此在先要经过沉沦，然后才能从沉沦中意识到它自己就是常人，常人就是它自己。因而，海德格尔的说法很有意思，他说"常人在本质上是一种生存论上的东西，本真的自己存在是常人的一种生存变式"[①]。我们可能会以为此在原本是自身，后来沉沦了，变成了常人，然后再回归自身。实际情况不是这样，此在自始就已沉沦。它从一开始就是以常人的方式存在。

那么，这是不是意味着海德格尔揭示的常人的世界是一个虚假的世界？海德格尔的确称之为此在的非本真的存在方式，但实际上这个常人世界就是此在的平均状态。每个时代都是由此获得生活所需的一切，这个常人世界代表的就是此在操劳操持的世界，在《存在与时间》中，海德格尔说的是此在融身于其他在者而形成了世界，融身于常人而形成了这个沉沦状态，这其实是同一个世界，就是我们的世界。对海德格尔来说，这就是我们的意义世界，但是这个意义世界就是沉沦的常人世界。所以，我们生于斯长于斯的世界的确是真实的世界，但也是非本真的世界。它是此在逃避自己的存在、

---

① 海德格尔.存在与时间.北京：商务印书馆，2016：187.

遮蔽自己的存在而形成的世界，海德格尔称之为"除根"的世界。他说唯独像此在这种在者可以把自己"除根"，也就是把自己与自己的存在相隔绝，以沉沦的方式遮蔽了自己的存在。从某种意义上讲，这实际上就是形而上学遗忘了存在的根源，此在其实在逃避自己的存在。

所以，我们说海德格尔的这些思考意在追问存在问题，通过"向下"追溯此在的生存活动来解答存在问题，而无意于"向上"解释社会的伦理规范，不可能重构一种伦理学来为沉沦的常人世界"背书"。因此，海德格尔的基础存在论不太可能为迄今为止任何一种伦理学奠基，正好相反，我们去看《存在与时间》，你会发现海德格尔实际上时时处处在颠覆常人世界的种种规范，它要强化的就是让此在意识到你就是一个可能性的存在，你不要把自己局限在条条框框里，自己把自己当作他人、当作常人，然后遮蔽了自己的存在，目的是让此在意识到它就是一个始终指向未来的"去存在"的在者。社会性的伦理规范从来不在海德格尔的思考范围，他恰恰是要去除一切规范，让此在意识到你就是可能性本身，由此你才能够让存在通过你的活动显现出来，你才能承担起存在赋予你的使命。从某种意义上讲，海德格尔类似解构一切人间的尺度，要以某种存在的尺度取而代之，可问题在于——存在对此在来说就是可能性，存在没有尺度。

所以，海德格尔真正的问题在这里，他的思想分为前期和后期，在前期代表作《存在与时间》里，此在面对存在的情绪被称为"畏"，畏启示着无，那是一种惶惶然失其所在的unheimlich，不在家的那种状态，陌生感。前面我们说了，沉沦让此在觉得就像在家里一样，它过得很舒服，但真是要让你自己去面对自己的存在，你就会感到一种惶惶然失其所在的情绪。前期如此，后期的海德格尔特别强调解蔽与遮蔽的二重性，他强调存在作为"原基础"（urgrund），因为看不见存在，所以这个基础等于"无基础"（ungrund），从而"呈现"为"离基深渊"（abgrund）[①]。为什么？因为存在在呈现为存在者之际，存在自身不显。我们如果把我们看到的一切东西叫作存在的话，那么存在就是不存在的。所以海德格尔把它叫作abgrund，这个词在德语里就是"深渊"的意思。孙周兴教授译作"离基深渊"，因为前缀ab的意思就是掉下去了，grund的意思是基础，存在这个基础是看不见的，所以是深渊。请大家想一想，我们以这样的深渊怎么给一种伦理学奠基？

在伦理学的问题上，形而上学包括宗教与人道主义形成了鲜明的对比，如果我们把前者叫作"神圣的"，把后者叫作"世俗的"，那么海德格尔当属另类。从19世纪形而上学衰落之后，这个世界一再被祛魅，完全世俗化了，失去了神圣的意义。不过海德格尔对这两个方面都不认同，他对形而上学不认同，对神圣不认同，对世俗的、祛魅了的世界也不认同。我们的确可以站在任何一种伦理学的立场来评价海德格尔的思想，但是就海德格尔来说，我的看法是，他没想要解决什么伦理学问题，他既意识到了形而上学问题，也意识到了世俗的人道主义问题。实际上海德格尔不但没有解决问题，反而激化了问题。

从三个方面来说。首先，形而上学的衰落的确激发了某种人道主义的思考，但是海德格尔对此深感忧虑，他既不可能以形而上学为伦理学奠基，也不可能以人道主义为伦理学提供基础。所以我说在海德格尔那里有基础存在论，其实是没有伦理学的。其次，伦理学通常是为现实生活提供伦理规范和道德境界，它要解决的是人的问题。但是在海德格尔的心目中，这个人的世界是一个什么世界？

[①] 海德格尔.哲学论稿：从本有而来.北京：商务印书馆，2012：406.

是常人的世界，是由闲谈、好奇和两可组建的现实生活，它是由公众舆论控制的沉沦的世界，闲谈无所不说，好奇无所不看，既然无所不说、无所不看，那么我们实际上始终处在两可之中，这里要什么有什么，但既然什么都有，我们就没有什么可做的了。所以，海德格尔对日常生活的分析并不是要发掘其中的伦理规范，而是要揭示其中的生存论机制，他恰恰要破除各种规范，让此在面对自己的生存可能性。最后，就我们前面讲的海德格尔关于存在的思想来说，我们很难想象他的存在能够为任何一种伦理学奠基。在《存在与时间》里，此在在情绪中现身，要我自己去存在，我就会有负担，有负担就会有情绪，所以不是我思故我在，而是我有情绪，所以我存在。而情绪里最极端的情绪就是畏，畏启示着无，这类似于把此在"嵌入"无之中，以无为背景，把此在逼回到自身，让它意识到"我存在，却不得不存在"，"我存在，且不得不能在"。更何况在后期的海德格尔那里，存在等于深渊，等于无。我们很难想象用这样一种存在可以建构起一种什么样的伦理学。所以我们说，海德格尔并不是要为伦理学奠基，他思考的始终是一个更大的问题，是西方文明如何走出困境的问题。

从这个意义上来讲，我们也就来到了第三个问题，也是一个更大的问题，我们时代的困境。

三、我们时代的困境

一开始我说过，我们可以以19世纪形而上学的衰落为一个坐标，在此之前古典哲学中形而上学是主流，伦理学以形而上学为基础，毫无疑问这个基础是有问题的，我们在前面解释了形而上学理论与伦理学自由之间的冲突和矛盾。随着19世纪形而上学的衰落，问题的性质发生了变化，问题不再是究竟以什么样的形而上学理论为伦理学奠基，而变成了摒弃了形而上学的基础之后，伦理学的基础究竟是什么。我们知道，伦理学在现实的社会生活中其实具有重要的地位和意义，而且这个地位和意义是越来越突出的。人类诞生于社会性的生存方式即伦理规范——伦理和道德都源于风俗习惯。实际上风俗习惯往往最初构成了维系某一个社会群体的准则，而且它会扎根在原始宗教神话或者宗法秩序之中，构成了维系人的社会存在的统一性的纽带。既然源于风俗习惯，套用文化人类学的概念，我们可以说伦理道德最初实际上都具有"地方性知识"的特点，在文化人类学看来，任何一种文化的知识都是地方性的知识。所以，最初各大文明的文明理念都具有地方性的特点。但是随着人类相互之间交往的扩大，社会性的群体越来越大，从最初的有血缘关系的氏族，到超越氏族的民族，从单一民族到形成多民族的文明国家，直到今天超越不同文明而形成了"地球村"。在这个过程之中，随着社会的发展，伦理道德作为仅仅适用于某一个民族或者文明的风俗习惯就不够用了，必须有某种带有世界性的普遍性的伦理道德。有一个词叫作"全球治理"，在全球政治治理的方式之外，实际上伦理道德往往起的是某种凝聚人心的纽带作用，当然这里讲的还不过是理想的状态。我们说伦理道德最初是地方性的知识，但是这种地方性知识在不断地扩大，尤其是当伦理学以调整人际关系的规范作为研究对象的时候，显然任何一种伦理学都不会局限于地方性的知识，它要追求的是一种普遍性的法则。

在19世纪之前，这种道德法则是以宗教或者形而上学为基础的，它的确可以提供一种绝对主义的基础，但随着宗教和形而上学逐渐失去了对现实生活的影响力，伦理学自身的地位、作用和影响就突出来了。问题在于，伦理学显然不能因为摒弃了宗教或者形而上学的基础而退回到地方性的知识，这就使我们面临绝对主义和相对主义的两难抉择。形而上学体现为一种绝对主义，形而上学衰落了，伦理学回归世俗，但会不会回归到一种地方性的知识，走向相对主义？这实际上就是我们讲的"布里丹之驴"的困境。

从某种意义上来说，哲学乃至伦理学在社会生活中的影响越来越大，这是近代以后发生的事。在古代世界，通常维系文明的价值观念往往是和宗教或者带有宗教性的意识形态相关，哲学属于"小众"，属于少数人的精英文化，它的影响受到了一定的限制，甚至直到今天哲学仍然缺少一个直达社会生活的层面。如果哲学在古代能够成为一种维系文明的价值理念，我们就很难想象苏格拉底会被城邦判处死刑。苏格拉底在70岁的时候被判处死刑，他自己讲"我向来远离政治，不然的话我可能早就死了"。所以哲学家其实是小心翼翼的，这就意味着在那个时代起主导作用的价值观念主要不是哲学，而是宗教或者半宗教的意识形态的东西。

我把19世纪形而上学的衰落看作是轴心时代没落的一个组成部分。轴心时代说的很多了，已经成了老生常谈。雅斯贝尔斯在1949年出版了《历史的起源与目标》一书，他在书中提出了轴心时代的理论。人们现在对雅斯贝尔斯的轴心时代理论颇有微词，它也的确存在着很多问题，不过雅斯贝尔斯毕竟不是历史学家，他是哲学家，所以他提供的是一种历史哲学的框架，我们仍然可以把它看作关于人类文明演进的一个解释框架。按照他的说法，在公元前800年到公元前200年这几百年的时间里，世界各大主要文明包括中国的先秦诸子百家、希腊的哲学、印度的奥义书和佛陀、伊朗的琐罗亚斯德和巴勒斯坦的犹太先知，都对后世文明产生了比较大的影响。以我个人的看法，希腊是哲学，印度、伊朗和巴勒斯坦主要是宗教，中国的先秦诸子百家学说是半哲学半宗教的，它不是完全的哲学，也不是完全的宗教。希腊哲学体现了明显的科学思维方式，体现了一种自由的科学精神，而且它的目的是获得关于自然的知识，这与中国哲学形成了鲜明的对照。但是，自17世纪科学革命、18世纪启蒙运动和工业革命以来，西方文明在少数国家的带领下走上了现代化道路，直到今天全世界不约而同都走上了现代化道路。这意味着全世界都发生了从传统社会向现代社会的转型，而传统社会与现代社会之间最根本的区别，也可能是外在的区别，那就是传统社会是由过去的传统决定的，而现代社会是由未来决定的。这一转型就意味着原本适应传统社会的传统观念失去了对现代社会的现实影响力，我称之为轴心时代的没落。从这个意义上来讲，恰恰在轴心时代的没落以及古典形而上学的终结这样一个背景之下，伦理学问题越发突出了。我们前面讨论了伦理学与形而上学之间的矛盾，也讨论了海德格尔的"伦理学问题"。前者我们说形而上学不能为伦理学奠基，因为它与伦理学的自由是相冲突的；后者实际上在强调单纯基于一种人道主义的世俗价值构建一种伦理学也是成问题的，因为它难以抵御虚无主义的威胁，而且还有陷入主观主义、相对主义的危险。这样一来，我们的确面临着"布里丹之驴"的困境：要么是绝对主义，要么是相对主义，要么回到过去传统，要么面对不确定的未来。

威廉斯在《伦理学与哲学的限度》一书的序言中说了一句很有意思的话，他说："我的结论是，现代世界对伦理思想的需求是没有前例的，而大一半当代道德哲学所体现的那些理性观念无法满足这些需求；然而，古代思想的某些方面，若加以适当的改造，就有可能满足这些需求。"[1]在我看来，古代思想如何能够对我们这个时代产

---

[1] 威廉斯. 伦理学与哲学的限度. 北京：商务印书馆，2018：1.

生影响尚不得而知，这需要我们寻找传统文化如何与现代社会接轨和兼容的地方，不过他所说的现代世界对伦理思想的需求是没有前例的，的确如此，我们甚至可以称之为"史无前例"。为什么？我在前面讲了，自17世纪科学革命、18世纪启蒙运动和工业革命以来，全世界在少数国家的带领下走上了现代化的道路。我们并不认为现代化不好，它的确给我们带来了物质生活的极大满足，人的寿命的延长，生活质量的提高，生活各种可能性的扩大等等，这些成就有目共睹，我们这几十年就见证了中国走上现代化道路所取得的伟大成就。但是，另一方面，我们也的确面临着一系列问题，比如生态环境问题，其中最严重的问题，我们称之为价值多元化与道德相对主义，这意味着在从传统社会到现代社会的转型之中，轴心时代那些原本维系各大文明的价值观念逐渐失去了对社会生活的现实影响力，像存在、实体、真理、上帝、天、道等这样一些传统观念，曾经构成了各大文明的最高价值，但是现在都相继陨落了。在全球化时代的今天，我们面临的是什么？一方面是经济市场的一体化，我们叫作全球化，另一方面，它也使得不同的文化价值碰撞在了一起。在这种情况下，我们的确对伦理学有更高的要求。虽然这几年全球化进程遭遇挫折，但是我们共同生活在一个已经连成一体的"地球村"，这已经成为一个事实。全球化遭遇挫折，其中有一个非常重要的问题就是，我们实际上并没有为全球化做好准备。尽管全球化已经是老生常谈，从10多年前开始，也可能有20年了，铺天盖地在讲全球化，但是实际上我们并没有为全球化做好准备。为什么这么讲？因为迄今为止，在任何一个社会群体的自身内部的确可以有某种道德规范来协调成员之间的关系，但是在不同社会群体之间，不同文明之间，不同国家之间，我们现在看到的仍然是丛林法则。

当然，并不是说构建一种伦理规范就可以解决这些问题，但是我们的确需要这样的伦理规范。我的想法是，各大文明理念原本都是某种地方性的知识，我们弘扬传统文化，力图使之返本开新，但是如何让它成为全球性的普遍共识，需要跨越文化之间的屏障。在这样的背景之下，在我个人看来，伦理学恰恰有了它的用武之地。用威廉斯的话说，现代世界对伦理思想的需求是没有前例的，当然我们说伦理学有其用武之地的时候，其实我心中想的是哲学，而我说的哲学既不是西方哲学也不是中国哲学，而是哲学本身，因为我们要跨越地方性知识，形成具有更普遍的共识的东西。毫无疑问，哲学在希腊的产生原本也是地方性知识，但是在历史的演变之中，它逐渐获得了世界性的影响，在这种世界性的影响中很重要的一点就是它与科学之间的"血缘关系"。我们知道在古代，哲学和科学其实是一个东西，希腊人创造哲学的目的就是要获得关于自然的科学知识，只不过那个时候还没有科学的方式，即便是科学的问题也是以哲学的方式解决的。所谓哲学的方式，我称之为一种自上而下的关于世界的某种整体性的理论学说，最初的科学也是一样，变化发生是在17世纪近代的科学革命，起因是哥白尼在1543年提出日心说，虽然在几十年之间没有引起什么反响，但是在17世纪初天文望远镜被发明出来了，1609年经伽利略改造的望远镜可以放大30多倍，于是经过天文观测就证实了哥白尼的日心说。实际上，哥白尼的日心说还是以传统的方法做的调整，所以有人讲我们不应该称之为"哥白尼革命"，而应该说是"开普勒革命"，因为人们通过天文观察所证实的不是哥白尼的宇宙，而是开普勒的宇宙。例如，哥白尼的《天体运行论》，新的译本译作《天球运行论》，因为哥白尼因循的希腊人的宇宙仍然是一个封闭的宇宙概念。总之，由此作为开端，科学的范式发生了革命，一种理论假说可以在经验中得到验证，而且必须通过实验得到验证，才能称为科学。我们说过，在古代，科学和哲学是一回事,但是从17世纪之后,科学理论与实验相结合,技术插上了科学理论的翅膀,使得西方文明迅速崛起。也正因为如此,在我们这个时代,在任何一所像样的大学里,哲学系都是标准配置,哲学也成为一个学科。

从某种意义上说,由于哲学具有抽象性、普遍性、理想性,具有问题意识和批判精神等,使它有可能成为融合不同文明理念,形成综合性的全球价值观念的希望。当然,迄今为止这只是希望,还不是现实。我们说哲学在当前的形势下有其用武之地,就是说有可能用哲学的方式将不同的文明理念融合为新的轴心时代的理念。这也是20年前人们就提出来的"第二轴心时代",也有人称之为"新的轴心时代",汤一介先生就称之为"新的轴心时代"。在"新的轴心时代",人们的期待是什么?雅斯贝尔斯的轴心时代出现在2 000多年前,那个时候各大文明相对独立,各自构建了自己的核心价值理念。现在我们进入了全球化时代,全世界已经连成一个"地球村",我们现在需要什么呢?由所有文明共同参与构建能够决定"地球村"未来千年的"新的轴心时代"的价值理念这项工作不可能由任何一种文明理念去做,更不可能由某一种宗教去做,在我看来只有让哲学去做,但就这一点来说,可能首要的工作就落在了伦理学身上。

的确,我们这个时代面临着众多的问题,伦理学有很多可做的工作,但是就我们现在所讨论的问题而言,首先伦理学要重新确定自己的方向,因为古典哲学我们叫作"神圣的",当今时代我们叫作"世俗的",古典哲学类似于以天上的理想世界来为人间秩序奠基,用理想世界来给现实世界奠基,但是这种方式失效了。那么立足于人间的秩序,我们面临的是文化之间的隔阂和相对主义的困境。在这种情况下,我们不妨变换一下思路。我们当然需要构建一个"新的轴心时代"，但当务之急，恐怕更需要一种底线思维、权宜之计。我们先不考虑最高的价值观念、最高的普遍原则，先来确定全球化时代中不同文化之间、国家之间相互和平共存的底线，这可能是最急需的任务。毫无疑问，时至今日，全球化的确遭遇挫折，但同样显而易见的是，我们不太可能回到过去，完全倒退到全球化之前。我们现在面临的所有问题，如气候变化、生态危机、恐怖主义，以及新冠肺炎疫情等，只有从人类命运共同体的角度出发，从全人类的角度出发来解决。也就是说，这些问题只有在全球合作的基础上才能得到有效的解决。比如，我们对新冠肺炎疫情防控得比较好，但是这显然是不够的，如果没有全球合作，是不可能得到彻底解决的。所以，形成某种能够把全世界所有的民族、国家、文化凝聚成一个整体的核心理念，还有待来日，现在只能是一个理想。但是显然我们现在亟须解决的问题是如何走出丛林，形成一个在全球化背景下人们可以和平共处、相互交往的某种基本原则，我觉得这是当务之急。这两个方面，一个是最高原则，一个是最低底线。我们今天的讲座是重新思考伦理学与形而上学的关系，而实际上最终落在了我们这个时代的需要上。

  我想，在我们这个时代，伦理学有很多事情可做，也可以做很多事情。同样地，在我们这个时代，哲学有很多事情可做，也可以做很多事情。

第三讲
康德的目的论思维与形而上学

◎ 李秋零

时间：2020 年 11 月 6 日 18：00—20：00
地点：中国人民大学公共教学三楼 3503

李秋零，中国人民大学哲学院二级教授、博士生导师、佛教与宗教学理论研究所研究员，兼任中国宗教学会理事、中华全国外国哲学史学会理事、香港汉语基督教文化研究所客座研究员和学术委员会委员等。主要研究领域为基督教神哲学、德国古典哲学，主讲"基督宗教的历史与思想""基督教思想史""拉丁语与罗马文化"等课程。著有《上帝·宇宙·人》《德国哲人视野中的历史》《神光沐浴下的文化再生》等学术专著，并翻译出版《康德著作全集》（9 卷本，340 余万字）等 50 余部西方学术名著。

今天我给大家带来这样一个题目，目的是用这个题目来贯穿整个康德哲学，也就是说我们对整个康德哲学在这样一个主题下进行思考。这样既有好处，也有缺点：它的好处是提纲挈领，用一条主线把整个康德哲学过了一遍，由于这个题目比较宏大，所以我们不用涉及很多的细节，可以避开一些在康德那里比较难懂的专业术语；它的缺点就在于我们需要对康德哲学进行一定的了解。

我们对康德哲学稍有了解的话，就知道康德在《纯粹理性批判》中提出了他的哲学要解决的三个问题，这就是："我能够知道什么？我应当做什么？我可以希望什么？"一直到了他的晚年，他才补上了第四个问题："人是什么？"但他同时又会说，前三个问题都跟最后这个问题"人是什么？"有关。也就是说，只要回答了前三个问题，第四个问题是不需要回答的。实际上，康德也的确没有回答第四个问题。所以从这个意义上来说，前三个问题就构成了康德哲学三足鼎立的格局。

第一个问题是认识论的问题，涉及"知"；第二个问题，涉及"行"。知和行，是永恒的哲学主题。但是，人们经常会提出问题，比方说，"康德为什么把'希望'作为一个重要的哲学主题，而成为他整个哲学体系的'三足鼎立'之一'足'？"这个问题也可以说是问到了康德哲学的核心内容。但是对于这个问题，没有人当面向康德提出，也没有人用书信的方式向他提出。所以，康德没有回答过这样一个问题，没有说明他为什么把"希望"作为一个哲学主题。

对于这样一个问题，我们只能采取一种反向思维的方式。那就是说，他提出这个问题，谁是受益者？它的效果是什么？就像我们判断一个行为的动机的时候，我们经常要使用这种方法：谁是最大的受益者？对于康德来说，我们可以说，对第一个问题的回答——"能够知道什么？"，他最终造成的结果是切断了通向上帝的道路：

就是在知识论的意义上，我们是绝不能达到上帝的思维的，上帝不是知识。对第二个问题的回答——"应当做什么？"，康德的结论是："道德不需要上帝"，这又切断了道德与上帝之间的联系。所以在这种情况下，唯有第三个问题的回答，才通过幸福、至善这样的概念，最终导向了上帝存在的公设。

那么，从这种意义上来说，由于在康德的哲学中，上帝并不是简单地作为一个赐福者出现的，他同时又是道德和自然这两个秩序的立法者。所以，这样一个上帝并不是传统基督教所信仰的那个上帝，而是一个形而上学的最高范畴。那么，我们从这种意义上可以得出这样的结论：作为一个逻辑学和形而上学的教授，康德提出这样一个问题并给予了解答，它最大的受益者是上帝，同时也是形而上学。那么，我们可以简单地说，我刚才之所以提出希望这个问题，是因为这是康德的一个独创。我们知道在康德之后100多年，西方才出现了布洛赫的希望哲学，以及后来在基督教神学的领域里开始提出希望神学。但是，在康德之前，却从来没有人谈希望。尽管基督教把信、望、爱作为三神德，其中提出了希望，但是希望从来没有成为形而上学的主题。可以说在这种情况下，康德提出希望，实际上是在做着一件打通形而上学道路的一个独特的工作。

那么，接下来我们就可以具体讨论为什么康德要为形而上学打通这样一条道路？我刚才说了，康德是形而上学的教授，是专门讲授形而上学的。那么，形而上学必定是他最为关心的对象。在《纯粹理性批判》的两个前言里，康德明确地表达了他在创建自己的哲学体系时的焦虑。这个焦虑，就是其他科学，尤其是康德那个年代有代表性的两门科学——数学和物理学，都取得了长足的进步，都走上了可靠的道路，唯独形而上学，这个号称"一切科学的女王"，没有走上正确的道路。而康德的努力就是要为形而上学寻找出路，使形而上学走上可靠的道路，这是他创建自己的批判哲学体系的一个初衷。

那么，我们要提出的问题就是：建立形而上学，讨论不讨论灵魂？讨论不讨论作为整体的世界？讨论不讨论上帝？这是康德面临的问题，也是我们今天要对康德提出的问题：如果不谈，形而上学还是形而上学吗？如果谈，康德又不能像他的前辈们那样谈，因为刚刚在他创立自己的哲学体系前不久，英国哲学家休谟已经把他从独断论的迷梦中唤醒了。休谟对形而上学的批判言犹在耳，那就是我们的一切认识都来自我们的感觉，感觉之外——因果关系、上帝、灵魂等这些东西都不能谈，都不是我们的认识对象。康德把休谟称为"憎恶地面的一切常设建筑的游牧民族"，也就是说把科学的形而上学的地面建筑一扫而光，都使它们失去了自己的理论支柱。

那么，直到康德在《纯粹理性批判》这部著作中提出了"先天综合判断"这样一个概念，用先天综合知识，也就是我们的先天知识形式去统摄经验材料这样一种方式，挽救了科学知识的普遍必然性。那就是说，我们的一切知识，都是用我们的先天知识形式来统摄经验材料的结果。先天知识形式保证了我们的知识具有普遍必然性，经验材料保证了我们知识的增长，这两者相结合才有我们的知识，二者缺一不可。但这样一来，也就带来一个后果，使得我们的先天知识形式就受制于经验，它离不开经验，离开经验它就是空的。所以，科学也必然局限于我们的经验，不能越雷池一步，越过去，就不是知识而是幻觉了。在这种情况下，我们的经验永远是局部的、零散的，所以我们的知识也同样是局部的、零散的。那么，在经验的这个狭小的区域内，我们根本不可能讨论形而上学的问题。简单地说，整体的世界，我们是永远不可能对它有经验的；上帝，我们不可能有任何经验。但是形而上学这门学问之所以叫形而上学，就在于"物理学之后",就在于它超越物理,就在于它超越经验。那么在这种情况下,康德著作中保证了知识的普遍必然性,但他心中念念在兹要解决的问题却恰恰是如何超越科学,如何使形而上学获得可靠的方法,走上正确的道路,这是康德必须解决的问题。

然而,我们从康德对上帝存在的自然神学证明的批判中,发现康德的思维发生了变化。我们先说上帝存在的自然神学证明,这种证明实际上就是面对这个世界,我们发现这个世界是有秩序的、是和谐的、是美好的;如此一个有秩序、和谐、美好的世界,就像一件精美的艺术品必然有一个作者那样,这个世界也必然有一个作者,这个作者就是上帝,这是一个证明。但是康德把这证明给否定了,在否定这个证明的同时,他发现了这个证明有两个重要的概念:一个是它把这个世界作为整体来看。我们只有把这个世界作为整体来看,我们才知道这个世界是有秩序的、和谐的、美好的。那么在这种情况下,实际上康德认为,这个证明"把目的和意图引向我们的观察未能自行揭示它们的地方"。这句话非常重要,我们的观察未能自行揭示目的和意图,或者说我们的经验根本证明不了目的和意图,但是这个证明把目的和意图引进来了。另一个是通过一种"其原则在自然之外的特殊统一性"来扩展我们的自然知识。我们对这个世界能够形成一些自然知识,但是这个自然知识是局部的、零散的、需要扩展的。那么这种扩展靠的是"其原则在自然之外的特殊统一性",在自然之外那也就是超自然的。

所以这两个概念,一个是目的和意图,一个是超自然的统一性。这是康德在这个证明里发现的东西。这个证明,虽然康德对它进行了批判,但是他也强调,它一方面激励了自然的研究,另一方面是从这种研究获得存在并一直获得新的力量。那就是说,这个证明一方面是出自自然研究——我们对自然毕竟才形成一定的认识;另一方面，由于它把目的和意图带给了自然研究，而开始一直促进着这种自然研究。那么这里目的论的思维已经呼之欲出了。从这种意义上来说，这个证明，最终证明的是上帝。我们看康德这段话："仅仅依据理性概念的那种最高的形式统一性，是事物的合目的的统一性，而且理性的思辨旨趣使得有必要如此看待世界上的一切安排，就好像它出自一个至高无上的理性的意图似的。也就是说，这样一个原则为我们被运用于经验领域的理性打开了全新的视域，即按照目的论的规律来联结世界的种种事物，并由此达到事物最大的系统统一性。因此，一个至上的理智是世界整体的独一无二的原因这一预设——当然仅仅在理念中——在任何时候都对理性有用，而永远不会有损。"这是康德在批判上帝存在的证明的时候得出的一个结论，这个结论对他的目的论思维是极其有用的。

紧接着康德又有这么一段话："这种预设如果应当是建构性的，就远远地超过了迄今的观察所能够给予我们的权利。"这里我们再说什么是"建构性的"，建构这个词的意思是建设、构成。它最初是一个几何学的术语。建构，也就是我们脑子里有一个图形，我要通过绘图具体地把这个图形绘出来，它是根据我的先天知识形式而使它具体化的，这就是康德所说的先天综合判断所依据的一种能力。我们的知识，也就是具有普遍性的知识，都是建构起来的，用我们先天的知识形式，再用经验做材料，建构起来的。如果刚才说，提出上帝、提出至上的理智，这种做法是建构性的，那么它就远远超出了迄今的观察所能够给予我们的权利，这就是一种僭越，是一种越权的使用。

"由此可以看出，它无非是理性的一条范导性的原则"，就是我们在认识事物的时候，我们自己给自己找一个带路人，由他来指导我们向前进。但是究竟怎样走这条道路，它最终的决定权是在我们手中。我们找这个向导，只不过是为了凭借它，要"达到最高的系统统一性"，要在整体上认识这个世界。

我们已经可以看得出来了。康德曾经提出这样一个问题，他曾经把自己的《纯粹理性批判》缩写成一本小书，那就是《任何一种能够作为科学出现的未来形而上学导论》。也就是说，康德关心的是：形而上学能不能作为科学出现？我们刚才说了，科学走的是建构性的道路，那么康德现在已经发现了（经过他的理性批判，他已经发现了），用建构性的方式来重建形而上学，是一条走不通的道路，也就是说，形而上学绝不是严格意义上的科学，或者说，作为严格意义上的科学的形而上学是不可能存在的。但是，形而上学可以，并且只能用范导性的方式来重建。但是，这里要有一种原则，康德为这种范导性的方式找的原则就是"合目的性原则"。所以，后来康德专门写了一篇文章，叫《论目的论原则在哲学中的应用》，这里专门谈到了科学与形而上学的区别，他在这里说，涉及自然及其至上原因的自然研究既可以"沿着纯然理论的路径"，也可以"沿着目的论的路径"。那就是说，我们在研究自然及其至上原因的时候有两条路可走：一条是纯然理论的路径，另一条就是目的论的路径。目的论和理论在这里明确地划分开来了。

"理性有理由在一切自然研究中首先诉诸理论"，那就是说，追求那种普遍必然的知识，这是理论的首要任务，也是自然研究的首要任务，凡是能够用科学或者说理论的方式——简单地说在那个时代就是牛顿的机械论，去解决事情，不要去提出目的的问题。所以"只是后来才诉诸目的规定"，那个东西解决不了问题，因而我们要提出目的的规定。物理学是科学，而形而上学就不再是一个严格意义上的科学了，这是康德所做的区分。当然，两者的区别就在于物理学作为自然科学，它必须是建构性的，否则它没有普遍必然性；

而形而上学可以并且必须是范导性的，因为建构性建立不起来形而上学。那么从这种意义上来说，"物理学之后"，作为真正的"之后"，才能够真正超越物理学。

那么我们的问题继续要提出：康德有什么权利把通过纯粹理性而确定的一个目的用于自然的研究？康德必须回答这样一个问题：我们加给自然的研究的目的，既然不是我们认识而来的，那么我们凭什么把它加给自然？在康德写作《判断力批判》的时候，这个问题才最终得到解决。在《判断力批判》中，康德提出，我们人具有两种判断力，一种是建构性的判断力，它也叫规定性的判断力。这种规定性的判断力是什么呢？就是我们"把特殊的东西统摄在已有的普遍的东西之下"。这句话怎么理解呢？在认识形式中，有因果性的范畴，我们遇到具体的一个事物引起另一个事物这种现象，这叫特殊，而因果性的范畴是一个普遍的东西。当我看见太阳晒和石头热这两个现象的时候，我把它放在因果性的范畴之下，建立起一个"太阳把石头晒热了"这样一个判断，这就是规定性的判断力。另一种是反思性的判断力，我们遇到有些特殊的东西，却没有一个普遍的东西在那等着，等着我们把它放到那下边。就像我们遇到有一些犯罪活动，我们可以在法律上找到一个条文，说这适用于《刑法》哪条，但是有些东西法官就为难了，因为法律上没有规定，这考验法官的智力：如何给它寻找一个普遍的东西，也就是说从特殊东西要上升到普遍。法官或者说判断力，依然需要一个原则，这个原则，"它不能从经验借来这个原则"，因为这恰恰不是认识得来的，所以不能从经验得来。"因为这原则恰恰应当为一切经验性的原则在同样是经验性的但却更高的原则之下的统一性提供根据"，因为这个原则恰恰是为经验提供根据的，所以它不是从经验借来的。它和我们先天具有的范畴一样，是在经验之前的。所以在这种情况下，这样一个先验原则，反思性的判断力只能当作法则自己立给自己。

　　这里说的是什么呢？第一，它不能从别处拿来，尤其不能从经验中拿来；第二，它不是我们本来就有的，我们也不能把它指定给自然，不像我刚才举的因果性的范畴那样，我们可以指定给自然。现在这种法则就完全是我们自己给自己、给我们的认识立的一个法了。所以，反思性判断力的原则不是借着自然，也不是指定给自然，而是主体在认识自然的时候，从自己出发为自己立了法。合目的性原则是人们试图认识作为整体的自然的时候不得不采用的一个原则，这个原则只是为了方便我们的认识而立的，它不是我们认识得来的，也不是我们有权为自然立的法，这是我们必须严格区分的一个东西。那么在这种情况下，我们已经为康德找到了这种合目的性原则的作为范导性原则的合法性，康德有权这样做。

　　现在就要看合目的性究竟在起一种什么样的作用？合目的性原则主要是在《判断力批判》这部著作里探讨的。这部著作也比较复杂，它既是一部美学著作，也包含了很多形而上学的、宗教学的、伦理学的、历史哲学的内容。时间关系，我们在这里没法去多谈。我们只能明确地说，这种自然合目的性，作为一个特殊的先天概念，它不是我们的认识形式——如果是认识形式的话，那我们就可以建构性地指定给自然了。它不是一个范畴，所以它仅仅在反思性的判断力中有它的根源。那么这种反思性的判断力，作为范导性的原则，它所起的是什么作用呢？首先，我们要找到什么东西是合目的的。当然，康德是首先讨论了审美活动，从审美活动里边得出这个"形式的合目的性"。因为审美肯定是一种合目的性，比如说，当我说一个事物是美的，它肯定是能够在我的心中引起一种愉悦的情感，这种意义上，我才说它是美的。所以在这种情况下它就具有了合目的性。那么，康德又进一步把这种形式的合目的性转用到客观的合目的性上，探讨究竟哪些事物可以被视为目的系统。康德找到了有机物。他批判了过去那种"耗子生来给猫吃"的合目的性概念，认为一个事物必须是自己的目的，这才真正叫作一个目的系统。他在有机物上找到了这样的目的性，从而进一步把有机物身上的这种合目的性搬到了作为整体的自然。

我们前边已经说了，康德说，作为整体的自然无法认识。如果我们不认识作为整体的自然，却强行要对它说三道四，那么必然陷入二律背反，自己跟自己吵架。但是，我前面也说了，证明上帝存在的自然神学，就是靠着目的这个概念开始讨论作为整体的自然，进而提到了上帝的存在。那么，现在康德也要把整个自然看作一个目的论的系统，这个不是康德认识的结果——康德只不过是把合目的性原则用在对自然的思考上，这样他也就有权讨论作为整体的自然了。那么从这种意义上来说，自然或者说世界就作为一个整体，进入了康德的视野，成为康德的讨论对象——康德可以对整个客观世界进行讨论了。当然这个论证还是比较复杂的，我现在在这里三言两语，等于是把它跳跃了。我们就说，如果把这个世界当作一个整体，思考它的目的的时候，会得出什么样的结论？

康德紧接着提出的问题也是这样：这个目的系统本身的目的或者自然的最终目的是什么？康德紧接着也回答：这个最终目的只能是人。他的理由在于，"人是尘世唯一能够给自己形成一个目的的概念"——这个世界上只有人才能够给自己形成一个关于目的的概念——"并能够通过自己的理性把合目的地形成的诸般事物的集合体变成一个目的系统的存在者"。这是对人的高度评价，实际上这里最集中的就是：人具有精神，人具有理性，能够形成目的的概念，能够把所有的事物概括为整体，概括为一个目的性。

紧接着还要回答这个问题：人凭什么被视为自然的目的？康德这个时候就开始进行具体的分析了。"这要么是人本身能够通过自然的仁慈而得到满足"，就是说自然对人有特别的恩惠，使得人能够成为整个自然的目的，我们可以称之为一种恩宠。"要么就是对自然能够被人利用来达到的各种各样目的的适应性和技巧"，意思就是人会利用自然。对于前者来说，它就是人的幸福——自然有恩宠，人是自然的宠儿，自然能够给人提供很多很多现成的东西，这当然就是一种幸福生活了。就像最初的人在伊甸园里那样，饿了，伸手就是树上的果，渴了，下边泉水在冒着，这就是一种幸福。但是对于利用自然来说，却是文化。"文化"（culture）——尤其是在西方——跟文字没有关系。这个词来自开垦、耕地（colo），也就是说它代表了一种征服自然、利用自然的能力。所以，假设幸福是人作为自然目的所凭借的东西，那么康德说这是不可能的，一方面，人的本性不具有就占有和享受而言在某个地方停下来就被满足的性质。另一方面，自然也远远没有把人当作自己的特殊的宠儿来对待，善待人超过善待其他动物——人没有老虎的利齿，没有豹子奔跑的速度，没有猴子的敏捷。那么在这种情况下，更有甚者，人身上的自然禀赋的那些荒谬的东西还把人自己置入压迫、战争、自我毁灭的绝境。如果说这个世界上有哪一个物种自我毁灭的欲望和能力最强的话，我想人绝对是冠军。康德这句话的意思也就是在这。所以从这种意义上来说，如果用自然的仁慈来解释人的幸福，那是一点都提不上的。那么幸福这条路就说不通了。

人是自然的目的，凭借着什么呢？康德说只有文化，只有文化才是人的独特之处。那么文化这个东西又是哪来的？康德要讨论文化哪来的问题。这里就转入了康德在历史哲学这个领域进行的思考。

他在人类历史中所看到的是，一个个按照自己的心意行事的个人、民族、国家，大家都是按照自己的心意行事。这个心意是彼此不同的，甚至是截然相反的、互相对立的。但是最终造成的结果，却让历史表现出一种规律性。康德说，即便那些最随意性的——比如说结婚、生育，都跟个人的偶然的念头密切相关，没有任何人规定它，但生育率、人口的增长却总是呈现出某种规律性，这些东西引起了康德的注意。但是对于这些，我们的认识却得不出任何真正意义上普遍有效的知识、普遍必然的知识。因为我们无法去认识人们特殊的心意，所以无法解释历史呈现出这种规律性。那么康德怎么办呢？他说："在此，哲学家没有出路，除非是：既然宏观上根本不能在人及其活动中预设任何理性的自有意图。"这是因为，人的好多所作所为，我们很难去预设人这个有理性的动物都自己有一个高明的计划，人不可能把自己的自有意图作为普遍有效的东西加给人类的历史。所以不能说有自有意图。所以哲学家就只能"尝试看能不能在人类事物的这种荒诞进程中揭示一个自然意图；从这个自然意图出发，行事没有自己的计划的造物"。这指人做事并没有一个计划，没有说我们的人类历史要向哪发展，人自己没有这样一个计划，"却仍然可能有一个遵从自然的某个计划的历史"。康德提出了自然意图这样一个概念。我们知道，意图这个词和目的这个词基本上可以通用。也就是说，从这种意义上来说，非拟人化的自然——这个自然当然不是人，不可能有意志，不可能有目的、有意图，所以当然不可能有一个意图。自然意图绝不是我们从历史中认识出来的，它只能是康德或者说康德心目中的哲学家，为了解释历史而使用他的反思性的判断力，为自己立的一个原则，自己给自己立法，这是一个范导性的原则。

这个自然意图将会导致什么？自然既然在人身上寄托了某种意

图，那么它总会有特别的表现，尤其是康德要把人的文化作为自然的最终目的。那么这个特殊性表现在哪？就表现在人的理性上。与老虎的利爪利齿、与豹子的快速奔跑、与猴子的行动敏捷相比起来，人独有的就是自己的理性。既然自然把人作为最终的目的，而又独独地赋予了人这种理性——那么自然的意图，毫无疑问，就是让人把自己的理性充分开发、充分发挥出来。从这种意义上来说，这就是自然的目的、自然的意图。实现这样一个意图，实现这样一个目的，就要借助某种手段。这个手段是什么呢？就是"这些禀赋在社会中的对立，只要这种对立毕竟最终成为一种合乎法则的社会秩序的原因"。只要这个对立，别把这个社会给拆散了，人们应该有对立。所以，康德对人性的一个概括就是"非社会的社会性"。非社会的社会性，就是说，人是一种社会动物，甚至社会性就是人的本能，人只有在社会中才能实现自己，发展自己，达到自己的目的，甚至离开了这个社会，他都不能存在。所以这是一种社会性，是人天然具有的。

但是，康德接着说，人还有一种使自己个别化的强烈倾向。这种个别化，也就是康德所说的非社会性。它表现在，"仅仅按照自己的心意处置一切"——每个人都希望自己的心意能够得到实现。"并且因此而到处遇到对抗"——因为别的人也都是这样的心意，也都各有自己的心意，所以每一个人的特殊心意都要到处遇到对抗。尤其是，康德还把人的这种特殊的心意称为"比较性的自爱"——每个人都是自爱的，都爱自己，都要追求自己的幸福。但什么时候你才有幸福感呢？当你发现自己过得比别人强的时候——至少不比别人差的时候，你才会觉得幸福。所以不能用物质的东西给幸福定一个标准。我们去——比如说到故宫这一类地方——参观的时候，常常会发出这样一个感慨："这皇帝老儿过去活得也够可怜了。"因为他们那时候没有暖气、没有空调，甚至连电风扇都没有，只能靠冰块、扇子来降温。他们吃的东西跟我们现在比起来也差得多，坐马车跟我们现在汽车、高铁、飞机都没法比。但是，皇帝老儿活得很自在，他觉得他很幸福，因为他比所有别的人都活得好。所以我们中国人有句古话叫"不患寡而患不均"。但这句话还没说完，有些人就专门制造"不均"——我活得要比所有人都好，这才是我的心意。在这种情况下，每个人都希望自己活得比别人好，那么他肯定要在社会中造成竞争。每个人都要想尽一切办法比别人强。

那么这种竞争主要靠的还是理性。霍布斯所说的那"一切人对一切人的战争"，那个状态中靠拳头说话——那个时代实际也需要智慧，也需要理性，更不用说社会发展到今天，理性的成分是最主要的。你可以用理性公平地竞争：我可以发明一个先进的生产方法，我可以发明一种先进的工具，我可以发明怎样节省原料——总的来说，我让我的生产成本远远低于别人或者我的生产效率远远高于别人，这样我的产品拿到市场上，就比别人能够卖更好的价钱，或者说有更大的竞争力，或者最起码我用产品的数量可以把别人比下去。这是一种公平的竞争，它需要我们的理性。当然，也可能有不公平的竞争。总的来说，不管是争斗还是竞争，在这个过程中，理性都得到了发展。

但我们得设想出种种办法，把人的这种竞争约束在一定的范围之内，我们可以鼓励那些良性的公平的竞争，我们得想办法排除那些恶意的竞争。于是，这个社会就必须有组织。组织可以从最初的原始部落开始，越来越复杂。我们设计出越来越美好、完美的社会制度，这同样是在发挥我们的聪明才智。就像人们一边在扩军备战，发明出能把人类毁灭多少遍的那种武器；但是另一方面我们还要谈判，签订条约来限制这些武器的发展。

我们刚才说了物质文明怎样在生产中寻找自己的优势，这是康德所说的"技艺"。我们又说了康德是怎样设想的，怎样约束那些有可能破坏社会活动的现象，从而达到所谓的制度文明，康德在这里把它称为"教化"。总的来说，这两者在不断地发展，在这个过程中，文化发展了。所以，既然竞争是不可少的，是文化发展的必要动力，那么自由就是必不可少的东西。因为只有在自由中，人们才能尽情地去竞争，才能尽情地去发挥自己，发挥自己的理性。但是不受限制的自由又威胁着社会共同体的存在。

现在，我们理性越来越发展了，甚至比我们今天所能够预见的还要发展——人类究竟要发展到哪去？不知道，不可预测。但是不管它怎样发展，从康德哲学的意义上来说，它终归要遇到一个瓶颈。这个瓶颈实际上就是怎样维系这个社会。我们刚才说了，在对人的自由充分保证的同时，必须对人的自由做出限制，这就是一个矛盾。怎样限制人的自由？人类现在使用的是法律。所以康德说，理性的发展充其量是"人达成一个普遍管理法权的社会"，这个社会具体是怎么样的，康德不知道，他只知道这是一个"普遍管理法权的社会"。在这个社会中，人们拥有最大程度的自由——当然是除了那些必须被限制的自由。那么有自由，就必然有社会成员的普遍对立。但在这种情况下，就必须对这种普遍的对立做出普遍的限制。反过来说，就必须对人的自由做出普遍的限制。它的目的是保证"一个人的自由和其他人的自由能够共存"。康德最后得出的结论是，人类理性能够达到的最高目标就是"一个在其中可见到外在的法律之下的自由"——我们的自由都是处在外在的法律之下，外在的法律也就是说这个法跟我无关，是人家立的，人家立的我就得服从，是"外在的法律之下的自由"。"在最大可能的程度上与不可违抗的强制力相结合的社会"，法律背后不可违抗的强制力，这是人类理性所能够达到的最高的目标。那么现在说来说去，作为自然的最终目的，作为文化，其根基在康德哲学中是人的自爱。他引进这个合目的性原则，来研究作为整体的自然，当然也包括人类历史在内，它的基础是人的自爱，就是人对利益和幸福的追求。从这种意义上来说，人无论怎样发展自己的理性，变得怎样聪明，怎样去设计美好的制度，都不可能消灭这两者之间的矛盾。也就是说，在人的非社会性和社会性之间，永远不可能消灭掉一方，人永远是"非社会的社会性"的。

现在回到刚才所说的这样一个社会。这个社会，我们可以看，这里是"外在的法律之下"，我们说，这个问题也能解决，我们可以有一个完美的、绝对完美的立法者，立一个好的法律来解决这样一个问题。这个社会不就是平等、公正的社会了吗？无论这个立法者是民主制的人民，还是君主制的君王，有一个美好的制度即可。但是康德告诉我们，这是不可能的。因为人是这样一种动物，人是一种自爱的动物，这个动物在自爱中"肯定对自己的其他同类滥用自己的自由"——这是人逃不过去的。虽然他"期望有一项法律来给所有人的自由设置界限，然而，他的自私的动物性偏好却诱使他，在允许的时候使自己成为例外"。那么在这种情况下，人就"需要一个主人"，有一个主人立法，但是问题就在于人到哪去找这样一个立法者，因为这个立法者本身也是人，不论是人民还是君王，他还是人，这个人还需要主人。所以这个循环就是一个无底洞，追不到头。

从这种意义上来说，正是人的本性的这种自然禀赋，决定了人的这种特殊立法的必然性。在自然目的论的范畴中，是解决不了这个问题的，或者说文化解决不了这个问题，文化无论如何发达、怎样发展，最终给我们留下的，在康德哲学意义上只能是"自由和外在强制两者相结合取得平衡的一个社会"。我们人从这个意义上来说,永远不可能完成这个任务。所以,自然目的论对于康德重建形而上学来说,所能够提供的就只有这么多了。

从严格的意义上来说,人虽然被康德规定为自然的最终目的,但也没好到哪去,比其他动物也没好到哪去。历史上曾经有不少物种灭绝了,按照康德哲学的这种思路下去,人终有一天也会把自己灭绝掉。那么为了解决这样一个问题,对于康德来说,他给自己寻找的出路,那就是向道德目的论过渡。因为我们刚才所谈的人的理性,完全是一种理论理性,历史上也有人把它称作技艺理性,也有人把它称作经济理性,也有人把它称作工具理性。实际上就是说,人是一个"会算计的高级动物",只不过是这样而已。人会为自己的幸福去尽可能地去思考,别说是幸福,哪怕是面对灾害,人还要做一个"两害相权取其轻",还要做一个比较,所以,人并没有超出动物多少。这种理论理性,这种认识自然、改造自然、利用自然的理性解决不了这个问题,康德就得转向人的另一个理性。当然从严格意义上来说,康德认为实践理性跟理论理性不是两种理性,而是同一个理性的左右面。但是从另一方面来说,他认为人的认识理性、理论理性,属于自然,而人的实践理性属于道德,所以自然目的论解决不了的问题,康德只能转向道德目的论,这就是要突破自然目的论的界限。

我们刚才说了,康德在讨论自然目的论的时候,最后卡住他的瓶颈是个怪圈,这个怪圈,实际上就可以用这么简单的话说:"人需要一个主人,主人又是人,主人也需要主人。"那么现在怎么走出怪圈?康德把希望寄托在自律上。也就是说,"无条件地不被其他东西规定,为自己立法的能力"。别人立了法,是外在的法,外在的法不行,我们就得找自己立法。这种立法的普遍性就在于,首先每一个人格的立法都必须对所有的人格有效。熟悉康德的《实践理性批判》，或者说熟悉康德伦理学的人，应该知道康德的定言命令式，当然有人也把它译作绝对命令式。定言命令式的表达就是："你要如此行动，愿意你的准则成为一个对所有人有效的普遍法则。"简单地说，就是在做某件事的时候，要扪心想一想，因为做事就是立法，正在给自己立法，做事的时候肯定采纳了一个准则，这时候就给自己立了个法，那么这时就要想一想，愿不愿意别人也这样做，或者说愿不愿别人也给自己立这个法。人是在给自己立法，但是他也必须愿意别人这样立法。所以，如果他愿意的话，他所立的法就将成为一个普遍法则，对所有人都有效的普遍法则。

其次，每一个人都是立法者，同时，每一个人都仅仅服从和遵循自己的立法，后者实际上是包含在前者之中的。既然对于前者来说，每一个人在立法的时候都要扪心自问：愿不愿意别人也这样立法，实际上就已经包含了愿不愿意别人也是一个立法者，他立了法是不是愿意别人也这样立，所以这两者是应该包含在一起的，这叫立法的普遍性，而这种普遍性又和每一个人都是立法者结合在一起。如果康德在刚刚分析人的那种"非社会的社会性"中，说每一个人都希望有一种普遍的法则把人的自由置于其下，但却总希望自己能够成为例外，那么现在的这种立法则没有任何例外——每一个人都是给自己立法，而立法的基础就是他不能成为例外，他所立的法要适用于所有人。这种立法就不是外在的、法律的立法，而是一种内在的、道德的立法。只有这样，人才能够摆脱那个需要主人的怪圈。

所以，康德就有这么一段话："如果这个世界的事物作为在其实存上有所依赖的存在者而需要一个按照目的来行动的至上原因的话，那么，人就是创造的终极目的；因为若是没有这个终极目的，相互隶属的目的的链条就不会被完备地建立起来；而唯有在人里面，但也是在这个仅仅作为道德性的主体的人里面，才能发现目的方面的无条件立法,因此,唯有这种立法才使人有能力成为终极目的,整个自然都是在目的论上隶属于这个终极目的的。"这就是说,世界上的事物如果我们把它们作为一个整体来看,它们都是有所依赖的实存者,如果是这样,这个世界需要一个按照目的来行动的至上原因,康德提出人就是"创造的终极目的"。因为这样的人已经不是自然目的论所能够达到的人了,所以他不再使用"自然的终极目的"而使用了"创造的终极目的"这个术语。因为如果没有这个终极目的,相互隶属的目的的链条就不会被完备地建立起来,缺少了创造的终极目的,我们就不能把这个世界的各个目的的链条完整地衔接起来形成一个整体。而唯有在人这里,也就是在仅仅作为道德性的主体的人里边,才能发现目的方面的无条件立法。也就是说,只有在作为道德的人身上,我们才能够发现这种无条件的立法;反过来,也只有这种立法的能力,才使得人有能力成为终极目的。所以,整个自然也都隶属于这个终极目的,即隶属于这个目的论系统。在这种情况下,康德已经完成了对世界整体的思考。形而上学的三大支柱之一,他已经找到了,即作为世界的整体,或者说宇宙。

  但是到这里我们的讨论还不能算完。我今天在讲座开头的时候提出来的"希望",又该怎么处理?跟现在得出的"道德的人"是什么关系?"道德的人"实际上还在回答康德的第二个问题,即"我应当做什么"的问题,而他的第三个问题"我可以希望什么"怎么办?康德这个时候才想起来要解决这个问题了。在这里康德提出来了,做了康德所说应当做的事的人,就是一个有德之人,这回答了他的第二个问题。但是有德之人希望幸福,我们刚才说了,人是希望幸福的,要过好日子,即使不在那种自爱中去互相争斗,但至少每个人也追求自己的愿望的满足。所以这个时候康德就提出来这个问题了,只有让有德之人获得应有的幸福,创造的目的才可能实现。

因为康德作为一个有神义论思维倾向的思想家，创造的目的肯定不是给我们创造一个乱七八糟的世界，不是创造一个是非颠倒的世界，肯定是创造一个美好的世界。人作为创造的最终目的，具有这样的高位，如果不让人享受幸福，不让"道德的人"享受幸福，那么这个世界就不尽完美，所以他才让这个世界成为一个德福相配的美好的世界。

一个德福相配的美好的世界，说起来容易，做起来难。当然，康德不是一个社会学家，他不可能统计这个社会上究竟有多少属于有德之人的人享受幸福了，更不会像记者一样拿着话筒满大街追着人问：你幸福吗？他只能做理论分析。那么在理论分析上，首先他发觉德和福根本不是同一类的东西，所以我们不能用分析的方法，从德分析出福，不能说"有德之人必有福"，这在理论上是建立不起来的。那么剩下的办法只有，使德和福相互成为因果，比如说让福成为德的原因，我为了幸福而有道德，那么这样一来不就是德福相配了吗？但是，不行。康德说为了幸福而有道德，那你的道德是有目的的，这叫"动机不纯"。我们知道康德是动机论的思想家，他认为一个人动机不纯，道德就不纯，甚至他的德都谈不上是德。所以这条路走不通。反过来让道德来导致幸福，或者说我们常说的"有德之人必有福"，我们年年看家家户户挂的对联上充满了这样的祝福。但是这样的祝福，康德说这是两码事。因为你的道德是出自自由，不追求任何目的，你纯粹在自己的心中做出了这样一个决定，这让你成为一个有德之人。那么你的这个决定不能在自然中、在自然这个系统中造成它的变化，或者说你在道德上所做出的决定，并不能使你在认识自然、改造自然、利用自然这方面有什么增进，所以道德导致幸福也是无稽之谈。

这样，康德把所有的路都探完了，找不到前进的道路了，难道道德和幸福就这样不能结合了吗？有这样的先例，比如说佛教，佛教说这个世间都是苦，佛教总结了八苦，最重要的苦就是"求不得"，大家都求幸福，但是你得不到幸福，这叫"求不得"。"求不得"是最大的苦，而且这种苦甚至是其他苦的根源。但是我们"求不得"是很正常的，因为我们没法让这个世界随我们的心意。但佛教聪明的地方就在于我们没法改造这个世界，我们还没法改变我们自己吗？我们改造不了世界，我们改造自己，既然"求不得"，那我们不求了。所以佛教主张舍得，舍了就行了，舍了，心灵就无求无欲，那就是一片澄明，这样才能开悟，才能成佛。

但康德舍得舍不得？康德舍不得，他是西方基督教思维系统中成长起来的思想家。他也知道自己对客观世界没办法，没法让客观世界来符合有德之人的希望。他做不到怎么办？如果说佛教是"知其不可为而不为"，那么康德就是"知其不可为而强为"——我必须相信这个世界是美好的，我必须相信这个世界与有德之人是要相符。怎么办呢？康德说在经验世界里这件事免谈了，我们绝对做不到这件事。退出这个经验世界，我们到彼岸世界来讨论这个问题，绕开这个经验世界的因果性，到本体界去讨论这个问题。这样的情况使得康德最终为了德福相配的至善的世界，提出了一个至善的上帝，这样一个公设。

大家注意，上帝也不是他认识的结果，而是他的反思的判断力所提出的一个原则。我们都做过几何题，几何题总是让我们证明一个图形怎样怎样。我们知道好多的几何证明题，如果不画一道辅助线是没法做的。有时候解这个题的关键就在于你想出来一个正确的辅助线，这个辅助线一旦画出来，其他一切问题迎刃而解。对于康德来说，他现在想出来这个上帝的公设实际上就是他在解一个无法解决的难题的时候所想出来的辅助线，这就是我们刚才所说的反思的判断力寻找的自己给自己立的那个法。当然康德使用的术语是"公设",我们做几何题的时候也是设什么,然后你就可以往下做。设想这么一个统治者——既是道德秩序的统治者,同时也是自然秩序的统治者,这两个秩序就可以相互和谐了。这一点也不是康德的发明,康德的前辈莱布尼茨早就说过"前定和谐",前定谁来定,上帝来定。

从这种意义上,我们可以说,这段话是康德最重要的一段话:"从元始存在者的因果性这条被如此规定的原则出发,我们将必须把这个存在者不仅设想成理智,设想成为自然立法的,而且也设想成一个道德的目的王国中的立法元首。与唯有在他的统治下才可能的至善相关,也就是说与服从道德法则的理性存在者的实存相关,我们将把这个元始存在者设想成全知的,为的是甚至意向的最内在的东西(这种东西构成了理性的尘世存在者的行动的真正道德价值)对它也不隐藏;把它设想成全能的,为的是它能够使整个自然都适合这个最高的目的;把它设想为全善的、同时又公正的,因为这两个属性(智慧把它们结合起来)对于作为服从道德法则的至善的世界来说构成了它的一个至上原因的因果性的条件;此外在它那里还必须设想所有其余的先验属性,例如永恒性、全在性等等(因为善与公正是道德属性),它们全都是与这样一个终极目的相关被预设的。"

"元始存在者"当然他指的就是上帝,"从元始存在者的因果性这条被如此规定的原则出发,我们将必须把这个存在者不仅设想成理智",也就是说它有理性,能认识,能形成。"设想成为自然立法的,而且也设想成一个道德的目的王国中的立法元首",意味着道德秩序和自然秩序都是在这个统治者之下的。"与唯有在他的统治下才可能的至善相关,也就是说与服从道德法则的理性存在者的实存相关，我们将把这个元始存在者设想成全知的"，本来理性存在者指的就是道德主体，也就是人，但是我们要设想一个元始存在者，首先得把它设想为全知的。"为的是甚至意向的最内在的东西（这种东西构成了理性的尘世存在者的行动的真正道德价值）对它也不隐藏"，这是说什么呢？我们前面说了康德是一个动机论者，他对道德上的善恶的判断完全是根据动机，而不是根据动机所产生的效果，不是人们在社会中造成的结果，那么这样的话，道德判断、道德评价的唯一根据就是动机，但是动机这东西谁知道呢？你们谁认识别人的动机呢？从康德哲学的意义上来说，动机永远是一个不可知的东西，我们永远不知道别人的动机，所以我们永远无权对别人做出道德判断。那么从这种意义上来说，一个根据道德来分配幸福的社会就根本不可能了，因为人不能认识别人是有德无德的。但现在康德要做一件事，刚才我用辅助线这个方法，实际上康德更是在为人类找一个这样的管家，他心中已经设想好这个管家必须得具备什么样的素质，那么这样的上帝的第一条就是它得能知道人心中最隐秘的动机，康德把上帝也称为"知人心者"，这样的话，他才能做道德判断，他才知道谁是有德之人，他才能去德福相配。

那么接下来要"把它设想成全能的，为的是它能够使整个自然都能适合这个最高的目的"，那就是说我们人指挥不动自然，指挥不动这个客观世界，但是上帝必须有这个能耐。接下来又要"把它设想为全善的、同时又公正的，因为这两个属性（智慧把它们结合起来）对于作为服从道德法则的至善的世界来说构成了它的一个至上原因的因果性的条件"，简单地说就是上帝不能胡闹，不能是非颠倒，不能故意让恶人得势，必须把这个福合理地分配给那些有德之人。而由此进一步引出了上帝还必须是"永恒的"、是"全在的"等等，因为上帝不是管一时一地的人，而是所有时间所有地点的所有人。所以康德说，别的神学家，例如托马斯·阿奎那等人，他们证明上帝的存在，他们证明上帝是第一推动者，除此之外，他们都证明不了了。康德说，我这个道德目的论的证明就比他们要高明，相比他们，在道德目的论的证明中，上帝具有了那么多的属性，人格的属性。

最后，对我今天的讲座做一个总结。康德在对审美判断力的批判中，确立了主观合目的性这个先天原则，通过类比作为客观合目的性运用于有机物和整个自然，最终通过"最终目的"或"终极目的"的概念，引出了人的文化和道德，这才完成了自然向自由的过渡，实现了理论理性和实践理性的真正统一，并通过至善这个概念导向了自然世界和道德世界的最高原因——上帝，形而上学的最终支柱，总算被康德找出来了。

对于整个康德哲学体系来说，通过否认上帝、作为整体的世界和灵魂等这些理念的建构性（这些是在《纯粹理性批判》里完成的），实际上宣布了作为科学的形而上学的不可能性，但也通过肯定它们的范导性作用，为形而上学指出了一个新的发展方向。这个新的发展方向就是到范导性的形而上学，或者说道德的形而上学去。所以，《判断力批判》这部书完成之后，康德在写前言的时候，就自豪地写上了这么一句话——"我以此结束我的全部批判工作"。我也以此结束我今天的报告，谢谢大家。

(黄威整理)

第四讲
回到孔子：对儒家道统说的反思

◎ 焦国成

时间：2020 年 11 月 7 日 18：00—20：00
地点：中国人民大学公共教学三楼 3503

　　焦国成，中国人民大学哲学院二级教授、博士生导师，中国人民大学中华经典研究中心主任，国家社科基金哲学组评审专家，马克思主义理论研究和建设工程伦理学教材首席专家。曾任教育部人文社会科学重点研究基地中国人民大学伦理学与道德建设研究中心首届主任，中国人民大学哲学系宗教学系主任，人文学院党委书记，中国伦理学会副会长，第五、六届国务院学位委员会哲学学科评议组成员，入选"新世纪百千万人才工程国家级人选"，享受国务院政府特殊津贴。

我今天跟大家要交流的题目是"回到孔子：对儒家道统说的反思"。我今天主要想讲的一个思想，就是让大家认识一下孔子和孟子之间的差异——孔孟之道不是一个完全相同的道。或许也不该这么说，但我觉得孔子和孟子所说的不完全是一个道理。这也可能是"谬论"。如果大家觉得我讲的是错的，完全可以批评。我们可以讨论。在讲课之前，我们温习一下习近平总书记讲的几段话：

"不忘历史才能开辟未来，善于继承才能善于创新。优秀传统文化是一个国家、一个民族传承和发展的根本，如果丢掉了，就割断了精神命脉。我们要善于把弘扬优秀传统文化和发展现实文化有机统一起来，紧密结合起来，在继承中发展，在发展中继承。"

"中华文化源远流长，积淀着中华民族最深层的精神追求，代表着中华民族独特的精神标识，为中华民族生生不息、发展壮大提供了丰厚滋养。中华传统美德是中华文化精髓，蕴含着丰富的思想道德资源。不忘本来才能开辟未来，善于继承才能更好创新。对历史文化特别是先人传承下来的价值理念和道德规范，要坚持古为今用、推陈出新，有鉴别地加以对待，有扬弃地予以继承，努力用中华民族创造的一切精神财富来以文化人、以文育人。"其中讲了一个思想方法：有鉴别地加以对待，有扬弃地予以继承。

"我们说要坚定中国特色社会主义道路自信、理论自信、制度自信，说到底是要坚定文化自信。文化自信是更基本、更深沉、更持久的力量。历史和现实都表明，一个抛弃了或者背叛了自己历史文化的民族，不仅不可能发展起来，而且很可能上演一场历史悲剧。"

"传统文化在其形成和发展过程中，不可避免会受到当时人们的认识水平、时代条件、社会制度的局限性的制约和影响，因而也不可避免会存在陈旧过时或已成为糟粕性的东西。这就要求人们在学习、研究、应用传统文化时坚持古为今用、推陈出新，结合新的实践和时代要求进行正确取舍，而不能一股脑儿都拿到今天来照套照用。"传统文化在历史发展中有局限性、有糟粕性的东西，这里说得很清楚。

我们现在要继承传统文化，要把优秀的传统文化发展下去。这里有几个问题需要解决：什么是中华传统文化？什么是中华传统文化的正统？以什么样的标准来分辨精华和糟粕？正统传统文化中有没有糟粕？非正统的传统文化中有没有精华？我们只是传承传统文化，还是不仅要传承，而且要发展？这些问题实际上不仅今天存在，我们今天遇到的这些问题，古人老早就遇到过了。所以说，我们要从古人的一些想法和论述当中，从一些历史实例当中，寻找经验教训。这些问题我没办法今天晚上都做出回答，提出来仅供大家思考。现在我们就正式进入我们的主题。

关于儒家道统问题的争议，实际上就在探讨谁是中华优秀传统文化的正宗代表这样一个问题。正宗的当然是精华最多的，也是最应该传承的。

唐代的韩愈写了一个《原道》，说："周道衰，孔子没，火于秦，黄老于汉，佛于晋、魏、梁、隋之间。其言道德仁义者，不入于杨，则归于墨；不入于老，则归于佛。入于彼，必出于此。入者主之，出者奴之；入者附之，出者污之。……今也欲治其心而外天下国家，灭其天常，子焉而不父其父，臣焉而不君其君，民焉而不事其事。"这段话的大体意思是说：自从孔子死了以后，好多儒家典籍在秦代被火烧掉了。黄老学说在汉代兴盛，佛教在晋、魏、梁、隋之间兴盛，社会上所有讲道德仁义的人，不是随从了杨朱的学说，就是随从了墨翟的学说；不是随从了老子，就是随从了佛教。到最后的结果，出现了非常严重的问题。整个社会上，老子思想非常兴盛。我们知道，唐朝皇帝姓李，老子姓李，所以道家的老子被唐朝的皇家看作他们的祖先。另外，佛教也非常兴盛，唐玄奘曾去西天取经，《西游记》小说是史实的演义。到最后，人们都跑到庙观里去，不再种田了，特别是不给皇帝种田了，不给朝廷种田，不再缴纳税赋。人们租用寺庙的田，就可以不给朝廷交税。他们去当和尚了，去当道士了，就可以不当兵了。这样的社会，可以说出了很大的问题。天下的人逐渐走向"灭其天常，子焉而不父其父，臣焉而不君其君，民焉而不事其事"，做儿子的不管父亲了，做臣的不管君主了，老百姓也不干老百姓该干的事了，都当和尚道士去了。所以他认为这个时代很糟糕，非常非常糟糕。

韩愈认为，我们中华文化有一个正统，这个正统，包括先王的思想，先王定的制度，先王的所有法、礼、乐、刑、政，还有一切一切的文明，包括日常生活中所有的东西。

这样的一个传承，它是有线索可循的，从尧传到了舜，舜传到了大禹，大禹传到了商汤，商汤传到了文、武、周公，文、武、周公传到了孔子，孔子传到了孟子，孟子一死不得其传，传承就断了，所以出现了当时社会上乱哄哄的那种状况。至于荀子和扬雄，韩愈说他们"择焉而不精，语焉而不详"，水平不够，没有很好地传承先圣之道。最后他确认继承孔子者就是孟子。他说，"孟氏，醇乎醇者也"，即纯粹的圣人，"求观圣人之道，必自孟子始"，要想学孔子之道，一定从孟子开始。

然而，孟子死了，谁能承担这个道并把它往后传呢？韩愈说，那就看我韩愈了！他说："韩愈之贤不及孟子，孟子不能救之于未亡之前，而韩愈乃欲全之于已坏之后。"意思是说，孟子那个时候道统还在，救起来相对容易，现在到我们唐朝这个时候道统已经全坏掉了，所以说我不自量力，要冒着生死的危险，也要把这个道统传下去。只要我韩愈让儒家道统传下去，即使死了，我也认了。大家不要以为在当时韩愈传儒家道统是没危险的,因为他要消灭宗教,要把朝廷允许的佛教和道教都消灭掉,你想这是多大的事!消灭佛道二教,那是相当危险的。

韩愈提出了道统说,可是到后来,没人觉得韩愈有什么了不起,韩愈不过是个文学家,在思想这方面不行。到了宋代,著名理学家程颐给他哥哥程颢写的墓志铭里面,讲了一段话:"先生生于千四百年之后,得不传之学于遗经,志将以斯道觉斯民。"他说程颢"倡圣学以示人,辨异端,辟邪说,开历古之沉迷,圣人之道得先生而后明,为功大矣"。他肯定程颢是继孟子之后传圣人之道的人。后来朱熹又推出了一个周敦颐,说在程颢之前还有个周敦颐,盛赞周敦颐"道学渊懿,得传于天,上继孔颜,下启程氏,使当世学者得见圣贤千载之上,如闻其声,如睹其容。授受服行,措诸事业,传诸永久,而不失其正。其功烈之盛,盖自孟氏以来未始有也"(《奉安濂溪先生祠文》,《朱熹集》卷八十六)。如此说来,自从孟子以后,二程的老师周敦颐是继承儒家正统的第一人。朱子在《四书章句集注》里面又说了更多的人:"盖自上古圣神继天立极,而道统之传有自来……夫尧、舜、禹,天下之大圣也。以天下相传,天下之大事也……自是以来,圣圣相承:若成汤、文、武之为君,皋陶、伊、傅、周、召之为臣,既皆以此而接夫道统之传;若吾夫子,则虽不得其位,而所以继往圣、开来学,其功反有贤于尧舜者。然当是时,见而知之者,惟颜氏、曾氏之传得其宗。及曾氏之再传,而复得夫子之孙子思,则去圣远而异端起矣……自是而又再传以得孟氏,为能推明是书,以承先圣之统,及其没而遂失其传焉……故程夫子兄弟者出,得有所考,以续夫千载不传之绪;得有所据,以斥夫二家似是之非。"这一大段讲了许多人,如大家感兴趣,请看朱子的《四书章句集注·中庸章句序》。

陆九渊，朱子同时的一个"心学"代表人物。他不同意朱子说的这一套。他说："自周衰，此道不行；孟子没；此道不明。今天下士皆溺于科举之习，观其言，往往称道《诗》《书》《论》《孟》，综其实，特借以为科举之文耳。谁实为真知其道者？口诵孔孟之言，身蹈杨墨之行者，盖其高者也。其下则往往为杨墨之罪人，尚何言哉？"口头上说的孔孟的话，实际行动上却是遵从杨朱墨翟。杨朱是什么人？利己主义者，主张"拔一毛而利天下，不为也"，墨翟是推崇兼爱之人。陆子说实行了杨墨的学说而口头上念着孔孟的言论，这个还不错，还是层次比较高一点的人。其下则往往为杨墨之罪人，连杨朱墨翟那样的水平都不够了："自曾子传之子思，子思传之孟子，乃得其传者。外此，则不可以言道"（《与李宰（二）》，《陆九渊集》卷一）。他说到孟子这儿，算是得到了道，其他的人根本谈不上得道，包括朱熹，包括二程，包括周敦颐，包括韩愈。他接着说："窃不自揆，区区之学，自谓孟子之后至是而始一明也。"（《与路彦彬》，《陆九渊集》卷十）我陆九渊发现真正的道了，到我这儿才真正地接续上孟子了。于是就有人问他，你这个学问从哪来的？他说没跟别人学，看了《孟子》，我自己悟道了，从此以后把孟子的心法传下来了。

还有很多关于道统的说法，在这里没办法一一讲。在上面说过的韩愈、程颐、朱熹、陆九渊诸人看来，孔子之后的曾子、子思、孟子诸人的传道之功还是被认可的，而孟子之后究竟是谁得了圣人真传，分歧就大了。

然而，上述四子的看法并非所有的人都认可，如宋代的叶适。叶适中过进士，也做过大官，写的著作很实在。我们知道，孟子的老师，是子思的弟子，也就是说子思是孟子的师爷爷。子思的老师是曾子，曾子的老师是孔子。这样的话，孟子之所以得了孔子真传，还不是因为上有曾参和子思的传承吗？可是，叶适认为，曾参都靠不住，别说孟子了。他说，"按孔子自言'德行'颜渊而下十人，无曾子，曰'参也鲁'。若孔子晚岁独近曾子，或曾子于孔子殁后，德加尊，行加修，独任孔子之道，然无明据。又按曾子之学，以身为本，容色辞气之外不暇问，于大道多所遗略，未可谓至。"（《皇朝文鉴三·序》，《习学记言序目》卷四十九）叶适的大意是说，曾参不在"孔门十哲"里面，他比较愚钝。假如说后来别的弟子离开孔子的时间较长，而曾参离孔子比较近，经常跟孔子在一起，所以他的学问提高了很多，他的德行也提高了很多，已经能够单独地继承孔子之道，然而，历史上却无据可查。曾子确实非常在意自身的德行和修养，但是在大道的其他方面都漏掉了。他的学问是不行的。曾子不行，那曾子的弟子、孔子的孙子子思如何呢？叶适认为也不行。子思的著作《中庸》里面有最重要的三句话："天命之谓性，率性之谓道，修道之谓教。"意思是：天之所命是人的本性，顺着人的本性去走就是道，把这个道扩充修缮就是教化。那《中庸》这里的道也就是"人道"了。孔子说："朝闻道，夕死可矣！"可见闻道之难。然而，《中庸》认为很容易，只要顺着你的本性走就够了。叶适认为，古人讲道的时候都是顺而下之，都是从上往下讲，而子思逆过来讲。他说："是逆而上之也。夫性与道合可也，率性而谓之道，则以道合性，将各徇乎人之所安，而大公至正之路不得而共由矣。"（《礼记·中庸》，《习学记言序目》卷八）也就是说，每个人都顺着自己的本性走，到最后必然是谁怎么舒服谁就怎么来，这样还有一个共同的道吗？你的性跟我的性，其性质是一样的吗？虽然人性大致相近，与其他动物的性有本质的不同，但每个人的性彼此之间还是有区别的。孔子就说有"上智"，有"下愚"。下愚之人顺着他的性走还是不是道？叶适认为子思也有问题。他得出结论："言孔子传曾子，曾子传子思，必有谬误。"(《皇朝文鉴三·序》，《习学记言序目》卷四十九)。如此说来，孟子肯定就更不靠谱了。叶适对于孟子的批评留待后面再讲。其实，对于孟子，不只叶适怀疑，汉代的王充写过一篇《刺孟》，"讽刺"的"刺"。

2 000多年来，人们对于儒家真传，有这样讲的，有那样讲的。尽管观点不同，但都有一个共同点：凡是讲道统的，都觉得自己很了不起，自己可以传承儒家的正宗。道统说虽然初倡于韩愈，但在孟子那里就已经初见端倪了。我们可以说，儒家道统说滥觞于孟子。孟子在世时就是以儒家道统继承者自任的。

在儒家道统序列里，孟子显然是非常重要的一个人物，他被后世儒者公认为孔子正宗的继承者和最后一个圣人。因此，我们现在重点来讲讲孟子，分析一下他是一个怎样的人、他有怎样的思想、他所讲的道与孔子有怎样的差异。也就是要考察一下：他有没有资格成为儒家道统的唯一正宗的继承者。要"求观圣人之道"，我们是应该遵从韩愈的教导"必自孟子始"，还是应该越过孟子而"回到孔子"。

第一点，我们先来说说孟子平常说话的风格。从他平常说话的风格中，可以分析出他能不能承接儒家道统的大任。

孟子的理想是成为一个圣人。《公孙丑上》载孟子语："不同道。非其君不事，非其民不使；治则进，乱则退，伯夷也。何事非君，何使非民；治亦进，乱亦进，伊尹也。可以仕则仕，可以止则止，可以久则久，可以速则速，孔子也。皆古圣人也，吾未能有行焉；乃所愿，则学孔子也。"他以学孔子自任，目标很明确，就是要学成为孔子那样的圣人。孟子志向可嘉，可是很遗憾，他没有运气得到孔子的亲自教导。他说："予未得为孔子徒也，予私淑诸人也。"(《孟子·离娄下》)

关于成为一个什么样的人，达到什么样的成就，孟子最在乎了。但是，依照孔子的看法，要成就大事，除了自己的努力外，还是要讲一点"命"的。孟子有没有成为圣王的"命"呀？孟子认真地计算了一下，觉得自己有。他说："五百年必有王者兴，其间必有名世者。由周而来，七百有余岁矣。以其数则过矣，以其时考之则可矣。"意思是说，从周代以来到现在700多年了，按照500年出一个圣王这样一个规律性的现象，那么现在700多年了，按照命数已经过了，但是根据现在天下的形势考察，圣人应该出来了。他又接着说："夫天，未欲平治天下也；如欲平治天下，当今之世，舍我其谁也？"（《孟子·公孙丑下》）

我们知道，孟子曾说自己有两大特长，其中的一项是"知言"，即"诐辞知其所蔽，淫辞知其所陷，邪辞知其所离，遁辞知其所穷"。然而在东汉王充看来，孟子的上述言论恰恰就是浮淫之言。王充说："夫孟子言五百年有王者兴，何以见乎？……由周至孟子之时，又七百岁而无王者。五百岁必有王者之验，在何世乎？云'五百岁必有王者'，谁所言乎？论不实事考验，信浮淫之语；不遇去齐，有不豫之色；非孟子之贤效与俗儒无殊之验也？"又说："'五百年'者，以为天出圣期也，又言以'天未欲平治天下也'，其意以为天欲平治天下，当以五百年之间生圣王也。如孟子之言，是谓天故生圣人也。然则五百岁者，天生圣人之期乎？如是其期，天何不生圣？圣王非其期故不生。孟子犹信之，孟子不知天也。"（《论衡·刺孟》）王充一针见血地指出了孟子的毛病，说老天爷500年过了没生出圣王，600年过了也没生出来，700年过了还没生出来，你孟子还信"五百年必有王者兴"这句话，说明你不知天呀！你前面说的那些话是不是浮淫之语呀？从孟子擅长的技能来揭孟子的短，王充也真是不给面子。

孟子于是抱着成为圣王和平治天下的伟大理想,像孔子那样也到列国周游了一番。他去了齐国,并在那里做了他一生做过的最大的官——齐国的三卿之一。"卿"这个官相当于什么地位?《周礼》记载,在周朝有六卿:天官、地官、春夏秋冬四官,加起来是为"六卿"。这是就周王朝来说的。在诸侯国,大国三卿,小国两卿。到汉代时朝廷有"九卿"。根据《孟子·公孙丑下》记载,孟子"孟子为卿于齐,出吊于滕,王使盖大夫王驩为辅行"。王驩也是齐国三卿之一,而且是掌实权的卿。齐王让这个掌实权的卿给孟子这个客卿当副手,出席滕国葬礼,可以说给足了孟子面子。对孟子这个想平治天下的人来说,客卿地位虽高,但无实权,他当然是不满意的。于是,孟子觉得在齐国不能发挥作用,就辞职了。淳于髡说:"先名实者,为人也;后名实者,自为也。夫子在三卿之中,名实未加于上下而去之,仁者固如此乎?"说孟子当了齐国的卿,还没干出点名堂来,又要离开了,仁者难道都是这样的吗?淳于髡批评他很尖锐。

在《公孙丑下》记载孟子当齐卿的文字中,我发现了一个很有趣的问题。孟子在齐官位很高,是三卿之一,但俸禄是多少呢?孟子要辞职走了,齐王找了时子给孟子传话:"我在首都给他一处房子,一年给他万钟,供养他和他的弟子,好让齐国人民有个效法的榜样。"时子对此事没太认真,又托了陈子传话。孟子对陈子说:"如使予欲富,辞十万而受万,是为欲富乎?"意思是说,我当卿的时候,年俸禄是十万钟。我不要这十万钟,现在给我一万钟,你觉得我是为了让自己富才会接受吗?"我们知道,钟是一种量器,春秋战国时齐国公室的公量,一钟合六斛四斗。《左传·昭公三年》:"齐旧四量:豆、区、釜、钟。四升为豆,各自其四,以登于釜。釜十则钟。"那么一钟就是六百四十升。六百四十升,那是多少粮食呢？我查了一下，有的说一升是一斤二两，有的说一升是一斤半，还有其他说法。为了好计算，我们假定一升是一斤，那么一钟就是六百四十斤。六百四十斤乘以十万钟，就是六千四百万斤粮食。孟子的奉禄如此之高，说实话真的很吓人。当时齐国总共能生产多少斤粮食？《史记·孟子荀卿列传》说："齐威王、宣王用孙子、田忌之徒，而诸侯东面朝齐。天下方务于合从连衡，以攻伐为贤，而孟轲乃述唐、虞、三代之德，是以所如者不合。退而与万章之徒序诗书，述仲尼之意，作《孟子》七篇。"孔子是"述而不作"，孟子是"作孟子七篇"。这就是说，《孟子》是他亲自看过的，亲自订正过的，是不会有记错的情况发生。可是我真是搞不准孟子为什么能挣那么多钱，十万钟啊！六千多万斤啊！多少亩地才能种出来呢？这个数字是否真实呢？真的很令人怀疑。

由上可见，孟子说话有时不严谨，与孔子慎言的风格形成鲜明的对照。因此，荀子《非十二子》篇说他"案往旧造说"，郭沫若《十批判书》说他"是一个贯会宣传的人，他的话得打些折扣才行"，这都是有一定根据的。

第二点，我们分析孟子的"好辩"特点，以及他对某些人物、学派思想观点的评价，由此看看他的人格特点、立场态度和遵循的逻辑与标准。

孟子既然要做圣人，当然要对当时不好的思想进行批判。不批判错误的东西，正确的东西就不能树立起来。实际上，以"好辩"著称的他，确实对当时许多人的思想言行进行过激烈的批判。我们研究孟子，就必须要研究孟子的批判，要看看他批判得靠不靠谱、有没有毛病。这是很重要的。现在先看看他对圣人级人物的批判。他评判了俩人：一个是伯夷，一个是柳下惠。

伯夷这个人我们都知道，饿死在首阳山下。孟子说他"非其君不事，非其友不友。不立于恶人之朝，不与恶人言。立于恶人之朝，与恶人言，如以朝衣朝冠坐于涂炭。推恶恶之心，思与乡人立，其冠不正，望望然去之，若将浼焉。是故诸侯虽有善其辞命而至者，不受也。不受也者，是亦不屑就已"（《孟子·公孙丑上》）。大概的意思是说：这个人太清高了，不是他看上的君主，就不当他的臣子；不是他看上的人，就不跟他交朋友。跟恶人在一起说话，就像穿着最好的衣服，坐在很肮脏的地方一样。以他厌恶恶人的心理推测，恐怕他与乡下人站在一起，那人衣冠不整，他一定会愤愤离开，好像自己会被这个乡下人玷污一样。这个人非常清高，所以孟子把他评价为"圣之清者也"。第二个人是坐怀不乱的柳下惠。孟子说："柳下惠，不羞污君，不卑小官。进不隐贤，必以其道。遗佚而不怨，阨穷而不悯。故曰：'尔为尔，我为我，虽袒裼裸裎于我侧，尔焉能浼我哉？'故由由然与之偕而不自失焉，援而止之而止。援而止之而止者，是亦不屑去已。"主要意思是说：柳下惠这个人不觉得侍奉卑劣的君主是羞耻的事，也不嫌弃官小，被冷落也不怨恨，处于困境也不忧愁。柳下惠跟谁在一起都无所谓，他说："你是你，我是我，即使你露臂赤身地在我的跟前，你又哪能玷污我呢？"这个人非常随和，但又非常讲原则，所以孟子把他评价为"圣之和者也"。

如果觉得孟子一定很推崇这两个圣人，那就错了。孟子曰："伯夷隘，柳下惠不恭。隘与不恭，君子不由也。"一个狭隘，一个不够恭敬，君子可不要向他们学习。看看孟子，标准够高吧？连这样的圣人他都看不上。但是，如果觉得孟子肯定是看不上这两个圣人，那就又错了。他在《万章下》中这样说："伯夷，目不视恶色，耳不听恶声。非其君不事，非其民不使。治则进，乱则退。横政之所出，横民之所止，不忍居也。思与乡人处，如以朝衣朝冠坐于涂炭也。当纣之时，居北海之滨，以待天下之清也。故闻伯夷之风者，顽夫廉，懦夫有立志。"在这儿又开始表扬伯夷了，说那些顽夫闻伯夷之风后变得开始廉洁，开始自我注意自身的修养了，那些懦夫闻伯夷之风后开始变得刚强起来了。人们就会产生疑问：伯夷是好人还是坏人？是该向他学习还是不该向他学习？前面说"君子不由也"，一副嫌弃的样子，这一章又说"闻伯夷之风者，顽夫廉，懦夫有立志"，一副推崇的样子。这是不是叫相互矛盾？他说："伯夷，圣之清者也；伊尹，圣之任者也；柳下惠，圣之和者也；孔子，圣之时者也。"(《孟子·万章下》)既承认他是圣人，说他好，又说他不好，甚至不值得君子学习，我不知道到底哪种态度才是对的。是我乱了还是孟子乱了？

我们再来看一段孟子批判齐国名人陈仲子的话：

匡章曰："陈仲子岂不诚廉士哉？居于陵，三日不食，耳无闻，目无见也。井上有李，螬食实者过半矣，匍匐往将食之，三咽，然后耳有闻，目有见。"

孟子曰："于齐国之士，吾必以仲子为巨擘焉。虽然，仲子恶能廉？充仲子之操，则蚓而后可者也。夫蚓，上食槁壤，下饮黄泉。仲子所居之室，伯夷之所筑与？抑亦盗跖之所筑与？所食之粟，伯夷之所树与？抑亦盗跖之所树与？是未可知也。"

曰："是何伤哉？彼身织屦，妻辟垆，以易之也。"

曰："仲子，齐之世家也。兄戴，盖禄万钟。以兄之禄为不义之禄而不食也，以兄之室为不义之室而不居也，辟兄离母，处于于陵。他日归，则有馈其兄生鹅者，己频颥曰：'恶用是鶂鶂者为哉？'他日，其母杀是鹅也，与之食之。其兄自外至，曰：'是鶂鶂之肉也。'出而哇之。以母则不食，以妻则食之；以兄之室则弗居，以于陵则居之。是尚为能充其类也乎？若仲子者，

蚓而后充其操者也。"(《孟子·滕文公下》)

大概意思是说：有一个人叫陈仲子，孟子弟子匡章评价他是一个非常廉洁的人，他觉得他哥的钱来路不正，就不受他哥的救济，避开他哥，离开与他哥生活在一起的母亲，自己独居于于陵这个地方。好几天没饭吃，饿到快死这种地步，耳朵听不见了，眼睛看不见了，也走不动了。井台上有一棵李子树，从树上掉下来的李子都被蛴螬吃了一半多了。他爬过去，摸着拿起来塞到嘴里，吃了几个，眼睛也看得见了，耳朵也听得见了，总算又活了过来。这是不是很廉洁？有一天，他从于陵回来，他母亲就把别人送给他哥的一只鹅给杀了，让他吃鹅肉。此时，他哥从外边回来了，说道："这不是别人送我的那只鹅吗？"可是他已经把鹅肉吃下去了。怎么办呢？陈仲子到外边就把吃的鹅肉硬吐了出来。这样的人，是不是很廉洁？

我们来看看孟子的评价："仲子，不义与之齐国而弗受，人皆信之，是舍箪食豆羹之义也。人莫大焉亡亲戚、君臣、上下。以其小者信其大者，奚可哉？"（《孟子·尽心上》）很清楚，孟子不认可陈仲子，说他为了成就他那可怜的一点小廉，不跟母亲一起住了，也不跟兄长一起住了，也不侍奉君主了，也不要上下级的关系了。在陈仲子这儿，没有亲戚，没有君臣，没有上下，把伦理都扔掉了。为了小廉，成为这样的人，这怎么可以呢？总之，他不认为陈仲子是一个廉士。

这使我们想起了伯夷和叔齐。我们知道，伯夷叔齐闻听周文王善于养老，是个贤圣之君，于是他们就到了西周。这时周文王死了，武王要造反，要去杀灭殷纣王。他们就上前劝阻，武王不听劝，依然造反，最后殷纣王死掉了，殷商灭亡了。伯夷和叔齐认为周武王是个犯上作乱的君主，他们要坚守与殷纣王之间的君臣之义，要与周划清界限。他们从此不食周粟,采薇而食。不吃周粟是因为粟米是长在周的地界上的,但采食的野菜也同样是长在周的地界上的,于是野菜也不能吃了,结果在首阳山下把自己活活饿死了。孟子说伯夷是"圣之清者",可伯夷守护的是与暴君殷纣王之间的君臣之义,抛弃的是与圣君武王之间的君臣之义。《孟子·梁惠王下》说:"闻诛一夫纣矣,未闻弑君也。"照此说来,既然殷纣王是一个无道的暴君,那他只能算一个独夫民贼,不能算个君主,纣王和伯夷叔齐之间那还有什么君臣之义?为了暴君而把自己饿死守节,如此糊涂之人,又怎么可以称"圣"?孟子评判伯夷是"圣之清者",但为什么又不认可陈仲子是个廉士呢?其逻辑何在?

  孟子要评论的第三个人,就是管仲。齐国有两大名臣,一个是管仲,辅佐齐桓公称霸,一个是晏子,也为齐国立下赫赫"政功"。他的弟子公孙丑问他,夫子您现在是齐国的卿,"管仲、晏子之功,可复许乎?"孟子回答说:你还真是齐国人啊,就知道管仲和晏婴!我听说,有人问曾西,说曾西你跟子路相比谁更贤呢?曾西皱着眉头说,这是我父亲敬畏的人物啊,我怎么敢跟他比呢?又问,那你跟管仲比谁更贤呢?曾西马上就不高兴了,说管仲得到君主的信任是如此专一,执政时间又如此之长,功业又如此微不足道,你怎么能把我跟管仲比呢?孟子接着说:"管仲,曾西之所不为也,而子为我愿之乎?"连曾西都不屑与之为伍的人,你怎么觉得我愿意跟管仲、晏婴一样呢?公孙丑又问:"管仲以其君霸,晏子以其君显。管仲、晏子犹不足为与?"孟子说:"以齐王,由反手也。"(《孟子·公孙丑上》)意思是说,他们所取得的成就没有什么了不起,如果要指导齐王去做,如反手而已。显然,孟子是非常看不起管仲和晏婴的。

  我们再看看孔子怎么评价管仲的:

子路曰:"桓公杀公子纠,召忽死之,管仲不死,曰未仁乎?"子曰:"桓公九合诸侯,不以兵车,管仲之力也。如其仁,如其仁!"

子贡曰:"管仲非仁者与?桓公杀公子纠,不能死,又相之。"子曰:"管仲相桓公霸诸侯,一匡天下,民到于今受其赐。微管仲,吾其被发左衽矣。岂若匹夫匹妇之为谅也,自经于沟渎而莫之知也。"(《论语·宪问》)

孔子轻易不许人以"仁"的,可他却说管仲是"仁"者,言语之间很是赞赏。子贡说管仲做了桓公的相,等于是背离了他原来的主人,人品不怎么样。孔子却认为管仲做了桓公的相,桓公称霸诸侯,给各国立了五条规矩,都是符合道义的,从而达到了"一匡天下"的效果。管仲没有效死原来的主子,而又变节跟了齐桓公,他不像普通人那样,哪怕是自己上吊或者是跳河沟死掉,也要守信用。大人物就不在乎这个,因此才能为老百姓立下天大的功勋。孔子说:"如其仁,如其仁!"孔子认为管仲是仁者,但孟子却非常看不上他。难道孟子水平比孔子还高吗?这是我的又一个疑问。

我们再看孟子对于当时风靡天下的墨家主张的批判:

"圣王不作,诸侯放恣,处士横议,杨朱墨翟之言盈天下。天下之言,不归杨则归墨。杨氏为我,是无君也;墨氏兼爱,是无父也。无父无君,是禽兽也。……杨墨之道不息,孔子之道不著,是邪说诬民,充塞仁义也。仁义充塞,则率兽食人,人将相食。吾为此惧,闲先圣之道,距杨墨,放淫辞,邪说者,不得作。作于其心,害于其事,作于其事,害于其政。圣人复起,不易吾言矣。……我亦欲正人心,息邪说,距诐行,放淫

辞，以承三圣者。岂好辩哉？予不得已也。能言距杨墨者，圣人之徒也。"(《孟子·滕文公下》)

我们知道，墨子学派讲兼爱，不为自己。墨家还真是这样的性格。我们看《庄子·天下》。《庄子·天下》是中国第一部学术史，所记非常可信。《天下》说："不侈于后世，不靡于万物，不晖于数度，以绳墨自矫，而备世之急。古之道术有在于是者，墨翟、禽滑厘闻其风而说之。……生不歌，死无服。墨子泛爱兼利而非斗，其道不怒。……其生也勤，其死也薄，其道大觳。使人忧，使人悲，其行难为也。……虽然，墨子真天下之好也，将求之不得也，虽枯槁不舍也，才士也夫！"墨家就是这样一群不为自己的人。他们活着的时候非常勤奋、节俭，不唱歌，不哭泣，死的时候无丧服，用薄皮棺材就埋葬了。他们泛爱一切人，反对一切侵略战争，对人不怨怒，对自己不爱惜，以自苦为准则，尽量去成就别人。所作所为实在太难了，不合人情常理，让人为他们感到忧愁，让人为他们感到痛惜。他们虽然能做到，但天下人却做不到啊！墨子是真心爱天下的，是"天下之好"，这样的人才实在是难以求得。他们为了别人，辛苦得容貌枯槁也不放弃自己的主张，实在是有才之士。墨家如此为天下人谋利益，而孟子却骂人家是无父，是禽兽，是不是有点过了？叶适说："余尝疑孟子力排杨、墨。杨、墨岂能害道？然排之不已者；害所由生也。此自孟子一病，不可以为法。"(《荀子·非十二子》,《习学记言序目》卷四十四》)

从以上孟子对伯夷、柳下惠、陈仲子、管仲和墨家的批评来看，孟子对人物的态度和立场有前后不一致的情况；对人物的评价，有逻辑混乱的地方，有持双重标准的情况，有与孔子不一致的情况；对不同学派及其思想，有攻击一点而不及其余，并一棍子打死的倾向。上述材料所展现的他的自负、尖刻、狠辣、武断的形象，说实话让人有点不敢恭维，而孔子谦和、尊人、有礼、和蔼、好学的形象则让人觉得更为亲切。

第三点，我讲一讲孟子如何复古尧舜之治道。儒学追求的是经世济民，造福天下。能不能做到这一点，也是检验能否继承儒家道统的试金石。

孟子曾说："如欲平治天下，当今之世，舍我其谁也？"那么，如何成为一个圣王？怎么治天下？这要见真章了，不是光进行学术批判就可以的，我们要的是方略和行动。孟子说，治天下非常之简单，简单到什么程度呢？"以不忍人之心，行不忍人之政，治天下可运之掌上。"（《孟子·公孙丑上》）什么叫"运之掌上"？我手里面有一个粉笔头，我让它在我掌心里面翻转，这就叫"运之掌上"。治天下就是这么容易。说实话，我就不知道孟子哪来的自信，说治天下如此容易？说治天下很容易，那是因为你是没治过，所以觉得很容易。

在孟子看来，人人有一颗不忍别人受苦受难的心，拿这个不忍人之心行不忍人之政就够了，治国治天下就这么简单。虽然很简单，但是也要有规矩，没规矩治天下就治不好。这个规矩是什么呢？就是尧舜之道。他说："离娄之明，公输子之巧，不以规矩，不能成方员；师旷之聪，不以六律，不能正五音；尧舜之道，不以仁政，不能平治天下。"（《孟子·离娄上》）什么叫仁政？仁政的第一条也是最重要的一条就是要仁者掌握权力。"是以惟仁者宜在高位。不仁而在高位，是播其恶于众也。"（《孟子·离娄上》）意思是说，凡是做大官的人都应该是仁者。"尊贤使能，俊杰在位。"孟子当然是仁者，所以他可以年俸十万钟。第二条："夫仁政，必自经界始。"（《孟子·滕文公上》）"经界始"实际上就是给大家分田地。他说，没有恒产的而有恒心的，只有士人能做到，老百姓做不到，所以说要给大家有土地种，先分田地。在农业社会，老百姓必须有地种才行。孟子的方法是按照周代的井田制划分田地。井田制是把一大块土地分成几个方块，中间的是公家的田，四周的是私田。大家先去干公田里的农活，然后再干私田里的农活。这种制度早就实行了几百年了，到春秋战国之前，整个周朝包括诸侯国在内基本上都是这样做的。一种制度实行久了，常常会出现弊端。后来统治阶级发现，人们是先把自己的地种好了，才去种公家的地，并且是干公家地里的农活时干得比较粗糙，干自己私田里的活干得比较精细。收庄稼时，收自己私田的庄稼有时连公家田里的粮食也多少捎带点。结果当官的发现公家的地总是种不好，收成也上不去。算了，别这样种了，谁种算谁的，到时候你交税得了。有了"税亩"制，让种地的都交粮食税，统治者不操种地的心也可得到粮食。孟子又捡起了行不通的旧办法，继续要实行井田制。他说，只要恢复了井田制，只要用了仁心来治天下，只要俊杰在位、尚贤使能，地方百里也可以"王"。"王"是动词，可以称王之意。

　　孟子说："王如施仁政于民，省刑罚，薄税敛，深耕易耨。壮者以暇日修其孝悌忠信，入以事其父兄，出以事其长上，可使制梃以挞秦楚之坚甲利兵矣。彼夺其民时，使不得耕耨以养其父母，父母冻饿，兄弟妻子离散。彼陷溺其民，王往而征之，夫谁与王敌？故曰：'仁者无敌。'王请勿疑。"（《孟子·梁惠王上》）如果你能做到这几条，老百姓拿棍棒也可以抵挡秦国和楚国的坚甲利兵。相反，你如果让老百姓挨冻挨饿，老百姓不跟你走了，那你就完了。仁者无敌，才是颠扑不破的真理。这个道理讲得不错，但在实际上只有仁是不够的。

　　孟子讲仁政，所以他就对当时不重仁政的兵家、法家和所谓能臣志士发出了凌厉的口诛笔伐。他说："争地以战，杀人盈野；争城以战，杀人盈城。此所谓率土地而食人肉，罪不容于死。故善战者服上刑，连诸侯者次之，辟草莱、任土地者次之。"(《孟子·离娄上》）按照孟子的主张，凡是有本事的军事家，能打仗的将领，能游说诸侯的纵横家，能开疆拓土和开垦荒地的能臣，统统都应该去服刑。其实，让各个国家中这些很强悍的人服刑，说说可以，发一下义愤也可以，但肯定是做不到的。孟子要让"辟草莱、任土地者"也服刑，感觉有点过，开辟荒地来种庄稼，这个不像有大问题啊，还要服刑吗？《盐铁论》说："周宣王辟国千里，非贪侵也。"

我们再看看孟子的理政水平。孟子听到鲁国要让乐正子为政的消息，喜不自胜，高兴得半夜三更睡不着觉。他的弟子问："乐正子他很强吗？"他说："不是。"又问："乐正子他很智慧吗？"回答："也不是。"又问："他博学多闻吗？"回答："也不是。"又问："那你为什么半夜三更睡不着觉，这么高兴？"他说："其为人也好善。"弟子说："难道是个善人，就足以为政了吗？足以来主持政事当总理了吗？"他回答："好善优于天下，而况鲁国乎？夫苟好善，则四海之内，皆将轻千里而来告之以善。"(《孟子·告子下》）意思是说，这个人好善，所有好善的人从四海之内都向他这儿集聚，只要好善就够了。只要好善，这个国家就行了。光好善是不够的，没有强大的经济实力和军事实力，国家照样被打败。

从孟子关于政治的论述来看，他似乎是个很坚持原则的人。但也许事实并非如此。他说："为政不难，不得罪于巨室。巨室之所慕，一国慕之；一国之所慕，天下慕之；故沛然德教溢乎四海。"(《孟子·离娄上》）"巨室"是什么？是那些宫廷之家，世卿世禄之家，它们在这个国家具有话语权。他说，为政的话就不要得罪这些"巨室"。《庄子》书谈到田成子，说："窃钩者诛，窃国者为诸侯，诸侯之门而仁义存焉。"孟子给大家讲授不可得罪巨室的为政心得,不得不面临这样的质疑:如果这个巨室不讲仁义,你怎么办?你是否要得罪它呢?

从政免不了要处理政治危机。我们来看看孟子处理危机的能力如何。滕文公曾经向孟子讨教过如何处理滕国面临的政治危机。滕国是个小国。我查了一下,滕国方圆五十里。滕国旧址就是现在山东的滕县,它的北边是齐国,南边是楚国,夹在两个大国之间,常常受欺负,处境非常危险。滕文公作为一个年轻君主,没有多少经验,就问孟子该怎么办呢?孟子说,我告诉你两个办法:一个办法是周太王的办法。周太王当年,周居于邠这个地方,不断受到少数民族侵扰。周太王说北狄侵扰我,不过是为了我的土地,那么土地我就不要了,于是乎就搬到了岐山。邠人说,这个人是个仁人,我们不可以失掉他,于是乎就带着老婆孩子,带着家当一起跟着他去了岐山。从此之后,他就发达起来了。孟子对滕文公说,你也可以考虑搬家。这肯定不是个好主意。滕国虽然地方不大,但开创一个滕国那么大的地盘,恐怕也不是一件简单的事情。另一个办法是:"世守也,非身之所能为也。效死勿去。"(《孟子·梁惠王下》)意思是说,如果是祖上留下来的田地,不可以丢掉,那就死守,直到被别人灭了为上。这就是孟子想出来的对策。

我们再看看孔子是怎么处理国家危机的。《史记·仲尼弟子列传》载,齐国要讨伐鲁国,齐强鲁弱,孔子忧之。鲁国是孔子的父母之邦,得想办法保家卫国。他的弟子子路提出,整个儒家团队参与到保家卫国的战争里面去如何?孔子说,不管用啊,齐国太强大了,我们的人太少了,这个不行。于是,就让子贡去搞外交,用"国际"力量来解决鲁国的危机。《史记·仲尼弟子列传》记载了子贡游说的过程。他从鲁国去齐国,从齐国去吴国,从吴国去越国,从越国去了晋国，从晋国又回到了鲁国。转了这么一圈以后，结果呈现出来了。"故子贡一出，存鲁，乱齐，破吴，强晋而霸越。子贡一使，使势相破，十年之中，五国各有变。"总之，子贡出使一圈回来之后，鲁国的危机解除了。孔子和子贡用的真是高招，而孟子给滕文公出的招实在是太差了，基本算是没招。可以说，孟子是一个没有多少政治经验和政治才能的儒生，不懂得如何处理国家危机问题。

第四点，我们分析孟子推崇的"尧舜之道"，看看它有怎样的本质和特色。

我们知道，孟子是要用尧舜之道治天下的。那么，尧舜之道是什么道呢？《孟子·告子上》说："尧舜之道，孝弟而已矣。子服尧之服，诵尧之言，行尧之行，是尧而已矣。子服桀之服，诵桀之言，行桀之行，是桀而已矣。""而已矣"三字，意思是仅仅如此，没有别的。只要跟着尧舜去做，就会成为尧舜那样的圣人；跟着桀纣去做，就会成为桀纣那样的人。孟子给尧舜之道一个定义："孝弟而已矣。"实际上，他讲的是对的。我们知道，历史越往前，国家越小。你看看谭其骧先生的《中国历史地图集》，那个时候中华文明只是很小的一块，就在黄河流域。国家越小，家庭宗族的力量就越大，所以尧舜只能通过治理家族而治理天下。《离娄上》说："事孰为大？事亲为大；守孰为大？守身为大。不失其身而能事其亲者，吾闻之矣；失其身而能事其亲者，吾未之闻也。孰不为事？事亲，事之本也。孰不为守？守身，守之本也。"做一切事，最根本的还是侍奉父母，这就是做事的最根本。在农业社会，这个也不能说错，可是如果仅仅局限于自己家庭的话，就有问题了。

我们看看《万章上》的这一则材料，他的弟子万章说："舜流共工于幽州，放驩兜于崇山，杀三苗于三危，殛鲧于羽山，四罪而天下咸服，诛不仁也。象至不仁，封之有庳。有庳之人奚罪焉？仁人固如是乎？在他人则诛之，在弟则封之。"意思是说，古代的圣王都会把不仁的人杀掉。象"至不仁"，但被舜封在了有庳。象是谁？是舜的弟弟。我们知道，舜的父亲叫瞽叟，娶了个后妈，生了个儿子叫象。象经常给舜使坏，而且还常常惦记着把舜的两个妻子娥皇和女英给霸占了。象如此不仁，不仅没被诛杀，而且还给了有庳这块封地。为什么要让有庳之人受这样的无道的人来统治呢？仁人难道是这样做事的吗？作为一个"仁"的圣王，舜对他人则诛之，在弟则封之，这不是典型的家天下吗？孟子的弟子批评得很尖锐。孟子回答说："仁人之于弟也，不藏怒焉，不宿怨焉，亲爱之而已矣。亲之欲其贵也，爱之欲其富也。封之有庳，富贵之也。身为天子，弟为匹夫，可谓亲爱之乎？"孟子的立场非常鲜明，认为作为天子，不能让自己的弟弟成为匹夫，不管他怎么坏，都必须让他做官，必须给他一个封地。这是不对的。万章又问："敢问或曰放者，何谓也？"有一个说法，那是把他的弟弟放逐到有庳那个地方了。孟子说："象不得有为于其国，天子使吏治其国，而纳其贡税焉，故谓之放，岂得暴彼民哉？虽然，欲常常而见之，故源源而来。'不及贡，以政接于有庳'，此之谓也。"照孟子的说法，象是个坏人，不能让他实际治理封地，于是天子派了官吏到他那里去替他治理，收了税之后送给他来享用，这就叫作"放"。孟子推崇的尧舜之道，就是这样讲仁义的吗？

我们再看一个例子。《尽心上》载：弟子桃应问曰："舜为天子，皋陶为士，瞽瞍杀人，则如之何？"孟子曰："执之而已矣。"又问："然则舜不禁与？"孟子曰："夫舜恶得而禁之？夫有所受之也。"又问："然则舜如之何？"孟子说："舜视弃天下，犹弃敝蹝也。窃负而逃，遵海滨而处，终身䜣然，乐而忘天下。"桃应说的这个情节当然是假想的，他只是为了把孟子的立场搞清楚。舜是个圣王，瞽瞍是他的坏父亲，皋陶是个公正无私的司法官。此事说的是圣王舜如何对待犯了杀人死罪的父亲。舜作为天子，不能妨害皋陶执行公务，又不能看着父亲被抓起来杀头而不管。孟子给舜出的办法是：舜把他自己的天子位看成破鞋子一样，扔了不要了，天子不当了，但父亲不能不要。半夜三更偷偷起来到监狱里，背起他父亲就跑，跑啊跑，一直跑到大海边，到那里找一个角落，跟他的父亲过隐居生活，高高兴兴地把天下都忘了。

我们知道，一家是私，天下是公。舜宁可放弃公职，放弃公义，也要死保他的父亲。虽然这是一个假想的故事，但说明了孟子非常鲜明的立场。他认为，仁义之本在孝悌，所以说"仁之实，事亲是也；义之实，从兄是也"。

"孝"是仁之根，仁的参天大树就是从"孝"从"悌"这儿长出来的。这个孟子没错。但是再没错，碰到父亲杀人这样的情况，舜也不能这样不讲公义啊！舜可不是一般人，他可是一个被誉为为天下人谋幸福的天子啊！

我们再讲第五点，孟子著名的义利理欲之辨。

《孟子·梁惠王上》载：梁惠王问曰："叟不远千里而来，亦将有以利吾国乎？"孟子对曰："王何必曰利？亦有仁义而已矣。"魏国的首都在大梁，所以魏惠王又叫梁惠王。孟子说，王何必曰利，有仁义就够了，不要讲什么利益。其理由是，如果人与人之间都想着有没有利益，君臣、父子、兄弟"终去仁义，怀利以相接，然而不亡者，未之有也"。意思是说大家都不要讲利，讲利的最终结果是害；因此，大家一定要讲道德原则，从仁义出发，不要讲利益。

王充对此有不同的看法，他说：

夫利有二：有货财之利，有安吉之利。惠王曰"何以利吾国"，何以知不欲安吉之利，而孟於径难以货财之利也？《易》曰："利见大人"，"利涉大川"，"《乾》，元亨利贞"。《尚书》曰："黎民亦尚有利哉？"皆安吉之利也。行仁义，得安吉之利。孟子必且语问惠王："何谓'利吾国'"，惠王言货财之利，乃可答若设。令惠王之问未知何趣，孟子径答以货财之利。如惠王实问货财，孟子无以验效也；如问安吉之利，而孟子答以货财之利，失对上之指，违道理之实也。（《论衡·刺孟》）

在王充看来，不让人讲利益，这是有问题的。利有两种：一种是财货之利，即钱财；一种是安吉之利，即康安吉祥。古代的经书都是肯定安吉之利的，怎么就不能讲呢？梁惠王可能问的就是后一种利。我觉得王充的批评当然是有道理的。

孟子讲："鸡鸣而起，孳孳为善者，舜之徒也。鸡鸣而起，孳孳为利者，跖之徒也。欲知舜与跖之分，无他，利与善之间也。"（《孟子·尽心上》）舜是圣王，跖是柳下跖，强盗头子。孟子认为，要想知道强盗头子与圣王之间的区分，一个是为善事，一个是为利益。谁要是讲利益，谁就是跖之徒，即强盗头子那一类人。《孝经》讲："用天之道，分地之利，谨身节用，以养父母，此庶人之孝也。"农民去种地，就是在分地之利，怎么就成为强盗那一类人了？

《孟子·滕文公下》还记载了孟子如何对待利益的一件事。他的弟子彭更问："后车数十乘，从者数百人，以传食于诸侯，不以泰乎？"孟子主张不讲利益只讲仁义，可是他后边跟着几十辆车子，随从者数百人，走到哪个国家就吃到哪个国家。孟子说："非其道，则一箪食不可受于人；如其道，则舜受尧之天下，不以为泰，子以为泰乎？"意思是说：非其道也，一小筐饭也不可受于人，宁可饿死；要是合乎道的话，舜接受了尧的天下也不过分，何况我吃他们几顿饭啊！孟子又进一步说："士无事而食，不可也。"不劳动者不得食，可是你到哪里什么也不干就吃饭，而且一群人跟着你一起吃，这个不对。他的徒弟还是很耿直的。孟子特别有辩才，他回答说，农人种地，匠人做轮子，他们都是劳动了之后吃的，没错。"于此有人焉，入则孝，出则悌，守先王之道，以待后之学者，而不得食于子。子何尊梓匠轮舆而轻为仁义者哉？"意思是：假如说有一个人在这里天天讲孝悌仁义，守着先王的道，虽然现在没有一个人跟着他学，可是他将来能够教导别人。这样的人，你给不给他饭吃呢？你怎么总是高看那些做轮子做轿子的匠人和种地的农人，而轻视教书先生呢？他还真是雄辩。

《孟子》里还有一句话大家可能没注意："天理人欲，不容并立。"人的欲望跟天理之间是绝对对立的，义和利两者之间是绝对对立的，孟子的话讲得已经是很清楚了。你讲了利就伤害了义，讲了欲你就伤害了理。不过，又有人来批判他了。清代颜元说："世有耕种而不谋收获者乎？世有荷网持钩而不计得鱼者乎？抑将恭而不望其不侮、宽而不计其得众者乎？……盖'正谊'便谋利，'明道'便计功，是欲速，是助长，全不谋利计功，是空寂，是腐儒。"如果一讲仁义就要利益，那是欲速，那是拔苗助长，但是你全不记功利，只问该不该，不问最后的效果有没有利益，那是空寂、是腐儒！他说："利可言乎？人非利不生，何为不可言？欲可言乎？""欲者人之情，何为不可言？言而不以礼，是贪与淫，罪矣。不贪不淫而曰不可言，乃贼人之生，反人之情，世俗之不喜儒以此。孟子谓何必曰利，激也。焉有仁义而不利者乎？"人都有欲望，饥而欲食，寒而欲暖，劳而欲息，怎么就不能讲欲望了？难道讲仁义就没有利益吗？为什么非要把仁与利、义与利分开呢？凡是讲"仁"的，一定是有利的。

现在我们讲最后一个问题："回到孔子"。

前面谈了这么多疑问之后,说孟子完全得到并传授了孔子之道,我自己都没什么信心,虽然孟子对自己很有信心,宋明理学家们、心学家们也很有信心。我觉得,既然儒家是孔子创立的,要探讨孔子的道和儒家道统,我们只有回到孔子那里去找才最靠谱。

《论语·学而》讲:"学而时习之,不亦说乎?有朋自远方来,不亦乐乎?人不知而不愠,不亦君子乎?""弟子入则孝,出则弟,谨而信,泛爱众,而亲仁,行有余力,则以学文。"孔子要所有的人一开始都要好好学习,读文献、习礼乐是学习,做事也是学习。一个人要敏于事而慎于言,做事情要勤快,说话要谨慎。对于有办法有学问,掌握了道术的人,去向人家讨教去,"就有道而正焉"。只见其进,不见其止,"可谓好学也已"。学习不只是光讲"仁义"就够了,应该"志于道,据于德,依于仁,游于艺"(《论语·述而》)。人靠什么吃饭?不是光靠仁义吃饭。我说过孔子是武林高手,他当然是,没有问题。"孔子射于矍相之圃,盖观者如堵墙。"孔子教学生礼乐射御书数。孔子力能举关,只是"不肯以力闻"而已。孔子还是音乐家,《诗》三百,孔子皆弦歌之。这个不说了。反正所有的人应该踏踏实实地去学习,不要好高骛远。"义以为质,礼以行之,孙以出之,信以成之。君子哉!"(《论语·卫灵公》)要成为一个君子,不论是品德还是各个方面的本事都要有。为人要谦逊,不要太骄傲了;为人要讲规矩讲规范,按理而行,要讲信用;等等。

孔子特别强调,一个人不管有多么高的才华,都必须好好学习。他讲了"六言六蔽"——"仁不好学,其蔽也愚",天天讲"仁"而不知学,很容易受人愚弄。学习是为了增长智慧,提高办事能力,所以一定要辨惑。什么是迷惑呢?"爱之欲其生,恶之欲其死;既欲其生又欲其死,是惑也。"(《论语·颜渊》)我怎么觉得有点像说孟子?把杨朱墨翟骂成是"禽兽",是不是厌恶到极端了?圣人虽然坚持仁义之道，但也应该有容人之量。

孔子特别讲："三人行，必有我师焉。择其善者而从之，其不善者而改之。"（《论语·述而》）要善于取人之长，不是把别人一棍子打死，他的理论再不好，是不是有我们可以借鉴的地方？你看孔子的胸怀，三人行必有我师，不是总觉得别人这个也差，那个也差。孔子说："好学近乎知，力行近乎仁，知耻近乎勇。知斯三者，则知所以修身；知所以修身，则知所以治人；知所以治人，则知所以治天下国家矣。"（《中庸》）爱好学习，才可以增长智慧；努力去做实事，才会有仁德；保持尊严，知道什么是羞耻，才会真正有勇的品质。知道这三者，就可以知道修身；能够把自己的身修好，才知道治人的正确方法；知道治人的正确方法，才可以知道如何治理天下国家了。

孔子还说："可与共学，未可与适道；可与适道，未可与立；可与立，未可与权。"（《论语·子罕》）只是坚持道义是不够的，还要具体情况具体分析，能够通权达变才行。

孔子强调"务民之义""当务之为急"，强调"仁者先难而后获"。什么是仁？孟子总讲仁义，他不是说行仁政很容易吗？孔子却说先难而后获，就像种庄稼一样，先去耕地、播种、浇水、除草、捉虫等等，只有辛苦劳作，才会有收获。这是"仁"，没那么简单。能达到"仁"，可难了。"回也，其心三月不违仁，其余则日月至焉而已矣。"（《论语·雍也》）像颜回那样的极端好学之人，要做到"仁"都很难，只能坚持几个月的时间，其他的学生只能坚持数天一个月左右而已。达到"仁"是一件很难的事。孔子主张学之而后行，最后达到"仁"。孔子说自己都没达到仁的境界，可是孟子让人从"仁义"开始。《大学》讲："物有本末，事有终始，知所先后，则近道矣。"学是从易到难，从增长智慧开始？还是从"仁"开始？达到"仁"的人很少，怎么让所有的人都从"仁"开始呢？

我们再来看"仁"有多少种规定吧。"仁者爱人"(《论语·颜渊》);"出门如见大宾,使民如承大祭。己所不欲,勿施于人。在邦无怨,在家无怨"(《论语·颜渊》);"能行五者于天下,为仁矣","恭、宽、信、敏、惠。恭则不侮,宽则得众,信则人任焉,敏则有功,惠则足以使人"(《论语·阳货》);"克己复礼为仁","非礼勿视,非礼勿听,非礼勿言,非礼勿动"(《论语·颜渊》);实行"恕"道,"己所不欲,勿施于人",并能够做到"己欲立而立人,己欲达而达人"才是"仁"。"仁"很难达到。我们到底应该从"仁"开始,还是"仁"是我们努力要达到的结果?

在政治方面,孔子讲"为政以德,譬如北辰"(《论语·为政》),"道之以政,齐之以刑,民免而无耻;道之以德,齐之以礼,有耻且格"(《论语·为政》)。"政者,正也"(《论语·颜渊》),最高领导人一定要正。"其身正,不令而行;其身不正,虽令不从。"(《论语·子路》)如何为政?孔子讲要从正名开始,具体的就不讲了。孔子是有实际经验的,做过鲁国的大司寇,摄相事。司寇是干嘛的?管刑罚的。谁说孔子只讲仁政、只讲德政,就不讲刑罚?孔子说:"政宽则民慢,慢则纠之以猛;猛则民残,残则施之以宽。宽以济猛,猛以济宽,政是以和。"(《左传·昭公二十年》)行政要用两手。硬的一手和软的一手,配合起来才能真正做好政治。哪里只像孟子说的只要"以不忍人之心,行不忍人之政"就够了呢?

孔子也讲:"君子喻于义,小人喻于利。"(《论语·里仁》)可是,多少年来我们很多人都把这句话理解错了,认为有道德的人是讲义的,没道德的小人是讲利的。这种解释实际上不对。孔子的意思是说,上层有官位的人,你要讲义,你不要用自己的地位权势给自己去谋利;下层老百姓要讲你的利,庶人就是要"用天之道,分地之利,谨身节用,以养父母"。有政治地位的君子要讲什么是正义的，小民百姓是要去求利的。它是一个事实判断，当然也是个价值判断，因为在上位的君子首先应该水平高一点。有政治地位的君子的治理应当讲符合正义，这是你应该做的。"小人"指的是小民百姓，《论语》里没有说"小人"是缺德的人。《论语·子路》载："樊迟请学稼。子曰：'吾不如老农。'请学为圃。曰：'吾不如老圃。'樊迟出。子曰：'小人哉，樊须也！上好礼，则民莫敢不敬；上好义，则民莫敢不服；上好信，则民莫敢不用情。夫如是，则四方之民襁负其子而至矣，焉用稼？'"因为樊迟学的是小民百姓的事，自然被称为"小人"。孔子还给子夏说过："女为君子儒，无为小人儒。"（《论语·雍也》）只管自己一人的道德修养是小人儒，把学到的东西来为公做事，平治天下，这才是大人儒。"大人"跟"君子"是一回事。所以说，"君子喻于义，小人喻于利"，许多人理解的是错的。孔子并不排斥利，他自己说，如果富而可求，"执鞭之士"（《论语·述而》）他也愿意干。"富与贵，是人之所欲也；不以其道得之，不处也。"（《论语·里仁》）如果是合乎道的话，利当然要了，富与贵当然要了，哪有什么问题！"义然后取，人不厌其取。"（《论语·宪问》）意思是，符合义，当然可以获取利益。"邦有道，贫且贱焉，耻也"（《论语·泰伯》），怎能说孔子就不让人富呢？

　　总之，我的意思是：在孔子那里，圣人气象非常鲜明，没有小家子气，说话也没有那么绝对。我看《论语》，看《孟子》，觉得他们两个人的差别很大。如果说孟子完全继承了孔子之道，或者说孔道和孟道完全一样，我是不同意的。当然，这只是自己的一孔之见。孟子是伟大的道德哲学家，有很多前无古人的思想创见，只不过限于主题今天没讲。谢谢大家！

（程世平整理）

第五讲
中国哲学的基本问题

◎ 宋志明

时间：2020 年 11 月 8 日 18：00—20：00
地点：中国人民大学公共教学三楼 3503

  宋志明，1947年出生于吉林市。中国人民大学哲学院二级教授、博士生导师。1986年毕业于中国人民大学，为中国人民大学首批博士学位获得者。曾任校学术委员会委员、学位委员会哲学分会委员、哲学院学术委员会委员、孔子研究院学术委员会委员，社会兼职有中国哲学史学会副会长、中国现代哲学史研究会荣誉会长、国际儒学联合会顾问。研究方向为中国近现代哲学、传统文化与现代化。主要著作有《现代新儒家研究》《薪尽火传：宋志明中国古代哲学讲稿》《中国传统哲学通论》《中国现代哲学通论》《熊十力评传》《贺麟新儒学思想研究》《冯友兰学术思想研究》等30余部，发表论文280余篇。获北京市教学名师奖。享受国务院政府特殊津贴。

各位朋友，请允许我这样称呼大家。因为我八年前就退休了，就称呼大家"朋友"吧！我以一个老朋友的身份，把我多年来对中国哲学史的一点体会，拿出来跟大家交流。也不一定说得非常对，但我说的肯定是我的真情实感。1972年，我作为工人阶级领军队伍成员参加了《中国哲学史》的编写，一直到2013年离开教职，正好是四十年。四十年来，我的体会就是，要写出名副其实的中国哲学史，必须抓住中国哲学的基本问题。中国哲学的基本问题是什么呢，是天人关系问题。所以，我今天这个讲座，就是围绕"什么是中国哲学的基本问题"讲的。概括地说，是三个"破"，一个"立"。三个"破"：第一"破"，是对唯心-唯物两军对战的模式，发表一点儿批评意见。第二"破"，要破掉我们经常含混不清的所谓"哲学就是单数"的观念，树立起"哲学是复数"的观念。如果哲学是单数的话，那我们就不用讲了，我们就失业了，单数就一个，那哪儿行！所以，哲学是复数。有很多种哲学，我们中国哲学就是哲学中的一种。第三"破"，要破除对于"恩格斯论断"的教条主义的理解，从中找出、抓住中国哲学的新路数。一个"立"，就是要立一个基本观点——是我个人的观点，大家可以接受，也可以不接受，我们交流嘛——那就是，天人关系是中国哲学的基本问题。

现在我们看到的各个版本的中国哲学史教科书，存在着一个最大的问题，就是没有抓住中国哲学的基本问题，而用"唯心-唯物"来冒充。"唯心-唯物"，这一两军对战是苏联人发明的。1947年，亚历山大罗夫提出一个说法，"哲学史是认识史"。当时的莫斯科市委第一书记、苏共中央政治局委员日丹诺夫代表苏共中央发表意见，他反对亚历山大罗夫"哲学史是认识史"的观点，说这是修正主义，你应该强调斗争，没有斗争的哲学史丧失了党性原则。日丹诺夫的讲话几个月后传到了中国，由李立三翻译成中文并出版，而且出了十一版，印了八万册。那时候搞哲学的人没有很多，几乎是人手一册。当时的延安新哲学会组织大家严肃地学习、反复地学习。我们当时学术自信不够，被动地接受了苏联的提法，把"唯心－唯物"——"思维和存在何者为第一性？"这一苏联人的问题、欧洲人的问题，生搬硬套到中国哲学上来。于是，我们的哲学似乎只有一个模式，那就是按照苏联的模式来写。你不能不那么写。我们讲课也是那样，写书也是那样，按照苏联哲学的基本问题写。苏联人把哲学基本问题抽象化、固定化，凝固为一个问题：物质和精神，何者为第一性？这就变成一个永不变的问题了。那么哲学家、哲学史研究者干什么呢？只能画线了，画出某某是唯物论、某某是唯心论。

按照外国的问题、外国的方法，甚至外国的语汇来表述中国哲学，这怎么能有中国哲学味儿呢？我要说的第一个缺位，就是"中国"的缺位。我们过去的哲学史研究者，似乎只剩下了一个责任——给古代的哲学家们戴上一顶帽子，或是唯心论，或是唯物论。这个帽子有时候也是很难戴的。老子说过，"有物混成，先天地生"，有人据此觉得老子是唯物论者；可是老子又说"道可道，非常道"，"道"又像是唯心论了。所以对老子是唯物论还是唯心论的问题，学术界的两种意见争论不休。其实，这原本是一个假问题，是用外国哲学的眼光看中国哲学所造成的歧见。所以我们的教材，读起来不像是中国人写的，像是外国人写的中国哲学史。那怎么能有中国味儿呢？我们从前只是在给哲学家们戴上唯心论的帽子——影响比较大的人，都被冠以"唯心主义者"的称号：老子、庄子、孟子、孔子、朱熹、王阳明，等等。总的来说，第一个缺位就是缺乏中国味道，"中国"缺位。号称"中国哲学史"，却没有"中国"。

第二个缺位是没有"哲学"。哲学是一门不断发展的学科，哲学家的任务不在于解决问题，而在于提出新的问题。如果哲学史只有一个问题，永远没有新的问题出现，那有什么道理好讲呢？哲学是讲道理的，没有道理讲，就是没有哲学了。我们的研究者被逼得没有办法，只好大量地引入原文，美其名曰"以引证代替论证"。有人统计，我们的中国哲学史教科书中，引文的分量占到了三分之一左右。这样的书读起来很费劲，既没有分析，也没有新问题产生，这就是没有"哲学"。所以，号称"中国哲学史"，却没有"哲学"。

第三个缺位是"历史"缺位。造成历史缺位的原因，依然是哲学基本问题的错误。我们把哲学问题简化成了一个问题。一个问题怎么写历史？没有历史好写，只能说一些人是唯心论、一些人是唯物论，没有别的可说。所以我们的哲学史，就成为变相的"字典体"，像字典一样。而且，它的写法是按照朝代的顺序，哲学的演变和朝代的更迭有什么必然联系呢？大家都说着相同的话，所以记起来很困难，很难区分。我年轻的时候考研究生，要把哲学史背下来，很难背呀！因为它没联系，只有点，没有线。所以我们的哲学史教科书读起来没有历史感。

这三个问题，我说得刻薄一点，是我们通用教材存在的普遍性问题。恩格斯说了，除了读以往的哲学，提高理论思维能力没有别的办法。我们的哲学史能起到这样的作用吗？我们应该找到中国哲学的基本问题。

怎么找到中国哲学的基本问题呢？一是要摒弃"唯心－唯物"两军对战的陈旧的教条主义模式；二是要纠正、改正我们的哲学观。以前我们沉迷于单数的哲学。哲学到底是单数还是复数，这是一个有争议的问题。我认为，哲学不是单数，是复数。复数就是多样性。承认哲学有多样性，各个民族有自己的哲学。哲学是复数，中国哲学合法性的问题就不存在了。对这个问题我们系里还有责任。针对这个问题，我们开了一次哲学范式创新会议，我也参加了。很多学者在会上大讲哲学合法性的问题。我当时听起来觉得非常刺耳，碍于东道主的身份，只能听他们说。很多人说哲学就是单数，我们的哲学就是不合法。没有人可以给哲学立法，各个民族有各个民族的哲学，不能说这个民族的哲学合法，那个民族的哲学不合法。谈哲学的合法性问题，就像谈狗的飞翔性一样。没有狗的飞翔性这个问题。昆虫、鸟可以讨论飞翔性，你能讨论狗的飞翔性吗？不能。关于哲学合法性的问题，我写了几篇文章驳斥这个说法，现在为止没有一个人接我的招。我坚决反对这个合法性问题。哲学是复数，物理学、化学，这些自然科学才是单数。所以全世界只有一本物理学史就够了，写不出来《美国物理学史》《法国物理学史》这样的书。对于科学来说，民族性可以忽略不计，但哲学不行。哲学研究的对象决定了它的研究是多种多样的。

关于什么是哲学的问题，是哲学家们最头疼的问题，有一百个哲学家就有一百种说法。大家的哲学观不一样，想找一个统一的哲学观是不可能的。我认同关于哲学的说法有三种。

第一种说法是关于世界观的学问，教科书上都是这么表述的。我接受这种说法，但需要做出一些解释。这个世界不只是科学研究的对象——物质的世界，也包括人的精神世界。物质世界是相同的，但精神世界不一样。中国人有中国人的精神世界，西方人有西方人的精神世界，不能把中国人和西方人等量齐观。这个"观"字是很奇妙的，千万不要把世界观的"观"理解成"观察"意义的"观"，因为我们观察不到世界的总体，我们就在世界之中。我们不是世界的观众，而是世界的演员。世界观绝不等于"观世界"，因为世界总体而言是不可观的。那么这个"观"是什么意思？"观"是观念之观，是哲学家提出一种解释世界的观念。从"哲学是世界观的学问"这个角度来说，可以说，我们关于世界的学问，是复数、不是单数，不存在所谓合法性问题。一个人无端地怀疑自己的父母不是自己的父母，他肯定是个不孝子。如果一个人怀疑本民族的哲学不是哲学，那么这个人是站在自己的民族之外的，肯定是这个民族的不肖子孙。

第二种说法大家都比较接受，哲学就是philosophia，哲学就是爱智慧。"爱智慧"三个字，是一个动宾结构的短语。爱智慧，就是说你还没得到智慧，你只不过是智慧的追求者。任何哲学家都不能骄傲，你只是智慧小姐的追求者，没有占有智慧小姐，智慧小姐没答应嫁给你。对于"哲学是爱智慧"，中国哲学也有类似的提法，比如说"穷理""求道""实事求是"，这些都是爱智慧的意思。一家女儿百家求，总不能只许你爱不许我爱。西方人用弹吉他示爱，我们也可以用唱山歌的形式来示爱，而且爱得死去活来。所以从"哲学就是爱智慧"这样一个笼统的定义来说，我们也看出，哲学绝不是单数，它是复数，是一个多。中国哲学就是中国人爱智慧的一种独到的方式。不能用现成的哲学基本问题来代替、取代、遮掩、遮蔽我们自己的哲学问题。找出中国哲学的基本问题是很重要的一件事情，如果不能摆脱"哲学是单数"的观念，那你就找不到中国哲学的基本问题。

第三种说法我也比较认同，是罗素的说法。罗素没有给哲学直接下定义，他用的是划界的办法，他说"哲学是宗教与科学之间的无人之域"。哲学不是科学，但它涉及科学；哲学也不是宗教，宗教是研究人们的精神世界的。如果按照罗素的说法，那么"中国哲学"这个概念也是可以成立的。中国哲学肯定不是中国学问、中国科学。冯友兰有篇文章讲中国为什么没有科学，非不能也，惜不为也。中国做人的学问也不是宗教，因为我们没有教派。中国也许是世界上唯一一个以非宗教的形式安定精神生活的民族。所以，如果按照这个定义，我们中国人就是天生的哲学的民族。中国的伦理是哲学的伦理，中国人讲的这套学问，就是怎么样做人的学问、怎么样做中国人的学问。从这个角度来说，哲学的基本问题不能够代替中国哲学的基本问题。只有找到中国哲学的基本问题，才能写出一本名副其实的中国哲学史。我四十年来研究的一点心得，就是写中国哲学史，一定要抓住天人关系的基本问题来写。

从哲学的三个定义来看，哲学具有三性。

第一，哲学具有民族性。每个民族有每个民族的哲学，每一种哲学都是合法的。没有任何人可以为哲学立法。各个民族都是不一样的，没有一个统一的尺度、统一的模式、统一的范式、统一的问题。各有各的问题。总的来说，我们中国哲学是可以讲的，我们的任务是琢磨中国哲学到底有哪些独到之处。哲学不是科学，科学是一，是单数。但哲学不是一，具有民族性。

第二，不排除哲学具有人类性。哲学是人类的公产，不是西方人的私产。不能说只有西方人有哲学，别的民族都没有。海德格尔说，"西方哲学"这个概念不成立，因为只有西方才有哲学，东方没有哲学，所以哲学前面不用加"西方"两个字。其实你想想，世界上根本没有统一的哲学。你能找出一门只是哲学的哲学吗？所以哲学前面要加个前缀，中国哲学、日本哲学、阿拉伯哲学、马克思主义哲学，没有不带前缀的哲学。我们不能怀疑中国哲学的合法性问题。哲学是人类的公产，公产就是说哲学可以相互交流，共同切磋。按照张岱年先生的说法，哲学是类称。既然有共性，是一个家族，那就有相互启发、相互切磋、相互交流的问题。这样的关系决定了可交流性。如果哲学不可交流，那翻译就是不可能的。语言有人类性，语言是哲学的家，所以哲学也有人类性。

第三，哲学具有时代性。哲学是围绕时代的发展而发展的，它不断地提出问题、解释问题，但没有解决问题。哲学家只是不断地在提出新问题。如果哲学史只有一个问题,哪还有什么时代性可言?所以,基本问题不是一成不变的问题,有大同小异的变化。写哲学史不能写成字典体,写成一个一个人物的堆积。那个哲学史是没有历史的。你想了解哪个人物,查词条就可以了。我们的哲学史涉及了八十多个人物,他们大同小异,读起来是很费事的。我在写中国哲学史的时候,力图打破朝代划分的观念。我把中国哲学史分成三个阶段。第一个阶段是百家争鸣的奠基时期。第二个阶段是展开时期,儒释道三教并入。第三个阶段是高峰期,理学行事。理学时期的中国人是有哲学思维的,我们把外来的佛教中国化。儒学不仅是以儒治国,还要以儒治身、以儒治心,所以宋明理学的诞生标志着我们这个民族以哲学的信念代替了任何一个宗教的功能。所以中国为什么没有成为缅甸、没有成为泰国,因为我们有强大的中国哲学。强大的中国哲学没有使中国佛教化,反而使佛教中国化,变成中国哲学的一部分。所以,中国哲学是可以讲的,是复数中的一种。我们可以讲出自己的特色、讲出自己的历史。但是这个讲法,应当摒弃过去的讲法。过去的讲法讲不出来中国的特色,那就是失败的。这样的哲学史对于读者来说没有多少用处。

这是我要讲的第一个问题。第二"破",是要树立复数的哲学观,破掉单数的哲学观。只有讲复数的哲学观,才有讲中国哲学的必要前提。如果哲学是单数,只有一种,那还讲什么呀!我们写不出来一本《中国物理学史》,但我们能写出来《中国哲学史》。中国哲学史一定是"中国的"哲学史,一定要有中国特色、反映中国人的精神需求。希望大家都能认识到这一点。

把哲学基本问题当成中国哲学的基本问题,有个很重要的根源,就是把恩格斯在《路德维希·费尔巴哈和德国古典哲学的终结》中的一段论断作为哲学基本问题的理论根据。恩格斯说:

全部哲学，特别是近代哲学的重大的基本问题，是思维和存在的关系问题……受到梦中景象的影响，于是就产生……灵魂对外部世界的关系。……这个问题，只是在欧洲人从基督教中世纪的长期冬眠中觉醒以后，才被十分清楚地提了出来，才获得了它的完全的意义。……什么是本原的，是精神，还是自然界？……世界是神创造的呢，还是从来就有的？

　　哲学家依照他们如何回答这个问题而分成了两大阵营。凡是断定精神对自然界说来是本原的，从而归根到底承认某种创世说的人……组成唯心主义阵营。凡是认为自然界是本原的，则属于唯物主义的各种学派。

　　虽然恩格斯在前面说了"全部哲学"，怎么理解这个"全部"？从形式上来看，"全部哲学"是一个全称，是一个类称。其实不是。他所说的"全部哲学"，指的是德国人和德国的问题，就是德国哲学。恩格斯没研究过中国哲学、阿拉伯哲学、印度哲学，他怎么会突兀地提出一个"全部哲学"？这恐怕是翻译的问题。我们不能用一个字面上的全称，看不到恩格斯的特称。恩格斯这本书名就叫"路德维希·费尔巴哈和德国古典哲学的终结"，那就是说，恩格斯的论断是在特定的语境下表露的一种特殊，是针对德国人说的话。如果脱离语境，把恩格斯的话变成普遍的原理，那就是典型的教条主义思维。我们不能把德国哲学，最多是欧洲哲学，看作是"全部哲学"。

　　所以对于恩格斯的论断，我做出了三点理解。第一，他说出了一个哲学的基本问题，但他没有排除哲学的特殊性。他说的是全称，实际是特称，特指德国哲学。如果教条主义地脱离语境，套用到各个民族上，那是行不通的，也不符合恩格斯的原意。

第二，没有把哲学基本问题公式化。他是以西方哲学为具体语境的。我们中国哲学应该根据我们自身的基本问题来写，要根据天人关系问题来写。唯心唯物，那是西方人的问题，是创世说的问题，我们中国人没有创世说。有人可能会说，我们也有盘古开天辟地、女娲补天的故事。请注意，那都是小说演绎，不是正经的学问。没有一本哲学史教科书会写盘古开天辟地。我们中国人早期也存在着肉体和灵魂的问题，也有宗教迷信阶段。历史上，商朝人每件事情都要算卦，看看上天的意志，行事不能违背上天。我们现在看到的甲骨文，大部分都是卦辞，也就是算卦的结果。但是，我们的困惑早就解决了。公元前5世纪，中国就出现了强大的无神论思潮，不再迷信天。天道远，人道迩，存而不论。孔夫子对怪力乱神这些都不说了，不再关心精神和肉体的关系问题了。所以，它在中国没有成为一个普遍性的问题。中国人的问题意识与西方人不一样。西方人思考世界是从哪里来的，是上帝创造的，还是本来就有的，还是绝对精神演变的。但中国人没有这个问题，世界本来就有中国人的普遍观念。按照这个逻辑，每个中国人都是唯物论者。

中国的普遍问题不是世界是从哪里来的，而是人和世界的关系如何。世界是从哪里来的、世界怎么样是西方考虑的问题。如何把握天与人的关系，才是我们中国人自身的哲学问题。所以，我们从恩格斯的长篇论断得出的结论是，必须抓住中国哲学自身的基本问题，不能用所谓哲学的基本问题取代中国哲学的基本问题。我们不能用外国人的问题意识，用创世说的观念来写中国的哲学。所以，写中国哲学，了解中国人的问题意识非常必要、非常重要。如果都是一个路子，都是唯心唯物的问题，写来写去，写出来的东西没有历史、没有发展。西方人的问题意识早已发生了很大的变化，不是唯心-唯物一个问题可以限制得了的。

那么就到最后一个问题了，中国哲学的出路：究天人之际。什么是中国的基本问题呢？我觉得，司马迁的说法是最到位的。司马迁说，"欲以究天人之际，通古今之变，成一家之言"。"际"是关系的意思，"究天人之际"，就是研究天和人之间的关系。"通古今之变"，打通古代和今天之间的联系。哲学要管古代，也要管现代，但最终的落脚点不是古代。我们讲古人是为了今人讲的。有的人说要原原本本地解释老子，我们受当时生活语境的限制，怎么可能讲出原原本本的老子？因为那个时代已经过去了，我们已经脱离了那个语境，按照现代解释学的说法，都是有解释学偏差的。你是个现代人，我们是站在现代人的角度，转化古人提出的问题，绝不是拜倒在古人的脚下，做古人的奴仆。我们学习哲学史不是要伤害自己的自尊心，而是要培养自己的自尊心，我们要比古人强。我的导师石峻先生说，古人一辈子看的书还没有我们现代人一天看的报纸的字数多。那就是说，古人一辈子没有多少书好读，所以他可以倒背如流，现在报纸可倒背不了。所以中国哲学的基本问题，要通古今之变，落脚点是今，不是古。成一家之言，不是强迫别人接受你的一家之言，而是一种很宽容的学术态度——这只是我个人的看法，信不信由你。读者是自由的，有选择的权力。究天人之际，通古今之变，成一家之言，这才是中国哲学。我们的中国哲学教科书，离司马迁的标准恐怕相去甚远。

中国哲学的基本问题不是我们强加到中国哲学史上的。我们的先人已经注意到了，中国哲学的基本问题就是天人关系。除了司马迁之外，大多数哲学家都有类似论断。《周易·乾卦·象传》说，"天行健，君子以自强不息"，这不就是天人关系吗？古人所说的一个"天"字，就是宇宙总体的意思。宇宙总体的根本规律是一个字"健"，"健"是动的意思。"天行健"，人就应该取法乎天。"君子以自强不息"，讲的是怎么做人、做什么人的问题。做人的问题要在宇宙论的大背景下来讨论。人怎么健？自强不息。自强不息的哲学意蕴来源于天，天行健。宇宙就是变化的，大化流行曰生，它在不断地变化。

庄子说，"知天之所为，知人之所为，至矣"。所谓"至矣"，就是至高无上的。什么是最高的境界呢，就是划分天和人之间的不同。天之所为，人干涉不了。人之所为，是要根据天道来安排自己的活动。庄子讲庖丁解牛的故事，牛有天道，庖丁把天道转化成艺术，"目无全牛"，按照天道的原则在骨头缝里走了一圈，所以用了十年的刀如新发一刃。就是因为他遵循了天道，在天道面前取得了自由。所以最后他能踌躇满志，提刀而立。这是一种审美的享受。所以庄子是把人之所为要遵循天之所为当成一个最高的问题。

《中庸》讲，"思知人，不可以不知天"。思知人，我们怎么能够了解人呢？要在了解"天"的大背景之中才能够知人。如果对天一无所知，对人也知不透。邵雍也说过，"学不际天人，不足以谓之学。"只有思考天人关系的层面，你才是真有学问，没到这个地步不足以为学。所以，天人如何合一是中国人最关心的问题。戴震也说过，"天人之道，经之大训萃焉"。"萃"就是好的意思，精粹。所有的经典都是围绕着天人之道、天和人的一致性而展开的。你要掌握"经之大训萃"，对天人关系提出一个你的看法。能提出来这样的看法，你就是哲学家。

所以这个天人关系问题，从周易一直到戴震，从先秦一直到清代，都是围绕着一个问题——天人关系问题展开的。天人关系问题就是中国哲学的基本问题，中国哲学的基本问题是哲学家们早就意识到的问题。

中国哲学史一定要有中国味。中国味在于，它的论域比较宽阔。冯友兰晚年说，中国人讨论的问题和西方人不一样，西方人讨论哲学问题偏向于自然哲学，喜欢讨论世界是从哪里来的。中国人没有这个问题意识。冯先生讲，中国人的问题第一个是，宇宙怎么样；第二个是，社会怎么样，怎么样治国平天下；第三个是，个人的人生怎么样，也是需要研究的问题。所以我们中国人研究的问题不是一个，不是自然哲学，而是政治哲学、人生哲学。我们没有脱离人的纯粹客观的宇宙，天人合一的问题是从人的视角来看待自然。那么我们就有三个论域：宇宙、社会、人生。这三个问题用一个问题概括起来，那就是天人关系问题。天就是宇宙怎么样，但这个宇宙不是脱离人的，是人眼中的宇宙什么样。中国哲学在其发端时期就提出了人和宇宙的关系问题，也就是中国人常说的天人合一关系。《周易》说，"先天而天弗违，后天而奉天时"，那就是天人合一。"天人合德"，天、人都体现了一个"德"字，这就引入了社会的话题。可见，先秦时期，我们的奠基时期已经出现了这样的问题。孟子讲，"尽其心者，知其性也，知其性，则知天矣"。论天还是为了知人。我们的自然哲学不发达，没有德谟克利特那样的人。老子和孔子的问题意识，就是一个人——圣人。不要把圣人的观念限制在儒家的范围内，其实道家更重视圣人，《老子》《庄子》书中圣人都是屡屡出现的。中国人把天人关系在先秦时期概括为天人合一的关系，是一种应然的合一，人应当与天合一。先秦时期的哲学家都是社会的批判者，他们所面对的世界是一个乱世，是一个大鱼吃小鱼、无情的社会。所以他们提出，人应该要使自己成为圣人。成为圣人了，社会也成为理想的社会。构建理想的社会是那个时候哲学家们的一个主要任务。老子讲最好的社会应该是小国寡民的社会，谁也不干预谁。"鸡犬之声相闻，民至老死不相往来"，老子的意思就是说，不要打着平天下的旗号来干预别的国家。如果大家都是本着老死不相往来的原则，那是绝对不会乱的。道家的理想社会就是小国寡民的社会，国家很小，人民很少，互相不来往，互相不干涉。儒家也在构想心目中的理想社会，那就是大同之世。"大同之世，天下为公"，它不是原始共产主义，而是儒家的一种价值理想。

细分析天人关系问题中的"天"，包括三种意思。它既是天神，是人的主宰者；也是天然，有自己的规律，孔子讲"天何言哉？四时行焉，百物生焉"，天就是春夏秋冬四季交替，没有什么神秘的地方。还有一种意思是天理。天是按照一种规律运行的。人在古代的时候也是一个很复杂的概念，既指现实的人，又指理想的人，理想的人就是圣人。所谓"圣人"，是最像人的一种人。儒家的观念就是，平常人是有善有恶的，而圣人只有善没有恶。我们的教科书说荀子是性恶论，孟子是性善论，所以两个人有分歧。其实两个人的意见是一样的。在荀子眼中，孔子是圣人，没有蔽，只有普通人才有性恶的问题——好逸恶劳，而圣人不是那样的。孟子性善论特指圣人善，也不否认一般人有善有恶。他还举例说，牛山变成秃山不是山的问题，是你人的问题，人把山砍秃的。所以通常人是有善有恶的。荀子虽然提出了性恶论，但他没有排除圣人是至善的。所以孟、荀没有打架，两个人的意思是差不多的。"人"字一撇一捺，包含着两层意思。既包含着普通人，又包含着圣人。所以说，人性是善的，人有善因，可以自我完善。这是中国人很了不起的观念。人可以自我完善，我们就不必要在人之外去找拯救者。你不用找佛祖，也不用找耶稣，求人不如求己，自己改造好自己的气质就得了，所以我们是天生的没有宗教的民族。我们只需要一个世界就够了，没有那样一个超验的精神世界。超验的精神世界只有西方人、印度人需要，他们认为有两个世界，那是他们对人的基本估计产生的必然结果。西方人认为，人是有原罪的。夏娃亚当被魔鬼撒旦引诱，偷吃了智慧果，于是被上帝赶出了伊甸园。人生是罪，需要上帝来解救。世界就变成了两个世界：人的世界和神的世界。佛教没有基督教这么极端，但也有一个基本判断：人是不值得做的。人有什么好的呢？人要生老病死。生老病死都是问题，这辈子在这个世界解决不了，要到另一个世界（佛国）才能摆脱烦恼，才能成佛。我们中国是一个世界，只有此岸，没有彼岸。要抓住中国人这样的特点来表述中国哲学。在我看来，在中国哲学的奠基时期，先秦是以人为中心的。所谓天人合一，是把天人关系合到人，是应然的人，要和大同世界的人合为一体，和小国寡民的人合为一体。

天人关系问题不是一成不变的，哲学史没有一成不变的问题。任何哲学都不可能围绕一个不变的问题展开。所以，我认为写我们的名副其实的中国哲学史，要掌握这样一个"变"的原则。哲学的基本问题是要变的，它并不是一成不变的问题。我概括出了三个变化：

第一个变化是两汉时期，这时也讲究应然的天人合一，但重点发生了转移，从以人为中心转到了以天为中心。阅读两汉的哲学著作会有一个感受，那个时候的哲学家已经发生了很大的变化。汉代的学者不再是社会的批判者，而是大一统的维系者。先秦时期是个分裂的社会，最早有八个诸侯国，到了两汉，只有一家，都是老刘家的天下。所以那时候的哲学家把大一统作为主题来对待，哲学家的任务是为大一统找到根据，回答大一统如何才能长治久安的问题。在大一统社会，皇帝是最高的存在，但如果皇帝为所欲为，那不能长治久安。皇帝必须有一个人来管，谁敢管皇帝？没有人来管，那就天来管。天子的概念真正展开是在汉代，董仲舒写了那么多书，中心目的就是为天子、为皇帝找出一个管理者。管理皇帝的因素，就是天。这时候天变成一个人们崇拜的对象。董仲舒讲天人感应，天有三百六十五日，人有三百六十五块骨头，天有四时，人有四肢。所以皇帝是天的儿子，天是人的曾祖父，是高于人的。老百姓都是庶出的，只有皇帝是嫡出的。皇帝要听命于天，皇帝积德行善，老天就降下福瑞表扬你。皇帝作恶，老天就发动灾害警告你。董仲舒是想限制皇权，实际上限制不了，因为他的理论包含着君权神授的观念。如果有蝗灾了，皇帝就下一道罪己诏，说我做得不对。只是说说而已，老天爷怎么管人呢。董仲舒提出了政权需要监督的思想，但他把监督的力量推到了虚无缥缈的"天"上。

  第二个变化是从过程论到本体论。天人关系演变出了体用关系，这是魏晋时代哲学家们的变化。所谓"体"，就是天的别称，以天为体，以整个宇宙的总体为体。"用"字很玄妙，只有中国人能提出这样的概念。西方是本体与现象，本体是用来解释现象的。"用"是对人而言的，只有对人而言才有"用"。什么是"体"？玄学家们犯难，有了三种说法，有的说"无"是体，无中生有。举个例子，狗是哪儿来的？是狼变的，狼对于狗来说就是无，如果世界上没有狼，就不会有狗。裴頠说不行，无不能产生有，有推不到无，他提出以有为本，写了一篇《崇有论》，强调世界万物的本原就是"有"。有什么？没说。没有什么规定的有，那不就是无吗？一个以抽象的无为本体，一个以抽象的有为本体。郭象说，世界的本体既不是无也不是有，是"独化"，"独化于玄冥之境"，是"变"。所以，有、无、变，我们的哲学家都想到了，都说到了，但都没说完全。他们最大的理论困惑在于，本体在什么地方。玄学家们解决不了，佛教在这个时候逐渐发展起来，说本体在彼岸世界。我们只有一个世界，就没办法解决这个问题。所以继玄学之后，中国哲学史进入了佛教时代。佛教引入中国后，逐步地中国化，天人的问题变成了此岸与彼岸的关系问题。中国化的佛教，一个努力方向是把两个世界合为一个世界。按照华严宗的说法，彼岸就是理的世界。彼岸和此岸没有一个截然的划分，二者是圆融无际的。事法界、理法界、理事无碍法界、事事无碍法界，就是一个世界。禅宗说，佛不在彼岸，就在人们心中。酒肉穿肠过，佛祖心中留。我心知佛才是真佛。念经、坐禅这些传统宗教性的修行方式，被禅宗否决了，担水砍柴无非妙道。所以，第二变就是体用关系问题，由体用关系问题引入了此岸与彼岸问题。汉唐时期，佛学取代了玄学，因为佛教解决了本体在哪儿的问题，讲玄，玄学家已经玄不过佛教了，包括慧远在内的很多玄学家后来都转向了佛教。

但是，中国总是要保留一个世界的传统。此岸和彼岸，我们强调两岸不是两个世界，而是一个世界。所以对于本体在哪儿的问题，我们要给出一个世俗哲学家的答案。玄学家讲的体是道家的体，用是儒家的用，道家的体和儒家的用怎么能结合在一起呢？宋明理学改变了这种说法，提出"体用一元，显微无间"。"体用一元"改变了"理"的说法，"显微无间"说明理与事的一致性。宋明理学用理事关系问题取代了体用关系。这就是天人关系的第三变。所谓事，也是一个"人"的概念，只有人才能谈得上事，事是关于人的概念。宋明理学的一个基本观念是理事合一，理在事中。经常有人讲朱熹强调理在事先，其实不是那么回事，也是理在事中。宋明理学很同意程颢的说法，理一分殊，也就是说，理作为抽象体现在事之中。理字包含着必然性的价值判断在内，既是事实判断又是价值判断。事实判断的理是事物的一种规律，价值判断对于人来说才是很难办的问题。你不能说王阳明就是心学，他也没有否认物质世界的客观性。王阳明说花自开自落，花与你归于寂。他也没有否定花的自然存在。作为自然存在的花和你是不是人没有关系，它归于寂。但花的美丽和鲜艳是人所赋予的价值。只有人看到花的时候，才会觉得"哦！这花真的美丽"。所以那都是人的判断。

总之，我力图得出这样一个观念：中国哲学是一个活的学问，有自己的基本问题：天人关系，但是基本问题不是不变的问题，各个时代会发生不同的变化。中国哲学总的特色就是一个世界的世界观,这是我们的特色之所在,区别于任何一种哲学。我们不认为人生是罪是苦,我们认为人是善的,人包括善的种子,可以自我完善。所以,中国哲学是围绕怎样做人、怎样做一个合格的中国人展开的。它的发展轨迹可以概括成从政治哲学到人生哲学的路径。第一阶段是政治哲学,先秦、两汉,加上汉唐。魏晋玄学讲的是半政治哲学半人生哲学,它接触到了人生哲学,但没讲透。这就引进了中国哲学的一个发展。由于玄学的困惑,引申了佛教在中国的发展。在佛教的刺激下,中国才产生了土生土长的宗教——道教。有人说徐福求药的时候就有了道教,那是对道教的歪曲。没有佛教就没有道教。道教的路子是按照佛教的编的,有佛藏,而后才有道藏,四库全书一开始也叫儒藏,后来才改成经史子集四库。经过宗教的洗礼,我们的哲学轨迹才发展到了人生哲学——宋明理学。宋明理学实现了儒家的旨要,这时候的儒学不再是以儒治国。耶律楚材所说的以儒治国是旧儒学,宋明理学是新儒学,儒学不但治国,也要治身治心,解决人的精神问题。周敦颐有"绿满窗前草不除"的说法,不除草,体会万物之盎然。所以,宋明理学讲的儒学,不再是治国的工具,它要治身,是一种精神修养;还要治心,关注成为什么人的问题。所以到了宋明理学才讲人生哲学,而不是只讲政治哲学。宋明理学一个重大的贡献就是把"德"和"位"分开来。先前讲"有德必有其位",大人者,"先天而天弗违,后天而奉天时"。大人指的就是尧舜禹汤文武,再加个"素王"孔子。这时候要求德位相称。到了宋代,产生了人是不是一定要有其位的问题。德不一定有位,普通人也可以成为圣人。王阳明讲满街都是圣人,人的价值不在于分量的大小,而是纯度的多少。他所说的圣人就不再是大人物、不再是社会的领袖,而是普通人。所以王阳明才会有"满街都是圣人"的说法。有这么一个说法，汶川大地震的时候，有一个老板捐了一千万，一个乞丐捐了五十块钱。你说老板和乞丐相比，谁的境界更高？乞丐的境界更高，乞丐的五十块钱是全部的家当，只有五十块钱；大老板虽然捐了一千万，对他来说只是九牛一毛。所以乞丐更令人敬佩，这就是宋明理学给我们提出的价值尺度。

（孟高樊整理）

第三季

第一讲
20 世纪法国哲学的发展路径

◎ 冯俊

时间：2020 年 12 月 16 日 18：00—20：00
地点：中国人民大学人文楼

  冯俊，中国人民大学首批二级教授，同济大学人文学院特聘教授，清华大学马克思主义学院卓越访问教授。享受国务院政府特殊津贴专家。牛津大学高级访问学者。曾任中国人民大学副校长兼哲学院院长、中国浦东干部学院常务副院长、中共中央党史研究室副主任、中共中央党史和文献研究院院务委员（副部级）、第十二届全国政协委员。著有《开启理性之门——笛卡尔哲学研究》、《当代法国伦理思想概论》、《后现代主义哲学讲演录》、《从现代走向后现代——以法国哲学为重点的西方哲学研究》、《法国近代哲学史》、《西方哲学史》（5 卷本）等，翻译和主持翻译《笛卡尔》《马勒伯朗士的"神"的观念和朱熹的"理"的观念》《法国哲学史》等，主编《中华人民共和国国情词典》（中英文版）等，发表文章近 300 篇。

很高兴有机会再次回到人大哲学院，和老师们、同学们一起做学术交流。刚才臧院长介绍了我们"哲学的殿堂"第三季。我发现第三季的几位演讲者有一个共同的特点，他们都是人民大学哲学系或者哲学院毕业的。那么，我理解，其实这是一个校友团、院友团。这次回来，我想一方面是和老师同学们做一个学术交流，另一方面我觉得也是跟母校和我们母院做一次汇报。臧院长对我做了一个很详细的介绍，非常感谢。我认为我人生的成长和人大哲学院是密不可分的。尽管我是上博士才来到人民大学，但人大哲学院就是我的家。我是人民大学1984级博士生，1987年博士毕业，留在人大教书，从普通老师做到副校长。2001年2月8日，教育部宣布我做人民大学副校长，距今都快20年了。后来刚好人大哲学系改名叫哲学院，我成为首任院长，做人大副校长兼哲学院院长。我和臧院长之间差三届。我之后郝立新院长接任，之后是姚新中院长，接下来又是郝立新院长的第二个任期，再就是臧院长。哲学院的院长越来越年轻，充满朝气，证明我们的事业欣欣向荣，越来越年轻。

刚才说过，我的学科领域主要是外国哲学。后来由于工作的原因，近十多年转向了中国特色社会主义理论和党史党建。因为是工作的原因，干什么便学什么。中国浦东干部学院是给全国培训干部的，所以要学中国特色社会主义理论。到了中央党史研究室做副主任，是要研究党史党建的。

那么今天讲的题目还是我的老本行。因为我现在退休了，可以回到自己的老本行搞法国哲学，所以我今天讲的是法国哲学。我想把跟法国哲学相关，同时又和人大哲学院相关的工作，给大家做一个简要的汇报。

我最早是研究笛卡尔（又译"笛卡儿"）的。我博士论文写的就是笛卡尔。原来出过一本《笛卡尔第一哲学研究》，后来在那个基础之上改写了，叫作《开启理性之门——笛卡尔哲学研究》。又出了一本《法国近代哲学》，最早是在台湾出的，后来在同济大学出版社出版。之后2017年在商务印书馆出版了《法国近代哲学史》，就是在《法国近代哲学》的基础上加了19世纪法国哲学，这一章加了5万多字，改成了《法国近代哲学史》。还出版了《当代法国伦理思想》。我写的一些跟法国相关的论文结集出版，名为《从现代走向后现代——以法国哲学为重点的西方哲学研究》。北京师范大学出版社有一套"当代中国哲学家文库"，人大哲学院陈先达先生、张立文先生，刘大椿先生等，我们每人都有一本书收录其中。2003年，我的《后现代主义哲学讲演录》出版，这个书卖得挺好，而且转引率非常高。最近商务印书馆希望将它重新修订，争取明年出修订版。2015年在商务印书馆出版了我和我的博士生郑鸣合作翻译的法语《法国哲学史》，这是法国很有名的一个哲学史家于斯曼写的，从文艺复兴写到20世纪，是很全的一本哲学史。另外我自己翻译了一本英语小册子《笛卡尔》，翻译了庞景仁先生的法语博士论文。

在座的很多同学可能不知道庞景仁先生。他是人大哲学院的第一批博导。1942年在巴黎大学取得哲学博士学位，1946年在南开大学评为教授，1956年到人民大学任教，1961年到人大哲学系当老师。他用法语写的、在法国出版的博士论文《马勒伯朗士的"神"的观念和朱熹的"理"的观念》是一本比较哲学的著作。我是在庞先生逝世20周年的时候，联系商务印书馆将它出版的。

刚才臧院长讲到，近十多年，有两件事我是在人民大学哲学院当老师的时候起的头，但是在近几年完成的。一个是翻译英文版十卷本的《劳特里奇哲学史》。当时组织了很多人，包括人大哲学院的很多老师和我带的博士生也参与了进来。2016年出版了平装本，2017年出版了精装的典藏本。这是中国人民大学出版社出版的，这套书10卷共计540万字。

另外一件事2007年开始，也是在人大哲学院起的头，当时想报十一五教育部重点教材。但还没开始布置这个事儿，2008年我就调走了。可是我一直把这个事儿放在心上。十多年来我没有科研经费支持，没有科研团队协助，没有成片的科研时间。因为我是一个行政管理者，一天到晚行政事务缠身，我就把这件事当成我的一个业余的兴趣和爱好，坚持了下来。也很感谢国内的很多的同行和朋友的支持，这套书200万字，最近刚刚出版。我想，这些都是和人大哲学院有关系的，都是在人大哲学院当老师期间起的头或者是已经完成的、和法国哲学相关的工作。我今天为什么在讲座之前要把这个事情讲一讲，也就想说我对母校、对哲学院怀着感激之情，因为这里培养了我，我是在这里成长出来的。尽管说后来我做了副部级的干部，但是我觉得我的本色还是一个学者，还是一个哲学系的老师，尽管近些年来这里讲课少了，但是我离开人大哲学院12年多，仍然在人大哲学院带博士生，每年都几乎没断。今天在座的也有我的博士生。所以前面我做这么一个开头，也算是跟母校做一个汇报。

今天讲的题目是"20世纪法国哲学的发展路径"。为什么讲这个题目？因为我想来听讲座的同学，大部分不是搞法国哲学的，我如果讲法国的某一个人、某一个问题，太专了，在不是研究这个领域的同学之中未必能够引起共鸣。所以我还是想讲一个让学习哲学的同学能够通过我今天的讲座对当代法国哲学有所了解、有一个整体的把握的题目。我想达到这么一个目的，让大家知道20世纪的法国哲学是怎么来的，它有哪些发展路径，今天是个什么局面，它会产生什么样的影响。

20世纪的法国哲学蓬勃发展，对法国的革命运动、思想意识形态和主流价值观的形成、自然科学和社会科学的发展，乃至于文化时尚、社会风气，都产生了很大的影响。尤其是到了20世纪下半叶，法国哲学独领风骚，成为西方哲学潮流的引领者。如果说20世纪上半叶，德国哲学有胡塞尔、海德格尔，现象学可以说影响很大，但是20世纪下半叶，法国哲学应该说在西方世界可以成为一个西方哲学潮流的引领者。

纵观20世纪法国哲学的发展，可以说有着四条重要的发展路径。虽然这四条重要发展路径的考察，并不能穷尽法国哲学的丰富性和多样性——法国哲学是丰富多彩的，不能说用这四条路径就把它概括了——但是从这四个方面可以基本上把握它的一些大的特征。我想，这对我们把握哲学发展的规律，还是有所帮助的。那么，有哪四条发展路径呢？它们是理性主义和科学主义、非理性主义和宗教哲学、社会政治哲学和马克思主义、传统现象学运动和后现代主义哲学这四个方面。每一个方面里我提到了两个哲学理论或流派，但是这两者之间是有联系的。

首先讲第一条路径，理性主义和科学主义。这里讲的理性主义是一种广义的理性主义，不是我们平常所说的唯理论的那种理性主义，也就是说凭人类的理性就可以认识世界、能够获得关于世界的知识、掌握世界的规律的一种哲学理论。理性主义这条线是从笛卡尔开始的，经18世纪的百科全书派，到19世纪的孔德（Auguste Comte）的实证主义、涂尔干（Émile Durkheim，又译为"迪尔凯姆"）的社会学、列维-布留尔（Lucien Lévy-Bruh）的原始思维和人类学，到20世纪彭加勒(Jules Henri Poincaré)、迪昂（Pierre Maurice Marie Duhem，有人把他译成"杜恒"。"杜恒"是按照英语的发音，按照法语本身的发音是"迪昂"）、梅耶松（Émile Meyerson）、巴什拉（Gaston Bachelard）和康吉扬（Georges Canguilhem，这个名字有好多种译法，又译为"康吉莱姆""冈圭朗"

等。他是福柯的老师，主要研究跟科学哲学有关的领域）。再就是列维-斯特劳斯（Claude Lévi- Strauss）和拉康等人的结构主义哲学。拉康的研究比较复杂，从研究方法上来说，他有科学主义和理性主义的色彩，但是他研究的对象又是非理性主义的。这大致是第一条路径。

要讲这条路径，就要从20世纪初的法国哲学状况讲起。在20世纪初，法国哲学出现了两军对垒的一个局面，一方是以布伦茨维格为霸主的理性主义。为什么说他是霸主呢？布伦茨维格在当时的官方有很高的地位和影响。他是法国哲学学会的创会会长——1901年他创建了法国哲学学会，也是法国《形而上学和伦理学》杂志的创始人，同时也是索邦大学的校领导，在当时的学术界有很高的权威和影响。他受到新康德主义的影响，是理性主义和科学主义这一阵营的代表。另一方是以柏格森为霸主的非理性主义，它主要是在精神哲学的阵营。这是当时的局面。

在20世纪初，彭加勒认为，科学能使我们认识到的不是事物的本质，不是自在之物的本性，科学所获得的只是呈现给我们的事物之间关系的知识，事物间的关系是唯一的客观实在。和彭加勒持类似观点的，还有迪昂。迪昂认为，形而上学家要去解释存在，要剥开罩在存在上面的面纱去发现真正的实在。而物理学家认为可感现象就是存在的全部。他们往往有一种自然信念，认为在可感现象之外总有某种东西存在，不过这种自然信念在物理学中是无法证实的。这就是康德说的"自在之物是不能认识的"。物理学家们和自然科学家们认为，我们唯一能够感知到的、唯一能够认识就到的是现象之间的关系，就是客观存在可以感知的那些事物的全部。但是梅耶松和他们的观点有点不同。梅耶松不仅承认在科学之外形而上学有存在的必要，而且认为科学本身是离不开形而上学的，也就是说科学与形而上学不可分，科学不单纯是描述性的，也应该是解释性的。科学就是要解释现象背后的原因。人们总是要去追求那种超验的东西，这是人类理性的一种内驱力，是理性给自己确定的理想目标。从这里大家看得出来，他跟康德的观点有类似的地方，康德尽管认为在现象界自在之物不可认识，但是康德没有丢掉形而上学，在另外一个领域，康德认为它还是有存在的必要，起码它给我们提供一种追求的目标。这个观点大家还是比较熟悉的。这就是20世纪初的几位科学哲学家的观点。

到了20世纪中叶，比如说巴什拉，当时他是布伦茨维格的追随者，倡导新的科学的精神，主张将唯理论和实在论结合起来；倡导一种新理性主义，主张将实验和理智结合起来。巴什拉接受了爱因斯坦的相对论，他认为爱因斯坦的相对论的发表应该看作是开辟了新科学精神状态的新纪元。在相对论和量子力学这些新科学和与经典物理学之间存在着"断裂"和"间断性"。他否认知识的渐进连续性发展，而强调科学发展的这种"断裂"和"间断性"特征，这是它的很重要的一个特点。

刚才说到福柯的老师康吉扬，可以说他对福柯还是有很大的影响的。福柯对疯狂史的研究得到了康吉扬的指导。在福柯和萨特的论战当中，康吉扬站在福柯这一边，可以说是福柯坚定的支持者。与巴什拉关注物理学、化学领域的哲学问题不同，康吉扬关注的是生命科学、病理学中的哲学问题。他认为，科学的特征不是封闭的和连续的，而是开放的和非连续的。在科学史上看上去很小的甚至是不可见的、边缘的东西，可能在处理一个新发现的问题时突然变成中心性的东西。在康吉扬看来，科学总是不可避免地在变化着，因为它首先是一个开放的体系，它是受环境影响的，它在每时每刻都自发地创造并重新创造着它自己的历史。

20世纪60年代法国的结构主义继承了理性主义的传统,继承了科学主义的传统。结构主义追求共同的思维方式,追求科学发展的整体化和方法的统一性。大家回想一下,在法国是有这种传统的。笛卡尔就认为有一个普遍的数学,这个普遍的数学就是他的方法论。他认为,尽管各门科学是不同的、它们研究的对象是不同的,但科学的根本方法应该是共同的。到了19世纪,孔德也持这种观点。孔德认为有一个统一的科学方法论,或者叫科学方法统一性思想。大家都知道,这个观点与亚里士多德和黑格尔是不同的。亚里士多德和黑格尔认为,方法是问题的本性,对象不同,它的方法肯定是不同的。但是笛卡尔和孔德认为,不管研究的对象是多么不同,但研究的方法是统一的。各门科学有个统一的方法论,所以这个就是法国理性主义的传统和科学主义的传统。

那么到了结构主义,比如说列维-斯特劳斯,他受到结构主义语言学派的先驱和符号学的创始人索绪尔、雅各布森、乔姆斯基等人的影响,将他们的现代语言学和音位学理论推广应用到社会科学和人文科学的多个领域,认为正像人类语言中深藏着支配语言表面现象的深层结构一样,一切社会活动和社会文化生活都深藏着支配表面现象的内在结构,社会科学和人文科学就是要寻找出这种内在结构。他在此基础上创立了结构主义人类学,认为无论是神话传说还是亲属关系,都与语言一样有其内部的深层结构。正像乔姆斯基认为普遍语法、人类的语言生成能力是先天具备的一样,列维-斯特劳斯也认为这些深层结构都是由人类心灵的一种无意识的机制或能力所建立的。从这个方法上来说,他继承了法国的理性主义科学主义的传统。

拉康我前面其实提到了一句,拉康创立的结构主义的心理分析理论,把结构主义的语言学引入心理分析,对无意识和主体做了新的解释。他的理论可以说经历了从主体发生学向结构主义的转变过程。拉康认为,语言在无意识之前就存在,无意识是在语言的使用当中形成的,语言是无意识的基础,它产生了主体的无意识。既然语言是结构化的,那么以语言为基础的无意识也是结构化的。拉康的主体是一种无意识的主体、讲话的主体,或者是一种会讲话的功能性的主体。拉康运用结构主义的方法进行精神分析,将精神病人的语言看作和梦一样,是无意识的结果,但他认为可以从这些混乱的语言中找到它们的内在结构,把不可理解的变成可以理解的。在这里我们说,拉康运用了结构主义的方法,所以他有这种理性主义和科学主义的特征。到后面讲到弗洛伊德主义的时候,我还要讲到从对象上来说,它研究的这些对象都是非理性的,但是从方法上来说,它有理性主义和结构主义的方法。这是我讲的第一条路径。

法国哲学发展的第二条路径,是非理性主义和宗教哲学。非理性主义在法国是从19世纪开始的。在19世纪,法国有个三B传统。有三个哲学家,他们的名字都是以字母B开头的,一个是比朗,一个是柏格森,一个是布隆代尔。他们有一个共同的特征,那就是法国的非理性主义的传统是从他们这儿开始形成的。当然我们说,法国的非理性主义除了它自身的三B传统之外,也受到了欧洲其他国家的哲学的影响,比如说受到了尼采的影响、克尔凯郭尔的影响、海德格尔和弗洛伊德等哲学的影响,就是说法国的非理性主义既有国内自身的传统,也有欧洲其他哲学的影响。

19世纪的比朗、雷诺维耶(Charles-Bernard Renouvier)、富耶(Alfred Fouillée)、居约(Marie Jean Guyau,有时翻译成"居友"),再就是到柏格森,形成了一个传承、一个链条,也可以说非理性主义的传统。到了20世纪,法国又相继产生了价值哲学、人格主义、存在主义、后现代主义,这些学派也有很浓厚的非理性主义的色彩。

我们先看看比朗的哲学，我把它叫作观念学。注意这个法语词idéologie，也就是英语的ideology，在这里不能译成"意识形态"。它不是我们所理解的意识形态概念，它是关于观念的学问。观念学把人看作一个能动的、自由的主体，它可以通过意志的活动来解释，自我的存在是在对意志的努力的直观中发现的，自我直观到自己就是一切意志现象的原因。他把笛卡尔"我思故我在"这个命题做了一个修改。笛卡尔命题的拉丁文是"Cogito, ergo sum"，他把它改成"Volo, ergo sum"，"我意欲，所以我存在"。"我"有一种意志活动，所以"我存在"的形而上学基础是一种反省心理学，或者是说关于"内在现象的科学"，或者说一种意识现象学。

从比朗的"观念学"引出了19世纪后半叶法国哲学的两大思潮：一个是从拉韦松开始经拉舍利埃（Jules Lachelier）和富耶到柏格森的"精神论运动"（spiritualisme，这个词我也跟大家要表达一下我的看法。很多人把它译成"唯灵论"，在这里我觉得是不对的，因为它不是万物有灵的思想，它就是一种"精神论"，是研究人的精神的，所以不能翻成"唯灵论"）。

第二个是以奥雷-拉普律纳（Léon Ollé-Laprune）和布隆代尔为代表的宗教哲学。他们都是非理性主义的，但是路径有点不一样。一个是从精神论运动发展到了柏格森，一个是最后发展成为布隆代尔的宗教哲学，都是从比朗那儿来的。所以我们说，这就是三B传统，从比朗到柏格森到布隆代尔。

柏格森大家是比较熟悉的。柏格森的生命哲学从本质上来讲，是对精神的自我内在生活的一种直观。他认为科学所关心的是物理的世界，而形而上学，只为自己保留了精神世界。形而上学和心理学都研究精神，但是心理学研究精神用的是研究物理对象的还原分析的方法，而形而上学是对生动的内部精神生活进行直观，或者是对绵延的一种直接的意识。

柏格森的生命哲学从本质上来讲是对"精神"、自我内在生活的直观。形而上学与科学在其对象和方法上都是有区别的。柏格森认为，要真正认识某些活生生和有机的东西，就要从内部去认识，对于整体的认识只有通过直觉才能把握。他的这些思想是从比朗发展而来的。比朗的那种精神论的思想就比较主张向内心追求真理。

到了20世纪，法国的很多哲学家又以这样或那样的方式去改造和重建人道主义。他们要用现代的眼光考察人的本质、人性、人格、人的状况，人和科学技术的关系，以及建立人道的社会等等，因而提出了各式各样的新的人道主义。

比如说萨特，大家都知道，他一本书的名字叫"存在主义是一种人道主义"。他申言这种人道主义主张的是：人除了自己之外，别无立法者，人自我选择、自我决定、自己造就自己。大家也知道，加缪也想重建人道主义，要创立一个没有政府、没有权力、没有死刑而只有人道和爱的公正社会。大家可能看过他的《西西弗斯的神话》和《反抗的人》（又译为《反抗者》）。

从研究对象而言，弗洛伊德主义和后弗洛伊德主义是跟非理性主义有着密切关系的。弗洛伊德本人在19世纪80年代就曾经在法国的巴黎和南锡等地从事过精神病学的研究和精神病治疗。1895年还在巴黎的神经病学的杂志上发表过文章。精神分析学真正在法国流行起来是由于20世纪的两次世界大战，世界大战给法国的精神分析带来一个很大的推动。大家知道，世界大战使生灵涂炭，战争一结束，人的心理毛病都暴露出来了。二战结束之后，个人心理问题就更多了。这就促进了精神分析学的发展。所以从1946年到1960年，是法国精神分析学的高潮期。这个时候法国不仅仅是单纯引进了弗洛伊德的思想，而是产生了法国自己的精神分析学理论。从60年代到80年代，精神分析学从自己的领域扩展到社会科学的其他领域，有着广泛的社会影响，出现了像拉康这样著名的精神分析学家。

在他们看来，人的生物的欲望这些东西是第一性的，强调个体的真正人性是"本我"，等等。从这个角度来说，它把非理性作为人生存的基础。但是刚才讲到了，拉康从方法上来说是理性主义的，是结构主义的这种科学主义的方法。

另外讲到宗教哲学，它和非理性主义是有联系的，但并不是说所有的宗教哲学都是非理性主义的，也有理性主义的宗教哲学。在这里我只是讲非理性主义和宗教哲学。到了19世纪末20世纪初，除了前面讲到的奥雷-拉普律纳和布隆代尔之外，20世纪在法国最出名的就是新托马斯主义。新托马斯主义代表20世纪上半叶基督教现代化和世俗化的倾向。基督教到了20世纪面临一个问题：要有人去相信它，它如果脱离了社会现实、脱离了年轻人，它就没有市场、没有活力了。基督教要科学化，它就要求把自己的理论和科学的一些理论协调起来。如果基督教的这些东西和现代科学的发展脱节，或者是相违背、相对立，就没人信了。所以大家都知道，罗马教会就组织了很多的诺贝尔奖获得者搞座谈，之后说，诺贝尔奖的许多最新发现和基督教的理论是不矛盾的，它希望和科学之间架起桥梁。

另一方面，还要争取年轻人相信。没有年轻人相信，就没有流量了，它也得要走流量，基督教要有信众才行。它要争取年轻人，就要世俗化。如果和现实脱节了，那就不行。所以说，为了满足基督教的这种现代化和世俗化的需要，就产生了新托马斯主义。新托马斯主义是罗马天主教会的一个官方的哲学，它代表着20世纪基督教发展的一种新的需要，可以说是西方世界流行最广的哲学思潮之一。一方面，它披上"科学"和"理性"的外衣，将新兴的自然科学学说包容在神学之中，使自己"现代化"；另一方面，新托马斯主义还试图将神和人结合起来，宣称要维护人的自由和尊严，发扬人的个性和人道主义，还要主张宗教宽容，还要容忍无神论和异端邪说，这就表明它是最开放、最包容的，这样的话它才能争取它的信众。这是新托马斯主义的特点。

新托马斯主义有三个主要的代表人物，一个是马里坦（Jacques Maritain）。马里坦理论的核心就是将人和上帝、将世俗世界和神圣世界结合起来。他不是单纯讲神，他也还讲人，把神和人结合起来。他提出了所谓的"真正的人道主义""完整的人道主义""以神为中心的人道主义"，要把它世俗化。

第二个是德日进。德日进是他的中文名字。他的法文名字叫Pierre Teilhard de Chardin。为什么有个中文名字呢？因为他在中国工作了很长一段时间，他是个古生物学家，是北京猿人头盖骨的发现者之一，他建立起了一种古生物进化论的理论。他认为整个宇宙是一个巨大的生存过程，是一个从无生命到生命、从生命到人的精神的一个不间断的进化过程。我通过学他的哲学，觉得他跟黑格尔的"绝对精神"有点类似，他觉得世界的本质是有一个宇宙的精神，这个精神自己是能够自由进化的。从无生命到生命、从人的精神到那种最高的精神，有这么一个进化的过程。他从进化论的角度去研究人的产生、人的生存的状况、人在宇宙和社会发展中的中心地位，以及对人的前途和命运的思考。作为一个古生物学家，他主张进化论，这好像是很自然的事情，所以他提出来的是一种所谓的进化论的新人道主义。

另外一个代表人物，我一提可能大家都知道，就是吉尔松（Étienne Henri Gilson）。吉尔松是个哲学史家，他更多研究的是哲学史，尤其是中世纪哲学的历史，他研究得很深入。现在我们哲学史上有个词是从吉尔松那里来的，叫"基督教哲学"。把中世纪哲学叫作

"基督教哲学",源自吉尔松。其实大家知道,中世纪哲学并不都是基督教哲学。中世纪哲学是希腊文明和希伯来文明的融合,它一方面反映了希腊文明的特征,另一方面也有希伯来文明的特征,还有阿拉伯文明。中世纪有好几种文明,但是最后他把这些简单地称作"基督教哲学",现在我们也习惯了。包括很多人写书,就是把中世纪这一千多年简单地称作了基督教哲学,就是从他这儿来的。这是我讲的第二条路径。

第三条路径是社会政治哲学和马克思主义。社会政治哲学和马克思主义在法国是有很重要的地位的。从18世纪法国哲学来看,早期的启蒙思想家们最早提出的政治哲学、社会哲学、历史哲学、文化哲学等等,都是从那儿开始的。所以,社会政治学说在法国有很重要的地位。

到了19世纪,无论是孔德的学说还是涂尔干的学说,他们的思想既是社会学的,也是政治学的,所以社会学、政治学在他们那里分不开。大家知道,在19世纪有马克思的女婿拉法格,他就是马克思主义的一个重要的传播者,到了20世纪以后有列斐伏尔等等。所以,20世纪的法国哲学是在各种社会危机当中产生的。哲学家们对资本主义社会的许多现象进行了批判和揭露,想通过道德革命、伦理思想和意识形态的革命来摆脱危机,达到社会的改良。

比如说我前面提到的价值哲学,也就是莫尼埃(Emmanuel Mounier)提出的人格主义的人道主义。人格主义在欧洲面临社会的结构危机和精神危机时,号召人们要投入社会生活当中,从政治、经济、文化、伦理等各个方面进行改革,用人格主义的思想去改造社会,使资本主义制度演化到一种"人格主义的和村社的文明"。

可以说法国的大部分的社会政治哲学是和1968年的五月风暴联系在一起的。

之后，精神迷茫的法国新生代开始寻找新的理论，以各种"新"字开头、命名的政治学说在法国如雨后春笋般出现了，比如"新哲学""新左派""新右派"等等，都以新字开头。"新哲学"的代表人物列维（Bernard-Henri Lévy）和格鲁克斯曼（André Glucksman）的思想实际上说到底就是反马克思主义和反社会主义，反对一切政治活动和社会革命，反对理性主义，反对科学技术，反对历史进步，坚持绝对的历史悲观主义。

另外当时右翼的一个重要的哲学家——阿隆（Raymond Aron），是政治上的右派。在哲学上他维护政治理性，在政治上他坚持右派的立场，在意识形态上是反苏反共。而"新右派"比阿隆还右。

讲到法国的社会政治哲学，也必须提到三M传统。法国的马克思主义受到德国三M的影响，马克思、韦伯、马尔库塞。这三个人的名字的第一个字母都是M，这三位德国的思想家对法国的马克思主义的形成有很大的影响。

到了20世纪，列斐伏尔以马克思的异化学说作为他研究的起点。他从马克思的《1844年经济学哲学手稿》出发，把马克思主义看作是一种人道主义，提出了"总体的人"的概念，以"人道主义的马克思主义"去重构马克思主义的体系。他有很多这种相关的著作。列斐伏尔的著作的范围比较广，他的思想对法国的"新左派"有很大的影响。可以说，列斐伏尔的异化理论和日常生活批判理论、马尔库塞的工业社会批判理论成为"新左派"的指导思想。

除了列斐伏尔之外，阿尔都塞（Louis Pierre Althusser）是马克思主义在法国的一个很重要的代表人物。

阿尔都塞的《保卫马克思》和《读资本论》这两本书对中国的哲学学者有很大的影响。他认为马克思的思想有个认识论的断裂，最主要的标志是《德意志意识形态》。《德意志意识形态》之前，马克思属于主张人道主义的意识形态阶段，是非科学的。《德意志意识形态》之后，尤其到《资本论》这个阶段，马克思创立了历史唯物主义和辩证唯物主义，它属于科学的阶段。阿尔都塞提出了一个"症候阅读法"，那就是要求用马克思自己的辩证唯物主义的方法去批判地阅读马克思自己的著作。他有两个重要的合作者，一个是巴里巴尔（Etienne Balibar），一个是朗西埃（Jacques Rancière）。但他们两个也受到了阿尔都塞的牵连。阿尔都塞在政治、哲学观点上和当时法国的官方的哲学家、法共的宣传部长伽罗蒂（Roger Garaudy）的观点有很大的分歧。特别是对斯大林和苏共二十大的评价问题上，他们是对立的。后来阿尔都塞本人受到法国共产党的排挤，甚至和他有学术联系的巴里巴尔和朗西埃都被开除了法共的党籍。

到了20世纪下半叶，法国马克思主义的代表人物是乔治·拉比卡。另外，还有巴迪欧（Alain Badiou）。巴迪欧可以说是继阿尔都塞、拉康等人之后的一个左翼思想家。

最后一条重要的发展路径，传统现象学运动和后现代主义哲学。讲到这里，我还要讲法国哲学又受到德国三H的影响。前面讲的三个B、三个M，这里要讲三个H。法国的哲学受到德国的黑格尔、胡塞尔和海德格尔这三位重要哲学家的影响。他们名字的第一个字母都是H。现象学传播到法国，在法国产生了很大的影响。法国有接受现象学的一种天然的土壤。一方面，在法国有笛卡尔的意识哲学的传统。胡塞尔经常说，我的现象学溯源于法国的笛卡尔的哲学。另一方面，我刚才讲了，在20世纪初，法国哲学的两大霸主，一个是布伦茨维格，一个是柏格森。布伦茨维格接受新康德主义哲学，那么他就能够接受胡塞尔的意识现象学。柏格森的生命哲学能够接受海德格尔的存在论或者实存论的现象学。而且，柏格森的哲学又来源于法国比朗的内在性哲学或者意识现象学。所以从这个角度来说，无论是受布伦茨维格的影响，还是受柏格森的影响，这两派都能够接受胡塞尔的现象学。

我个人认为，现象学在法国的发展经历了这么几个阶段。第一个是早期的传播阶段。早期的传播阶段可以追溯到瓦尔（Jean Wahl）和马塞尔（Gabriel Marcel）。他们最早在法国办学术沙龙，传播胡塞尔的一些思想。而且，马塞尔本人写过一本书，叫《存在与有》，这是他的代表作。

早期传播现象学的很重要一个人物是勒维纳斯（Emmanuel Lévinas）。勒维纳斯最早在斯特拉斯堡大学上学的时候深受神学系老师爱兰的影响。爱兰写了一本书叫作《现象学及其宗教体验》。他在其中用了很多现象学的观点。可以说，他自己是接受了现象学的影响。勒维纳斯去听了爱兰的课，后来觉得要想对现象学有深入的学习，仅仅听神学系的老师讲课还不行。他就想：我还要到德国去，我要真正地听胡塞尔本人讲现象学。所以他就去了德国，赶上了胡塞尔退休之前的最后那个学期的课。胡塞尔知道班上有一个法国的学生，可能这个时候胡塞尔正在计划访问法国，就把勒维纳斯找来，让他教他们夫妻俩法语口语。勒维纳斯在此期间参加过海德格尔办的讲座，也见证过海德格尔和卡西尔（E.Cassierer）在瑞士达沃斯展开的学术论战。所以说勒维纳斯是直接受业于胡塞尔和海德格尔的。

1929年2月，胡塞尔受日耳曼研究院和法国哲学学会邀请，去了巴黎。布伦茨维格是当时法国哲学学会的会长。受他邀请，胡塞尔在索邦大学的笛卡尔阶梯教室里连续做了几次演讲。演讲一开头，胡塞尔就很谦虚地说，我的现象学，其实就是来源于法国最伟大的思想家笛卡尔。法国的主持人也非常尊敬胡塞尔，一开头就介绍胡塞尔是当代德国思想界最杰出的大师，给他很高的评价。

胡塞尔在巴黎的演讲，主要是围绕着笛卡尔和现象学的关系来展开的。同时他又是在笛卡尔阶梯教室讲的。所以他的这几篇演讲文章被收成一个集子，叫作《笛卡尔式的沉思》。

其实在胡塞尔来巴黎讲学之前，巴黎的学术界已经对舍勒、对海德格尔的现象学的观点有所了解。说起来，海德格尔和舍勒的现象学观点也是来源于胡塞尔，但是他们的思想可能还先于胡塞尔的思想传到法国来了。这一次胡塞尔亲自到巴黎来举办了这几个讲座，直接和法国的哲学界沟通见面，让他的哲学在巴黎的影响力一下子上升了。

勒维纳斯听过胡塞尔的课，又在巴黎听过胡塞尔的讲座，可以说深受他的影响。后来他就专门研究胡塞尔，接连发表了《胡塞尔先生的观念》《胡塞尔现象学中的直观理论》，后者还是他的博士论文。他和班上另外一个女同学一起，把胡塞尔的德文演讲翻译成了法文。所以《笛卡尔式的沉思》的最早的一个法文本就是勒维纳斯和这个女同学一起翻译的。所以说他是德国现象学在法国的一个重要的传播者。

但是从思想倾向上来说，胡塞尔的现象学和海德格尔的现象学之间更接近。也就是说勒维纳斯从思想倾向上来说更倾向于海德格尔。他的博士论文是写胡塞尔的，但是他实际上是运用了海德格尔的观点去解读胡塞尔。勒维纳斯在法国传播胡塞尔哲学的过程中也传播了海德格尔哲学。

但是，后来勒维纳斯也和海德格尔之间划清了界限。1933年海德格尔担任了弗莱堡大学的校长，向纳粹表示效忠。勒维纳斯是犹太人，他对海德格尔这种做法非常反感，所以从此之后再也不愿意去研究海德格尔了。后来他也没有研究胡塞尔，他的研究兴趣发生了变化。他写完了《总体与无限》《存在之外和超越的本质》之后，就转向了犹太教的研究，转向了对犹太经典《塔木德》的研究。这是现象学在法国传播的第一个阶段。

现象学在法国传播的第二个阶段，我觉得有三个代表人物。一个是萨特。萨特可以说是受勒维纳斯的影响的。勒维纳斯让萨特了解到了胡塞尔，但是萨特没有到巴黎来听胡塞尔的演讲，是后来到柏林去留学了一年，听了一些关于胡塞尔哲学的课程，阅读了和胡塞尔、海德格尔有关的一些作品。当时他在留学期间就写了一篇文章——《胡塞尔现象学的一个基本观点：意向性》。但这个文章几年之后（1939年）才发表。

大家知道，萨特的《存在与虚无》这本书的副标题叫"论现象学的本体论"，这表明，他的哲学和现象学之间是有着密切关系的。除了在《存在与虚无》中之外，在其他的著作如《自我的超越性》和《想象》中，也有很明显的现象学的色彩。

第二个就是梅洛－庞蒂（Maurice Merleau-Ponty）。梅洛－庞蒂在索邦大学的阶梯教室里听过胡塞尔的演讲，后来又和他的弟子迪克陶（Trân Duc Thao）去了比利时鲁汶大学胡塞尔档案馆，看过胡塞尔的很多手稿，接触到了胡塞尔的《观念II》和《观念III》。可以说，这个时候现象学在他心里扎下了根。所以他写书，书名就叫《知觉现象学》，把现象学当成了他的哲学的一部分。

在这个阶段，萨特也好，梅洛－庞蒂也好，都不再是胡塞尔哲学的传播者，不再仅仅是把外国的学说引到法国来，而是把现象学本土化、法国化，产生了现象学的法国理论。这就把现象学往前推进了一大步，现象学发展到了一个新的阶段。

第三个重要的代表人物就是保罗·利科（Paul Ricœur）。大家会问，这不是解释学家吗？我们讲解释学，讲到伽达默尔之后就讲利科。但是利科实际上是个重要的现象学家。他和勒维纳斯一样，二战期间还当过德国人的俘虏。在德国兵营当俘虏期间，他阅读了胡塞尔的《观念I》。二战结束后，利科在斯特拉斯堡和巴黎教授现象学，还和德里达一起在索邦大学指导了一个关于胡塞尔的研修班，后来还负责管理胡塞尔档案中心。70年代以后，美国的芝加哥大学聘他去做教授，他在那儿讲授的课程就是现象学和解释学。之后，法国国家科研中心还专门成立了一个现象学和解释学研究中心，他在那儿当主任。利科把现象学和解释学结合起来，或者说把解释学嫁接到现象学上。他的《意志哲学》的第一部《意志的与非意志的》是运用现象学的方法对意志结构进行描述，阐发了自己的意志现象学思想。因此可以说利科的解释学是一种反思的解释学，是用解释学来改造现象学。

这个时期除了前面讲到的萨特、梅洛-庞蒂和利科之外，米歇尔·亨利（Michel Henry）也属于现象学的代表人物。这是第二个阶段。德国的现象学到了法国后便本土化了，形成了法国自己的、有法国自身特点的、有自己的建树的一种新的现象学，把现象学推进到了一个新的阶段，我把它叫作现象学思潮在法国的第二个重要的发展阶段。

第三个重要的发展阶段，现在影响比较大的、可以说法国现象学最新发展的一个重要代表人物是让-吕克·马里翁（Jean-Luc Marion）。马里翁是现代现象学的一个重要代表人物，有趣的是，马里翁本来是一个哲学史家，是一个研究笛卡尔的著名专家，写了好几本关于笛卡尔的书。大家知道，笛卡尔的《第一哲学沉思集》的副标题是"论上帝的存在和灵魂与肉体的区别"。"论上帝的存在"是笛卡尔哲学当中很重要的一个内容。他通过改造笛卡尔的存在论，从笛卡尔关于上帝的论述出发，将上帝视作"启示现象"而赋予现象学意义上的合法性。他建立起一种新的"给予的现象学"，推进了现象学的还原，将现象学拓展到被给予性，并思考上帝的现象性，拓展了经典现象学的边界，将神学和现象学联系起来。

第四条路径既有现象学又有后现代主义，前面讲的是现象学，后现代主义和现象学之间是个什么关系呢？后现代主义的代表人物，像德里达、福柯这些人的哲学可以说是起源于现象学，又解构了现象学。德里达是从胡塞尔那儿出发的，之后他又告别了胡塞尔，可以说又与现象学决裂。从某种意义上来说，可以把后现代主义哲学看作是现象学的异端，最早是起源于现象学，后来成为现象学的异端。

德里达1953—1954年写成的第一部著作就是《胡塞尔哲学中的生成问题》，1962年他出版了《胡塞尔〈几何学的起源〉：翻译和引论》，1967年又出了三本书，其中有一本是《声音与现象：胡塞尔现象学中符号问题导引》。他早期这些著作都跟胡塞尔分不开，是从胡塞尔出发的。但是后来他又批判胡塞尔的现象学、解构胡塞尔的现象学，要建立起自己的后现代主义的哲学。可以说在德里达身上，胡塞尔的色彩很浓厚。但是与他不同的是，福柯和德勒兹的哲学更多是受尼采的影响。福柯和德勒兹的很多问题经常一谈就追溯到尼采那儿去了。现象学我们说它本质上应该还是传统的理性主义哲学。后现代主义要和现象学决裂，就是要体现在对理性主义传统的解构上，是对现代性的一种批判。所以说，德里达、福柯、德勒兹、利奥塔这些人追随尼采，同时受海德格尔的一些影响，要对西方传统的形而上学（从柏拉图、亚里士多德到康德、黑格尔）进行彻底的批判。后现代主义哲学反对理性主义二元对立的、整体性的、中心式的、等级体系式的、树状的、纵向的思维方式，反对理性主义的话语方式，反对科学至上和人类中心主义等等，这些是第四条路径——现象学和后现代主义哲学的传统。

法国哲学这四条重要的发展路径，给我们描画出了法国哲学的主体或者是主流，掌握了这四条重要的发展路径，就掌握了法国哲学的基本的内容和规律。但法国哲学是丰富多彩的，仅仅讲这四条重要的路径，也不能涵盖全部法国哲学。

　　我讲的这四个大的方面，主要是捋一捋法国哲学的线索。我开玩笑讲，我的这种讲法最不符合法国哲学本身的特点。后现代主义哲学是混沌的、是偶然的、是碎片化的，但是我觉得，要教学，要跟学生去交流，要传播这些知识，还得要理线索、要把握规律。我以很不法国哲学的风格来讲法国哲学，我觉得这就是用我们所说的马克思主义的立场观点和方法，去分析这些流派、这些思潮。这四条路径我做了梳理，也发现它们不是相互分离的、彼此隔绝的。实际上，它们是密切联系的、相互融合的，是相互交织在一起、你中有我、我中有你的。这就是思想史、哲学史发展的辩证法。哲学本身是丰富多彩的，各种偶然性是缠绕在一起的，不要因为我把它梳理成四条线，就以为好像就是这么四个互不联系的几条线索，要看到它是丰富多彩的。

　　刚才讲了，20世纪后半叶的法国哲学几乎都和1968年五月风暴有着密切的联系。萨特、福柯、阿隆、德里达、德勒兹这些人在学生运动中可以说都是精神领袖，是有着深刻影响的人物。"新哲学""新左派""新右派"的这些人对1968年五月风暴这场学生运动进行了不同的反省，而且是从不同的方向去寻找出路。

　　19世纪末20世纪初德国的新康德主义和新黑格尔主义对法国也有很大的影响。比如说科耶夫（A.Kojève）办了一个黑格尔研讨会，在法国影响了拉康和列维-斯特劳斯的结构主义，胡塞尔、海德格尔和舍勒的现象学影响了法国的现象学运动，尼采的著作影响了福柯和德勒兹，德里达的思想受到了胡塞尔的影响，但是最后又解构了胡塞尔。从这里可以看得出来，法国哲学和德国哲学有着密不可分的联系。尤其是20世纪下半叶的法国哲学，受到了20世纪上半叶的德国哲学的影响。

可以说，后现代主义哲学是对法国哲学的一个再解读。用我们现在的话说，是一种创造性转化、创新性发展。它是法国哲学的再创造，最后成为一种法国的理论。不是德国哲学在法国，而真正成为法国自己的哲学。

到了20世纪下半叶，法国哲学独领风骚，成为世界哲学潮流的引领者。当代法国哲学家巴迪欧曾经有个说法，两千多年的西方哲学史有三个重要的哲学发展时期，或者说把它叫作最富哲学创造力的时期，他称之为"哲学时刻"（the moment of philosophy）。第一个时期是从公元前5世纪到公元前3世纪，称作"希腊古典哲学时期"，开始于巴门尼德，结束于亚里士多德，这是一个奠定西方哲学基础的、极具创造力的时期。第二个关键时期是从18世纪晚期到19世纪初期的德国唯心主义，称作"德国古典哲学时期"，始于康德，经过费希特和谢林，终于黑格尔，尽管非常短暂，但也是非常有创新性的一个时期。第三个时期就是在20世纪下半叶所出现的一个堪与古典时期的希腊哲学和启蒙时期的德国哲学相提并论的"法国哲学时刻"。开启于1943年萨特发表《存在与虚无》，结束于90年代初德勒兹最后的作品《什么是哲学？》。涉及哪些哲学家呢？巴什拉、梅洛-庞蒂、列维-斯特劳斯、阿尔都塞、福柯、德里达、拉康，当然也包括萨特、德勒兹以及巴迪欧本人。他们都属于这个群星灿烂的时刻。这个时刻是哲学史上极具创造力的新时刻，既独特，但同时又是普遍的。

巴迪欧这个观点并不是什么人都能接受，很多人对他的观点是持有异议的。有的学者认为经验论、唯理论这个历史时期也是非常重要的一个时期。巴迪欧就没提到。他只提德国古典哲学这几个哲学家，根本没有提从笛卡尔到莱布尼兹、从培根到休谟，经验论、唯理论他就没讲。其实有些哲学家认为，经验论、唯理论这个时期也是非常了不起的一个时期，应该说也是一个高光时刻。在这里，我们姑且接受巴迪欧，我们先暂且不论他没有提到的经验论、唯理论。如果仅仅把这三个哲学发展的重要时期看成三个哲学时刻的话，我觉得它们有个共同的特点，这三个时刻的共同特点是：文化的交流、融合、互鉴。

希腊古典哲学，当时是受东西方文明互动互鉴的影响的。那个时候，希腊是东西方文明的交汇地。人们经济活动的发展、海上商务活动的发展，促进了东西方人的交流，包括埃及这些人对希腊文化的影响，所以产生了希腊古典时期这样一个哲学繁荣时期。

第二个，德国古典哲学。当时的法国大革命、法国的启蒙哲学影响到了德国，卢梭的思想、伏尔泰的思想、狄德罗的思想对康德、费希特、谢林、黑格尔都有很大的影响。黑格尔和荷尔德林、谢林一起到广场上种下自由树，把卢梭的画像挂在自己的宿舍里面作为偶像来崇拜。法国大革命的潮流也影响了德国。那个时候在德国才有一种哲学的勃兴。

20世纪下半叶，法国哲学为什么能独领风骚？这是我前面讲的，它也吸收了20世纪上半叶德国哲学的营养。所以说，德国哲学激发了法国哲学的再创新。哲学和其他的文明一样，不可能是封闭的，封闭哲学没有发展，哲学的发展一定是和文明的交流互鉴联系在一起的。

所以哲学也需要共建共享，哲学也需要构建人类学术的共同体才能发展。我们中国今天哲学为什么有了勃勃的生机？是因为有了马克思主义哲学、中国哲学和西方哲学等不同的哲学的交流和融汇。

在这种交流融汇和激荡中，我们的哲学才能够前进和发展。

今天我们讲了法国哲学20世纪的发展，我回到落脚点，就是说我们今天仍然要用马克思主义的立场、观点和方法，对当今世界各国的哲学的流派以实事求是的观点，从一种真正的辩证唯物主义和历史唯物主义的观点出发，对不同的哲学流派进行分析和研究，吸取其中有益的营养，包括总结哲学自身的发展规律，推动我们今天哲学的发展。

（秦祎整理）

第二讲
变革时代的思维变革
——以价值观念为例

◎ 李德顺

时间：2020 年 12 月 17 日 18：00—20：00
地点：中国人民大学人文楼

李德顺，1945年生，中国人民大学哲学博士。现为中国政法大学终身教授、人文学院名誉院长。兼任中国辩证唯物主义研究会顾问、中国价值哲学研究会名誉会长。1992年被国务院授予有特殊贡献专家称号，享受国务院政府特殊津贴。研究领域为哲学原理体系改革和发展、价值和价值观念理论、当代文化、法治文化等。出版著作《伟大的认识工具》《价值论》《选择的自我》《立言录》《新价值论》《人的家园——新文化论纲》《哲学概论》《与改革同行》《走向民主法治》《走近哲学》《我们时代的人文精神》《思变集》《法治文化论》等。部分作品已译为英文、日文等，在国外出版发行。

很高兴回到母校哲学院和大家交流学习体会！我的价值论研究，萌生于中国人民大学，成形于中国人民大学。

一、"好"与"糟"的困惑

我为什么关注价值研究？在我1964—1965年读大一期间，哲学课的老师在课堂上讲授"社会意识诸形式"时，就其中的文艺理论问题举过一个例子：戏剧理论的两大流派（斯坦尼斯拉夫斯基体系和布莱希特体系）之争。有人把争论的焦点形象地集中在对同一演员的表演给出截然相反的评价上：这位演员在莎剧《奥赛罗》中扮演反派角色牙古。牙古为人卑鄙龌龊，他设计挑拨离间，导致奥赛罗误杀了自己美丽善良的妻子。由于这位演员演得太逼真，激起了观众的愤怒，就当场打死了他。这有点像当年，陈强老先生扮演黄世仁的时候，也有战士愤怒地要向他开枪。演员由于演反派演得太传神而被义愤的观众打死，达到这种效果，若按斯坦尼斯拉夫斯基的戏剧表演理论来评价，说明这个演员是"世界上最好的演员"。因为斯坦尼斯拉夫斯基的主张，简单讲就是演员演谁就要像谁；但是按布莱希特的理论来评价，他却是"世界上最糟的演员"。因为布莱希特注重对社会现实进行理性批判。在他看来，戏剧的功能不是让人们仅仅体验生活中的悲欢离合，而是要演员与角色之间保持一定的"间隔效果"，才能唤醒大家的批判意识。而这位演员与角色之间没有一点间隔效果，所以他的表演是根本失败的。

老师举了这个例子之后，我非常感兴趣，下课后就追着老师问："这个演员到底是最好的还是最糟的演员呢？"老师说："这要具体问题具体分析。"我接着问："那具体分析一下，到底好在哪里，糟在哪里呢？"老师又说："一切都因时间、地点、条件而转移。"这当然是正确的哲学道理，但我还是觉得没有解决问题："以什么时间、地点、条件而转移，转移到哪里去了？"老师静思了一会儿，说："唔，这的确是个问题。要不你将来去研究它？"老师等于交给我了一个任务，把球还给了我。

这是大一下学期的事。到大二下学期，就开始闹"文革"，一闹十年。在这十年里，我越来越发现"好"与"坏"的判断问题十分普遍，无时无处不在。但是人们总是凭个人的意愿和感觉去谈论它，很少有认真透彻的理论说明。"文革"后期，我在工厂里当宣传部长，我不得不又重新回到这个问题：关于"好坏"的判断究竟是怎么回事？其理论根据是什么？"猫论"算什么理论？可是，在过去的哲学教科书里，从第一页到最后一页，都找不到一点答案和根据。

比如，"猫论"原出自刘伯承元帅。刘伯承用四川民谚"黄猫黑猫，捉住老鼠就是好猫"来说打仗：左一招、右一招，能打败敌人的招数才是好招。邓小平是在三年困难时期后期重提这句话的。当时开共青团大会，团中央委员们去向时任总书记的邓小平汇报工作，并询问农村的生产关系应该怎么搞。邓小平说：刘伯承说，黄猫白猫捉住老鼠就是好猫。农村的生产关系怎么搞，就要看怎样能促进农村生产力的发展。"猫论"的来历就是如此。那么我就反复琢磨："文革"时期要批判"猫论"，它到底哪儿错了？假如家里闹老鼠，要养猫捉鼠，如果不以抓老鼠为标准，难道还以毛色为标准？此时如果你说我就喜欢好看的猫，不管捉不捉老鼠，这会不会表明你有"通鼠"的嫌疑呢？如果在平时，你专门喜欢黄猫或者黑猫，奉行"不管能不能捉老鼠，可爱就是好猫"的原则，那么这显然是现在养宠物的标准。判断的标准似乎变了，但其中的逻辑和思维方式却显然是一回事，即"手段服从目的，选择注重实效"。

所以我觉得，从多方面看，这的确是一个很复杂的问题。我很想通过学习把这类问题弄明白。于是当恢复高考、高校开始招研究生时，我就迫不及待报考了人大哲学系的硕士研究生。在读研期间，我读了些书和材料，发现我关心的这个"好与坏"问题，在西方哲学中属于一个新兴领域，被称为"价值哲学"。价值问题不是传统认识论、知识论或存在论、本体论中已有的内容，需要新的展开。于是在读博时，我就选定了"价值论"作为自己学位论文的主题，开始尝试马克思主义哲学价值理论的研究和构建。

二、价值问题与理论视野

为什么说价值理论，或者叫价值哲学，是新兴的哲学基础理论分支？这可以从中西哲学史上来理解。我们学习西方哲学，不妨先看看它的哲学史。黑格尔的《哲学史讲演录》要看，文德尔班的《哲学史教程》要看，罗素的《西方哲学史》也要看。它们表明，西方哲学史上存在着两大脉络、两种倾向、两种体系和思维传统。如理性主义与经验主义、科学主义与人文主义、逻辑主义与信仰主义、实证主义与实用主义等等。虽然早期的苏格拉底谈的都是些伦理和审美话题，实际上主要是一种尚未分明的价值哲学，但后来柏拉图奠定的研究方向，却让理性主义、知识主义成为主流。情感和价值问题虽然并未消失，却被隐没为潜台词。按罗素的归纳，就是2 000多年来，哲学上一直有两个问题混淆不清：一个是关于世界本性和本来面目的科学理论，即知识和真理问题；另一个是关于人类理想生活方式的理论，即我们现在说的价值问题。厘不清这两者之间的差别和分歧，摆不正它们的关系，所以才产生了各种各样的错误和混乱。而罗素"澄清"混乱的方式，是断然排除价值问题，主张"科学不讲价值"，并认为自己这一派所主张的逻辑实证主义，才是最先进最彻底的哲学。因此科学主义、理性主义的思路越来越占据主流，成为强势传统。这个传统也通过苏联传到了中国。我们传统的马克思主义哲学原理，基本上遵循的是科学理性主义的方式，而对另外一种思路，如休谟哲学，康德哲学，叔本华、尼采的非理性主义，特别是美国的实用主义等，却看不太清楚，认同度也很低。

真正奠定近现代价值哲学的基础，始自休谟问题的提出："实然"与"应然"之间，是否具有因果性联系？从"是"能否推出"应该"？从事实命题能否合乎逻辑地推出价值命题？……休谟问题让诸多哲学家琢磨苦恼了很多年。不同派别也从不同角度做出了种种不同的回答。康德对此有开拓性的贡献。他用一个（纯粹理性）批判，梳理和总结了已往认识论研究的成果；用两个批判（《实践理性批判》讲"善"的问题，《判断力批判》讲"美"的问题）开辟了价值论的研究。他同时还提出"限制知识的范围，为信仰留出地盘"的主张。后来康德的继承者们分成了两路：一路是新康德主义的马堡学派，主要致力于解析康德的纯粹理性批判，注重探索关于存在论和认识论的那套概念逻辑体系，比较接近和代表传统主流；另一路是新康德主义的弗莱堡学派，如文德尔班、李凯尔特等人，则注意到了康德的后一个方面，从而举起了价值哲学的旗帜，宣告创立"价值哲学"。

但实际上，最深入、最切实展开价值理论研究和应用，并取得了实效的，主要是美国的实用主义哲学。从皮尔士到詹姆士，再到集大成者杜威，经典实用主义把理论分析与历史实践相结合，形成了一套自己的独特体系。这套理论的实践效果之一，就是作为"国家哲学"帮助美国成为"世界第一强国"。但西方主流哲学并不怎么认同美国式的实用主义，甚至美国人自己有时候也不太好意思提它，好像不太光彩。尤其是詹姆士说的"真理即是有用"说过头了，竟然要用价值去吞没、取代真理！这个错误败坏了实用主义的名声。连作为创始人的皮尔士也很生气，愤然把自己的学说改名为"实效主义"。但实用主义对美国的影响已经深入骨髓。它所代表的思维方式，以价值问题和实践意义为中心，讲有用、重实效。这种思维方式在现实生活中很有亲和力，对美国社会思想文化风格的形成起到了重要作用。例如杜威就是现代教育体系的创始人，其历史地位和影响力，是不可忽视的。

　　但实用主义在中国却未得到多大响应。虽然杜威和罗素曾几乎同时应邀来中国"传经送宝"，但因为杜威的学生胡适的政治表现，使这一派学说在中国显得格格不入。新中国成立后国内开展过批判胡适的运动，不光批判了他本人，连带着他的老师和实用主义也一起否定了。很多年里大家都对实用主义避之唯恐不及。然而，实用主义的理论和方法，与其他西方思想相比，其实更加与中国传统思维相贴近，也更容易让中国人理解和接受。因为中国传统哲学的主流，本来就不是以理性和知识主义见长，而是以伦理政治等价值规范为重的各种观念体系。所以虽在表面上排斥实用主义，实际上却并未脱离它。我查阅过当年的文献，发现其中批判实用主义的理由本身，往往是很实用主义的。如"你说有用就是真理，那小偷的窃术、骗子的骗术都有用，难道也是真理吗？"这是用一种道德和道义的眼光，即实用的价值原则，去代替真理的具体性。用这样的逻辑去反对实用主义，显然在理论上难以讲透彻，在实践中也难以服人。这也是很多人在把"猫论"理解成实用主义的时候，只是一味表示道义反感，却从未把其中道理讲解清楚的原因。

　　多年来，以知识、科学、真理和理性主义为主要线索的哲学思维方式，已形成一整套逻辑体系；而另外那一套看起来不太理性的人本主义、情感主义、信仰主义、实用主义等价值学说，虽然具有极强的精神震撼力和感召力，但好像在理论上逻辑上很不严谨。实际上这是哲学史上一直存在的两种理论视角和思维方式，它们各自都有其学说体系，也都有人信奉。人的哲学思维，归根到底是对人类实践内在过程的思考和表达。很长一段时间里，这两者在生活实践中是并行不悖的。有人用这个，有人用那个，哪个用得成功就用哪个。以往是以这种两极对立思维走过来的。这种两极对立思维认为，如果有两种不同的事物和理论存在，就一定是彼此对立、互相排斥、互不相容的，此即恩格斯批评的"非此即彼"式的两极对立思维。而理性主义、实证主义、真理主义的思维方式，按其知识主义的逻辑，往往更强调这一点。

按照知识论的真理观，总是认为一切看法、一切互相矛盾的说法中，只能有一个是正确的，如果谁跟这个正确不同，那么一定是错误的。此即形式逻辑的"不矛盾律"规则。而由这种思维方式造就的人生信念、政治表现，则往往陷入丛林思维，即相互分歧或对立的两方不能共存相容，只能是一个战胜一个，一个吃掉一个，一个统治一个，一个服从一个。在"文革"时期，认为一切都分为对立斗争的两方，双方对立斗争的结果，只能是这样的综合：一方吃掉一方，一方统治一方，一方战胜一方。那时我们也总是觉得，在世界观领域，归根到底只有无产阶级和资产阶级两家，这两家之间谁战胜谁的问题，是一个长期的、根本性的问题。于是一些人难免要信奉"斗争哲学"，主张用"非此即彼、你死我活"的方式，来解决党内外思想认识中的差别和分歧。结果导致了"文化大革命"的动乱。

这种"两极对立、非此即彼"的思维，虽然与"真理是唯一的"

信念有关，但却不是对马克思主义真理观的完整理解和坚守。当然，在同一确定的语境中，真理确实只能有一个。但世界上有很多问题，并不是真理与谬误对立的简单化问题，而是多元、多维、多样化价值判断及其主体性表现的问题。从价值角度看，并非假的东西就一定是坏的，真的也不等于一定是好的。例如"圣诞老人"是假的，但是谁认为它是坏东西呢？几乎没人认为。可见从价值角度看，"好坏"与"真假"代表人类生活中两个不同的侧面和视角，是实践中立体化的客观要素。就是说，在真理上一定要一元，即在同一条件同一对象面前，真理只能有一个，即符合事实本身的那一个。但是在符合事实本身之后，还有一个问题：人应该怎样做才更有益？很多人习惯性地以为，只要弄清楚了外部事实，就知道了问题的正确答案和行动的正确选择。其实并非如此。有些事实本身并不决定人应该怎么做。比方说，我们知道地球是个圆球。是个圆球意味着，在原则上，从某一点出发，不管朝哪个方向，只要一直朝这个方向走，最终都能走回来。这是说，对象事实只是为我们提供了行动的可能性空间。而实际上，我们每个人每天出门的时候，没人按照这个可能性的范围随意地走。人们是按照要去哪里、干什么、有什么交通条件和时间等因素来选择自己行进路线的。也就是说，价值选择完全是由人们自身的需要和能力所决定的。而分不清事实与价值的两个角度，总以为二者互不相容，必须用一个遮蔽或取代另一个，则是一个由来已久、根深蒂固的思想误区。

　　从哲学上说，人类是靠永无止境地"实践—认识"来生存发展的。那么，我们每天实践来实践去、认识来认识去，究竟干的是什么事情呢？古人看着"人来人往、熙熙攘攘"的场景，曾概括说，人们无非是"一者求名""一者求利"。其实，为名为利都仅仅属于追求价值；不能忘记，在忙忙碌碌的人群中，也有一些人是在追求知识和真理,包括进行科学研究和探索,这也是人类的一种高尚追求。从根本上说,人类文明的造就和不断进步,就是一靠追求真理,二靠创造价值,此外无他。二者好比是人类进步的"两条腿"。我们不应该只看到一条,否认另一条。但那种二者择一的思维方式,则是总要争论:两条腿之间,哪条更重要,哪条不重要。甚至想把它们归结合并成"一条腿"。这就必然在思维方式上陷入僵化绝境。

20世纪以来,人类越来越意识到价值问题的多元性质,发现实践中有很多具有实质性的、多元化立场之间的矛盾和冲突,是原来那种单一知识论和真理论的思维无法回答和解决的。在过去,有些东西说不清楚时,可以通过政治强力、精神暴力解决,甚至通过"解决提出问题者来解决问题"。但现在却越来越行不通了。亨廷顿的"文明冲突论"比较尖锐地提出了这个问题,但他的结论有些消极悲观。

罗素更早地从哲理上发现了这个问题,但是他提供的解决方式,却是一种逆向的决断:坚决排除价值问题。因此他的逻辑实证主义不理解、不承认、不尊重实用主义。为此他还在《西方哲学史》里,专门点名批评了杜威。我看了那段话,发现是罗素自己混淆了事实与价值,偷换了概念和命题。例如,实用主义主张以效果来判断好坏,罗素对此嘲弄说:"一个有关以往某事件的信念该划为'好的'或划为'坏的',并不根据这件事是否真发生了,却根据这信念未来的效果,这一来结果便妙了。假设有人对我说:'您今天早晨吃早点的时候喝咖啡了吗?'我如果是个平常人,就要回想一下。但是,我如果是杜威博士的徒弟,我要说:'等一会儿,我得先做两个实验,才能告诉你。'"罗素显然没有意识到,按照"好坏"的本义,这里的提问本应设计成"早餐的咖啡是否可口?"才是价值之问。而罗素却将它变成了一个存在与事实命题:"早餐时喝咖啡了吗?"这个设问的转移，显然是出于概念成见而导致了误读。由于这种成见和误读，罗素并未真正理解和重视价值问题的意义，却在批判实用主义时"将孩子和洗澡水一起倒掉"，粗暴地关闭了以科学理性方式研究价值问题的大门。罗素是一位很了不起的人，但令人惋惜的是，他不知道这样做的结果，是导致自己与一个很重要的理论发展契机失之交臂。

三、价值理论与思维方式

罗素把价值问题排除在哲学之外，也得到了不少学者的支持。在这种西方哲学传统环境之下，我们从苏联那边学来的哲学也深受其影响。西方哲学主流用实证主义、知识主义来筛选问题，在苏式马克思主义哲学研究中也是如此，并因此导致价值问题一直是个"禁区"。在这一点上，可以说苏式马克思主义哲学并没有达到马克思的高度。直到改革开放以后，中国马克思主义哲学界才重新解放思想，突破禁区，把价值作为一个问题来研究。大家尝试按照马克思的思想逻辑面对问题，分析探讨，初步形成了中国自己的价值理论。这套价值理论从20世纪80年代开始探索，到现在已经40年了。它跟中国改革开放实践的关系很密切。为什么在"文革"结束总结经验教训的时候，大家不约而同把注意力放到价值与人的价值问题上？其实是对血泪历史的一种哲学反思。在我们以前的学术话语中，除了经济学意义上的"商品价值"或"价格"，不怎么谈哲学层面的"价值"。但是现在，"价值"已经成了社会热词。世界上好像还没有哪个国家像中国这样，如此大规模、长时间，全国上下一起研究"社会主义核心价值观"。之所以如此关注价值观念，当然与社会生活实践密切相关，是历史发展趋势使然。

请注意，在中国新时期重启价值研究的人，并非主要是研究西方哲学的学者，而是钻研马克思主义的学者们。因为马克思主义哲学一向要求我们，要立足实践，注重反思历史，对社会历史发展和意识形态建设有强烈的责任感。所以从马克思主义哲学出发，更能够理解前人提出的尖锐问题，发掘其现实意义。例如，我们哲学系的系友、现复旦大学资深教授刘放桐先生，就一直坚持不懈地用马克思主义指导研究实用主义，他的贡献也越来越被证实。我写《价值论》的时候，就深受其益。因此我也站出来支持他，主张对实用主义重新给予评价。我的基本观点是：虽然实用主义用价值问题混淆甚至吞没真理问题，这是错误的，更与马克思主义哲学背道而驰，但它在实践研究特别是价值研究上所做的贡献，还是主要的、不应忽视的成果。我们无须苛求别人，而应自己来面对问题，按照马克思的方式独立思考和解答问题。

在我研究价值论的过程中，人们曾向我提了不少问题。其中有两个问题被提及最多。一个是："你的价值论像谁的理论？"言外之意，就是你的理论是否持之有故？我的回答是：为什么一定要像某个前人？如果非得像谁，那么我觉得我是跟着马克思走的。接着就会引出第二个问题："马克思有价值理论吗？"我的回答是，马克思虽然没有直接系统地谈论价值哲学问题，但是他的哲学理论和方法论恰恰适用于探讨价值问题。我想如果马克思活着，他会对价值问题有自己说法的。这并非是平白无故的猜测。我是遵照自己理解的马克思的思路，接着来谈价值问题。马克思著作中，实际上有不少涉及价值和价值观念的论述，但比较零散。在尽可能搜集整理这些资料的基础上，结合马克思、恩格斯的一贯立场、观点和方法，应该能看到一个合乎逻辑的思路和轮廓，作为马克思主义价值理论的根据。这就像是，马克思并未写过哲学教科书，但是要让他来写自己的哲学教科书，我想《关于费尔巴哈的提纲》是一个可靠的依据。把《提纲》的十一条展开来形成系统，应该就是马克思自己哲学的系统表述。遗憾的是，以往哲学教科书并未全面深入挖掘整理马克思的思路，而是用某种现成的框子，把他的原创和别人（如黑格尔和费尔巴哈等）的理论混合在一起了。这样一来，真正属于马克思的思想反而不够鲜明到位，其理论逻辑也不完整。例如，其中不仅一直缺少，甚至还有意排斥价值和价值观念的研究论述，就是一个重大缺失。

实践证明，价值问题是应该研究、值得研究的。现在可说是恰逢其时。如今世界上最突出的问题，是价值体系和价值观念的大裂变、大冲突，并且呼唤着大变革。与之相比，科学知识和真理层面的问题，似乎已不再是人们分歧与争论的主要对象和焦点。因为在这个场域内，已经有了较统一、成熟、稳定的基础和规范。不像过去非欧几何学、相对论刚提出来的时候，人们还持怀疑态度，有很多激烈的争论。再往前，人们连地球围着太阳转这样的事实都不敢说，也不允许说。但经过历史的洗礼，如今"科学精神"的至高地位已经无可动摇。与之相比，现在让人们产生困惑、亢奋、纠结和苦恼的，大都是价值问题。例如各种各样层出不穷的价值选择和价值判断问题，到底怎么做对？怎样是好？什么东西是好的、应该维护和发扬的？什么东西是坏的、应该禁止和淘汰的？……这些最终应该由谁说了算？现在几乎所有的重大争论，都集中在这类问题上。但是，由于受到过去某些排斥价值思维的理论成见的影响，现在不少人仍不善于用价值思维来理解把握价值现象，却习惯性地将它们当作知识论或真理论的问题。

例如，我曾跟研究法理的学者讨论过：法学是一个纯粹的知识体系，还是一套社会价值观念、价值标准的理论？如果以为法学教育的任务，只是要把历史上法学家们关于法和法律说了些什么、怎么说的那些成果告诉学生，那么它的确像是一个"知识"体系。但是，前人关于法律说了什么，是否等于法律本身？人类为什么制定法律？法律为什么是这个样子？它起什么作用？在现代社会条件下，法律有什么问题，应该怎样建设？等等，这些就不仅仅没有现成的"知识"，也没有现成的公式和结论能提供唯一正确的答案了。我们需要的，恰恰是用知识来发现并解答问题的能力和方法。这就需要理解法的本质和发展规律，担当起提出和回答问题的权利和责任。因此就需要有价值思维。

在哲学上也是一样。如果把哲学思想简单地知识化，就意味着只是咀嚼和推销前人的思想成果。一般说来，这是哲学史研究和传播的分内工作，但还不是哲学的工作本身。中国有不少学者，如冯友兰、汤一介等人，都很注重区分"哲学史家"和"哲学家"。简单说，他们强调的是，哲学史家是研究哲学家的；而哲学家是自己思考哲学，供他人来研究和检验的。哲学家要面对现实，提出和解决实践和理论上的问题，要做的是进一步开放人类大脑，提升人类思维的工作，而不是停留于前人的结论，清点前人的脚印。所以说，哲学并非一套现成的知识，而是人的活的思想。

把价值现象作为一个哲学研究的对象，我们的体会是，随着社会实践发展，越来越意识到马克思对人和社会的理解、对人的主体性的理解、对社会存在和社会意识的理解、对人的活动的两个尺度的理解，能够并且应该成为我们研究和解决价值问题的理论基础。从这里出发，能够达到一些前人没说过，或者说不到的地方，并对价值问题做出自己独立的理解和回答。正因为如此，世界局势越动荡，大家的争论和困惑越多，我越觉得马克思当时开辟的这种思路应该认真贯彻和发扬，包括用到价值和价值观念问题研究中。

过去的那种思维，最后导致了有你无我的两极对立，它在实践中表现为政治层面的"丛林法则"，即用丛林式的生存竞争来治理国家和世界。这一传统在冷战结束后亦已走向终结。在冷战结束之前，一直盛行两极对立、丛林法则的斗争方式：你死我活、优胜劣败、赢者通吃。在苏东剧变以后，美国和西方似乎取得了"胜利"，但这个胜利并没有使它们一家独大。恰恰相反，没有了对立面之后，它们自己的日子并没有比以前更好过。显而易见的是，两极争霸结束后的世界格局，不是一极胜利了，这一极就可以一直独霸下去，而是世界变得更加多极了，进入了一个需要正视多元，而不再需要"霸主"的时代。其实奥巴马、特朗普也明白，当霸主并非便宜事。苏联解体后，美国这个"老大"当得反而更揪心。所以特朗普说，"美国不想当免费的世界警察"。

在思想理论方面，国外有人也曾想用"一统天下"的方式解决多元价值观念之间的冲突。例如宗教界试图制定一套所谓"全球伦理"，用以统一全人类的价值观念。联合国教科文组织也曾一度尝试起草一个"全人类普遍价值宣言"。但这个起草过程持续了多年没有成功。亚洲地区讨论会在中国北京举行，我们参加了。正是在这次会议上，实际终结了此项行动。当时我们用价值哲学的理论和方法指出，想要自上而下地推出一套人类统一的价值观念，犹如在语言领域要打造一个"世界语"一样，这种尝试注定要失败。因为价值和价值观念具有主体性、多元化的本质特征，不可能用统一的样式和指令去回避或消除。人类要实现多元文化之间的平等和谐，必须要有新的思路。联合国教科文组织的代表当场接受了我们的意见，并特地表示感谢，称赞中国学者的意见是"会议得到的最宝贵的礼物"。两年以后，联合国教科文组织另外发布了一个《人类文化多样性宣言》。这意味着，面对这个价值多元化的现实，必须要有多元文化的价值主体意识，才能为我们这个纷乱的世界提供积极建设性的意见和思路。

四、价值思维与现实"难题"

面对主体和价值的多元化，"究竟应该怎样做"？这是过去没有完全想明白的一个问题。过去人们有时也不得不承认多元。但承认之后，总是琢磨多元中必有一元是先进的、正确的。先进的就应该去领导落后的，正确的就应该去战胜错误的，最终还是要让某一元来带头，成为中心或主宰。这种思考在知识和真理问题上是对的，在价值问题上则不仅徒劳无益，而且结果常常是有害的，是很多冲突和人为灾难的根源。

在新的时代条件下，这种传统价值思维遇到了空前的困境。这种困境，以近些年出现的多种"道德难题"，即价值判断上的"两难抉择"，最具代表性。由于我参加国内外一些学术活动时，也多次遇到别人向我提出这类"难题"，所以我比较关注，并收集了一些有代表性的"难题"，从理论上进行"打包处理"。这里给大家举出其中四个有共同特征的"难题"，可称为"'先救谁'的两难问题"。

其一是那个在中国很著名的"刁蛮女友之问"："我和你妈掉水里，先救谁？"

其二是我2018年去哈佛大学，在跟桑德尔对话的时候，他对中国这个故事很感兴趣，就随口开玩笑地提出："如果特朗普和一个学者掉水里了，应该先救谁？"

其三是："如果博物馆着火了，应该先救人还是先救文物？"

最后是那个更著名的"电车难题",救一个还是救五个?

我认为,此类伦理难题之"难",首先在于其所设置的场景,人为地预先限定了条件,而这种限定是脱离实际、不合情理的,注定使人无法从实际出发、实事求是地做出判断和选择,却一定要把人逼进"死胡同"。例如那个"刁蛮女友之问",如果男孩回答说:"先救我妈。"女孩就会说"你心里没我!"如果男孩说:"先救你。"女孩也会说:"你不是真心的!连自己母亲都不救,怎么可能对我真好?!"……两头都被堵死了,也没有其他选择,于是这男孩怎么做都不对,只有"死路一条"。然而现实生活中,若不是为了调侃取乐,有哪个热恋中的女孩会这样折磨男友?如果是认真的,那么结果又会是什么样子,爱情还能持续下去吗?

同时,这里还有个更深刻的思维"陷阱",就在于"难题"所依托的,是一个传统思维的误区或盲区。人们总是以这样的习惯或先入之见为前提:"哪个价值大,就应该先救哪个。"即以对象的价值大小为根据。这正是价值论上的客体中心主义思维习惯。用对象的价值大小作为根据,导致争论必然总是围绕对象(被救者)的价值、权力、地位等方面展开。如认为五个人比一个人的生命价值大,就应先救五个人;如果母亲比女友的地位更重要,就应先救母亲;如果女友更有价值,就应先救女友。对待"先救人还是先救文物""先救特朗普还是先救学者"等,也是这样。其引导性的思路和语境,只是围绕被救者(对象、客体)之间的权衡来展开。但越是这样,就意味着越是偏离价值关系的本质,陷入两难的死结,使问题终于"无解"。

因为,任何对象的"价值"及其大小,都是多元、多维的,是因人因时因地而易的。让不同的人来判断,结论必然总是有所不同,不可能有对任何人来说都毫无疑义并且一成不变的"唯一正确答案"。况且，在上述"难题"的场景中，实际上也来不及、不可大能去首先判断谁更有价值。例如那个"电车难题"，按照功利主义传统，以为五个人的生命价值一定比一个人大。但这在事实上是没有根据、靠不住的。如果这一个人是位医生，他正要去救十个人的性命，那么不救他，就等于不救那十个人，此时"5＞1"还成立吗？另外，把人的生命以个体为单位加以简单量化，更会导致一种可以随意牺牲少数人的残忍逻辑，在历史上也是显而易见的。反之，如果加上社会关系方面"质"的考量，就更不能如此简单化了。比如：是什么力量把六个人固定到铁轨上？为什么那五个人不能自救？万一这是歹徒设的一个局，其真正目的是要杀死那一个人，那么当你舍一救五的时候，就可能无意中当了帮凶，这样的风险也无法排除。可见，单纯就对象本身去判断"谁的价值大"，是既没有根据也无法做到的。除非施救者是事件的"知情者"，事先就心中有数，或者是心中已有确定规则的担当者，才能做出自觉的判断和抉择，并担当责任。否则，任何临场的选择和应对，都不可能出自理性的精确思考，而只能是一种直觉判断。那么，究竟依靠什么样的直觉或理性？则成了又一个歧点和难点，如此恶性循环下去。但无论直觉还是理性，都已属于救助者（行为主体）方面的规定和条件问题。由此，对于问题的思考和解答，最终就必然会引出这个主体性的视角："谁来救？"

价值总是"因人而易"的。按照价值主体性的思维，对于"先救谁"这类问题的解答，首先要弄清楚是谁来救，对于行为主体（实施救助者）权利和责任的承认、理解和尊重，才是解决问题的出发点和根据。例如：特朗普和学者同时掉水里，先救谁？这就要看是谁来救。特朗普是在任总统，他一定有卫队。对于卫队来说，肯定要先救总统，因为那是卫队的职责；如果是一位民主党人来救，那么他可能会有意先救那位学者；但如果是一位普通路人，他既不认得特朗普，也不认得那位学者，那么他怎么做才对？应该说，此时他只要不落井下石，趁机害人，而是按照自己的意愿、条件和能力去做，那么他无论怎样做或不做，都是正当的，都不应受到挑剔指责。这才是尊重人的权利和责任的表达。

"博物馆着火"的难题更是如此。应该先救人还是先救国宝级文物？那也要看是谁决定、由谁来做：如果是博物馆内的工作人员，那么他们肯定要尽可能先救文物，因为这是他们的职责；如果是消防队来，那么消防队如何观察和控制火势，自有一套既定的规范和程序。他们可以冲进去，见到人救人，见到文物救文物；或者按照事先的指令，优先去抢救某几个国宝。消防队不止一个人，"先救谁"的问题难不倒他们；而这个"难题"的本意，多半是提给那些无关（没有特定权利和责任）的"过路人"的。那么这里恰恰可以说，过路的群众只要不趁火打劫，而是量力而行，那么他们怎么做都可以，都是对的。比如，我路过时看到博物馆着火了，我最关心文物，那么可以跑去帮忙救文物；我更关心那里的人（参观者和工作人员），那么就先救人；如果我没有相应的能力，那么站在外头帮忙看守救出来的伤员和文物；或者只是围观，以备将来做见证；又或者，我见参与抢救的人已经够多了，而我家里还有事，那么我转身回家，行不行？都行！这些都应该是无可指责的。可见，遇事要弄清主体，给人一种自主自由地担当自己权利和责任的空间，而不是非将人逼进死胡同不可。这样的思路，才能客观、公正、积极地解决"难题"。

这样的理论思路，并不是我们的一个抽象构想，其实是历史和实践早已形成的切实规则和智慧。我跟桑德尔谈过，"电车难题"的产生，其实是因为学者没有注意了解，这样的问题在社会生活实践中是怎么发生的，发生以后又是怎么处理的，特别是已经上升到法律上的那些规则，代表着什么样的价值判断和选择？代表着一种怎样的思维方式？其中的理论依据如何？"电车难题"主要是反映了功利主义与自由主义两极思维的冲突。功利主义以社会整体为主体，但仅功利上计算无法确定救五个人是否一定比救一个人更合理；而自由主义的个人主义主张一种"同意原则"，强调未经本人同意就把他作为牺牲者，是侵犯他的权利，相当于谋杀，所以起诉那个扳道岔的人。在为解决此问题而成立的法庭上，也是这两种意见争执不下，甚至提议只好掷骰子。显然，是功利主义与自由主义的两极思维，使问题陷入了无法理性解决的死结。但这绝不是人类实践智慧的体现。相反，由于忽视基础理论层面的反思，只是一味坚持一己成见，关在屋里编织一些概念性的、抽象的、僵化的矛盾，结果必使问题不可化解。有的"思想实验"，为了把条件和场景弄得纯而又纯，就简单化地排除了生活实践中的诸多现实因素，却要求现实的人做出现实的判断，那么结果难免是使"实"问题变成了"虚"问题，使"真问题"变成了"假问题"。

那么，在真实的历史和实践中，人们是怎样解决这类"两难"问题的？我曾就"电车难题"咨询过中国政法大学的法学学者，请教法律上对这类事有什么规定。他们说："'紧急避险法'和'国家赔偿法'，是解决这类问题的法律依据。""紧急避险法"规定，当发生特殊情况时，为了避免较大伤害而采取措施带来较小的伤害，这样的行为人可以不担负其责任，而由国家、社会给予受害人补偿。特别是因公务人员执行公务而带来的伤害，完全由国家赔偿。这样才能让人们勇于执行法律和国家政策。这就是说，国家、社会是公共权利及其规范的主体，因此同时也是相应具体责任的主体。当个人作为行为主体执行公共权利和规范的时候，其责任要由公共权利和规范的主体来担当。按照这样的规则和思路，"电车难题"的解决，也就有了合理有效的方式：被轧死的那一方，不要去起诉那个扳道岔的人，而应该去向政府、向社会要求救济。因为那个扳道岔的人虽然是一个行为主体，但是他执行的是一种公共规则。当时的传统文化价值观念都认为救五个比救一个好，他执行的就是这种观念，不然他不会去扳道岔。这种社会观念和规则的制定者与维护者，是"规则主体"，规则主体有权制定和维护规则，它也应该有责任担当后果。这个规则主体就是社会、政府。而被轧死的这个人是在不得已的情况下被牺牲的，他是无辜的，甚至也可以说他为见义勇为做出了贡献和牺牲。那么社会应该怎么样报答他？于是由国家和政府来补偿，就顺理成章了。可见，只是脱离了现实的社会关系结构和背景，把其中的责权关简单化、两极化，这种简单思维才会走上绝境。

在现实生活实践中，有活生生的实践者，有民主法治体系，坚持谁的权利谁担责任的价值主体性原则，才是理解和尊重人的权利和责任的思维方式。在进行价值选择时，不存在无主体的、一成不变的标准和结论。只有落实为具体的主体性，按照行为主体的合法权责去判断，才能鉴别其行为是否具有正当性和合理性。所以，任何缺少善意的理解和宽容，专以自己单方面的价值标准去挑剔指责他人的言行，都会导致无视人的正当权利和责任，使人们经常处于某种道德质疑的威胁与压力之下，一味互相挑剔指责，而无从取得共识与和解。细思起来，这种逻辑有点"精神恐怖"的味道，我称之为"专门难为人、欺负人"的逻辑。例如：母亲和爱人同时掉水里，一般人当然是两个都想救。可是因为种种原因，当时只救出了一个。试想，如果谁摊上了这样的事，他本人一定是内心严重受伤，终生遗憾的。在这种情况下，任何其他人，如果不是别有用心，谁会有权利、有理由来质问他"为什么救这个不救那个",而不是来理解和宽慰他?所以说,忽视人的尊严而试图把人逼至绝境,是这种思维方式的缺点和局限所在。按照这种思维方式去面对和解决现实问题,通常都会走入死胡同,并不是人类理性的积极成果。

五、价值思维的主体性原则

价值思维最重要的方式,是贯彻主体性原则。我的体会是,弄通价值理论的关键,就是理解人在自己对象性行为中的主体性本色。"主体性"是什么?剥开加在概念上的许多玄虚表象,我把它融入人的现实思考方式和思想感情之中,简化为"人在自己对象行为中的权利与责任"。每一个人作为主体,都有自己的权利和责任,而且权利和责任应该是统一的。这是理解价值、价值观念和构建价值体系的根本原则。

主体性原则,首先是以人为本,说"人话"的哲学。对这一点,人们的看法其实是不一致的。记得1994年在南京开会时,有位老先生在会上发言说:"研究哲学,不要总说什么实践、主体性、价值这些问题。哲学要代表宇宙说话,表达那些普遍的永恒的知识和真理,不宜只是替人说话。"轮到我发言时,就发表了不同意见:"谁能代表宇宙说话呢?恐怕只有神和上帝!我们作为普通的人,无法说神的话,只能说人的话。人类有权说自己的话,因此也有责任担当相应的后果,不能推给神。"后来这个"说神话还是说人话"的争论,成了一个经典。我想,我们如果不是追求使自己代表某个终极的、绝对的、至上的知识和真理,而是把自己当作一个现实的人,把踏踏实实为人着想作为出发点和目标,这样也许会离真理更近些。

主体性原则，同时还是把人当作万物价值尺度的哲学。列宁就曾主张，必须把实践作为真理的衡量标准，也作为事物同人所需要它的那一点的联系的实际确定者（实际上就是事物的价值的确定者），包括到完满的定义当中去。所谓"完满的定义"，我觉得实际上就是在人对世界的认识和经验中，对象世界与人的生存发展、人的实践相联系的那种全面性。当然，这也是具体历史的、相对的。马克思主义哲学强调实践的观点，必然要突出人的主体性，强调在包括全部实践和认识在内的人的一切活动中，主体性权利与责任的统一。所以我们还是自觉地说好人的话，做好人的事，担当起人的权利和责任。不要动不动就是"上帝视角"，认为自己代表终极真理和永恒正义，却不谈这个"真理"具体是哪个阶段的人认识到的，这个"正义"又是对哪些人而言的。忽视了这些，就等于缺少主体性思维。虽然现在自觉地掌握和运用这种思维的表现还不普遍，但世界上也有不少新的观念、新的理念、新的提法、新的问题等，显示出这种思维的提升。

主体性原则，在价值领域意味着对价值规范主义思维的超越。以往的价值理论，多半停留于价值规范的层面，如传统的规范伦理学和规范美学，多以直接制定和论证各种价值规范为主要内容。如伦理学致力于研究哪些事物和言行是善的，美学探究怎样的形式是美的，等等。这种规范层面的思考成为一种自我封闭的视野，就会走向价值规范主义。价值规范主义的特征，是总想通过研究制定出一套价值规范，一劳永逸地解决"什么好、什么不好，怎样是正当的、怎样不正当"的问题，却对这些规范的来源、意义和界限不加反思。某些话语体系中的"终极善""终极价值""终极关怀""永恒道德""普世价值"等概念，往往表达出这样的意向。但从元理论层面看，这些被视为"终极"的东西，其实并不终极。因为它们本身不仅有待论证和检验，而且事实上并不是唯一合理有效的结论，却常常成为分歧和争议的起点。这是因为，那些所谓最高的、普世的价值概念，通常只是一些代表人类价值共识的高度抽象。如"真、善、美、自由、平等、正义"这"六大观念"，它们作为顶级价值词，本身似乎没有争议。从整体上看，目前全人类的价值观念中，95%以上的价值词都是这样的、已经得到公认的普遍概念，所以一般不会有人反对。没人会说："我反对真善美，主张假恶丑！"就具体事物来说，究竟孰真孰假，孰善孰恶，孰美孰丑？

打个比方：就像说"人都要吃饭"。对这个判断并无分歧。而分歧往往出在什么是"吃饭"的确切所指。比如中国南方人和北方人的说法就不一样。北方人一般认为吃主食才叫吃饭；而南方有的人却只把吃米饭叫作吃饭。现在有的人为了美容减肥，只吃一根黄瓜、一个西红柿。你说这叫不叫吃饭？还不只是吃中餐有这样的差别。现在还有更大的分歧：有人按照某种原则认为，只有吃西餐才叫吃饭。那就等于说，中国人祖祖辈辈就没吃过饭！那么何谓吃饭的"终极定义"？也许没有比"摄入必要的物质营养和能量"更"终极"的了。然而，概念的内涵越丰富，外延就越狭窄；内涵越贫乏，外延就越丰富。即使确立了"吃饭"的终极定义，也不意味着可以用来排除或取代全球人类多样化的饮食方式。相反，倒是应该更加理解和尊重人们解决自己吃饭问题、选择吃饭方式的权利和责任。至于怎样吃饭才"最合理最有益"，也必将因人而异。因此，更重要的"终极"原则，不如说是理解尊重人们根据自己的需要和条件自己来决定的权利和责任。所以说，在价值判断和选择上，贵在给每个主体担当自己的权责留出自由空间；那些越是统一的、普遍的、共同的规范，越是内容不宜细，层次不宜低。应该说，这才是超越狭隘的价值规范主义，提升价值思维的自觉性，使价值问题得到更好地解决，化解和减少一些冲突，促进人类文明的和谐所需要的一种新的思维方式。

价值论上的主体性原则，应用在国家社会治理问题上，我的结论是"民主法治"。记得在我的博士论文答辩后，中国人民大学校报的记者曾来采访，问我："你的价值理论用来解决政治问题时，是什么主张？"当时我的回答是两个字："民主。"因为国家政治是最典型、最突出的价值生活领域。如果你确认，我们的社会主义国家是"人民当家作主"的政治体系，那么这也就意味着，它的政治本质是一种新型的民主政治。用价值的主体性原则来理解民主，我觉得它有两个逻辑前提是不应忘记的：一个是民主的"主体相关性"，即民主一定总是某个共同体内的原则和方式，民主的主体是共同体，而不是单个的个体；另一个是民主的"价值相关性"，即民主只能解决共同体内的价值判断和价值选择问题，不能解决事实和条件的客观存在问题。例如，如果300年前让地球上的全体人投票：你同意"地心说"还是"日心说"？可能大多数认为是太阳绕地球转。可见民主的责任不是提供知识和真理，而是提供类似"大多数人愿意怎么样？多数人认为怎么样才好？"这样的价值选择问题。基于对这两个前提的理解，所以我对我国社会主义民主政治建设一直比较关注。

经过20多年的观察和思考，到2007年修订再版《价值论》时，我对此又有了新的体会，即在"民主"后面又增加了两个字："法治"。在国家社会治理问题上，我们不仅要坚持走社会主义民主的道路，而且还要努力将民主落实为法治。否则，民主至多是一套空洞的口号，或者最终变成一盘散沙式的"无主"；法治亦必须以民主为根基，否则就会流于形式，甚至成为一种专制的暴力工具。"非民主的法治导致暴政，无法治的民主走向暴乱"，这是历史一再显示的逻辑。总之，只有民主与法治的结合，并且使二者不再是彼此外在的两种工具和手段,而是成为"民主其内,法治其外"的内外(内容与形式)关系,才是符合社会主义本质、适合我国国情、合理可行的现代化政治形态。

这是我基于对价值关系、价值现象的本性和规律的研究思考而得出的一个结论。这个结论和整个价值理论系统,正在经受着当代实践的证明和检验。

(朱梅整理)

第三讲
时代问题与发展哲学

◎ 庞元正

时间：2020 年 12 月 18 日 18：00—20：00
地点：中国人民大学人文楼

  庞元正，1947年生，1978—1984年在中国人民大学哲学系攻读学士和硕士学位，后分配到中共中央党校工作。国家社会科学基金哲学评审组召集人，中国辩证唯物主义研究会名誉会长，中央党校哲学教研部原主任、教授、博士生导师。长期从事马克思主义哲学研究与教学，对中国特色社会主义理论的哲学基础开展了较为系统的研究，对系统哲学、发展哲学、创新哲学进行了开创性的研究工作。代表作有《决定论的历史命运——现代科学与辩证决定论的建构》《邓小平理论精髓》《在自由王国的入口处》《辩证唯物主义研究：历史、理论与前沿问题》《发展理论论纲》《科学发展观基本问题研究》《庞元正讲稿》等。主编《当代西方社会发展理论新词典》、《系统论控制论信息论经典文献选编》、"新兴哲学丛书"等。发表论文300多篇。

今天回到母校——中国人民大学，我非常高兴。1984年毕业后，我到中共中央党校任职。党校教学科研的特点是重视现实，重视实际，这促成我对哲学中国化、时代化方向的重视。沿着这个方向，我对系统哲学、发展哲学和创新哲学做了一些探索性的研究。今天受臧院长邀请，我将以"时代问题与发展哲学"为题，向大家汇报我在发展哲学研究方面的一些体会。主要讲三个问题：第一，时代主题与发展哲学的建构；第二，时代之问与发展哲学的探究；第三，时代精神与创新发展研究。我将重点论述第二个问题。

一、时代主题与发展哲学的建构

围绕这个问题，我主要谈谈发展哲学何以必要、何以建构，发展哲学的研究对象和内容，等等。

1.发展哲学何以必要

首先，从时代主题转变的角度谈谈建构发展哲学何以必要的问题。哲学与时代有着极为密切的关系。黑格尔说，"每一哲学都是它的时代的哲学"。马克思主义哲学更重视哲学与时代的关系。马克思说："哲学不仅从内部即就其内容来说，而且从外部即就其表现来说，都要和自己时代的现实世界接触并相互作用。"恩格斯说："每一个时代的理论思维，从而我们时代的理论思维，都是一种历史的产物，它在不同的时代具有完全不同的形式，同时具有完全不同的内容。"从这些哲学经典大师的论述中，我们可以看出哲学与时代有着极为密切的关系。

那么，我们应当如何认识当今时代，又应当怎样根据时代的发展推进哲学的发展呢？首要的就是要对时代主题做出科学判定。这是一个直接决定如何确定我国中心任务和国际发展战略的重大问题，也是哲学要适应时代、反映时代、引领时代必须首先搞清楚的问题。

时代主题决定着哲学研究的主题，时代主题的转变需要哲学主题的转变。和平与发展取代战争与革命成为当今时代的主题。适应时代主题的转变，马克思主义哲学也需要从以革命为主题的哲学，转变为以发展为主题的哲学，这是创立和建构马克思主义发展哲学的现实根据。

时代主题是怎么转变的呢？它经历了一个什么样的进程？这也是需要我们认真思考的问题。

20世纪初，列宁提出，因为帝国主义的本质就是战争，战争必然引起革命，所以从列宁开始，共产党人一直将"战争与革命"作为这个时代的主题。20世纪第二次世界大战结束后，情况开始发生巨大的变化。特别是50年代后，随着民族民主运动的空前高涨，帝国主义殖民体系土崩瓦解，广大亚非拉国家获得了独立。这些国家为了振兴本国经济，消除贫困，纷纷效法发达国家实现工业化的经验，普遍开始了工业化的进程。相对于发达国家，这些国家被称为发展中国家。发展中国家的土地面积占世界的70%，人口数量占世界的80%，它们的工业化进程使世界进入一场史无前例的发展潮流之中。

作为这一历史潮流的标志性事件，是联合国先后于1960年、1970年和1980年，以每十年为一个规划期，提出"第一个发展十年""第二个发展十年""第三个发展十年"的国际发展战略。在这样的背景下，发展的潮流浩浩荡荡，势不可挡，日益成为主导当代历史进程的主题。这种状况反映在思想学术领域当中，是各种发展理论应运而生，如发展经济学、发展政治学、发展社会学、可持续发展理论、发展史学、发展哲学蓬勃兴起，影响广泛，成为显学，并受到了中国和世界的广泛重视。

发展是当代世界的主题，也是当代中国的主题。但是，在改革开放之前的很长一段时间里，我们对国际形势的变化反应滞后，一直认为世界大战不可避免，为此浪费了不少宝贵的时间和精力，贻误了我们刚刚开始的现代化进程。

到了80年代，邓小平同志高瞻远瞩，根据国内外形势的变化，提出世界大战打不起来，和平与发展是时代主题，发展是核心问题，发展是硬道理。全党全国开始深刻认识到，在中国这样一个经济文化落后的发展中大国进行现代化建设，能不能解决好发展问题，直接关系到人心向背，关系到中华民族的命运和社会主义的兴衰成败。因此，把中国发展起来，实现社会主义现代化，就成为全党全国人民矢志奋斗的主要任务和根本目标。

在这样的背景下，以革命为主题的哲学以及它的话语体系，就难以满足时代发展的需要，难以派上用场了。那么怎样才能使哲学摆脱这种困顿的状态呢？我国哲学界的有识之士开始认识到，在原有的哲学体系内修修补补是无济于事的，必须实现哲学以革命为主题向以发展为主题的转变。

中国人民大学的肖前教授、李秀林教授就是这样的有识之士。在我还是他们研究生的时候，他们就提出当代哲学必须研究中国社会主义现代化的逻辑。他们仿照毛泽东同志在《中国革命战争的战略问题》中提出的三段式，提出：我们要研究世界不同国家现代化的普遍规律，还要研究社会主义国家现代化的一般规律，重点要研究中国社会主义现代化的特殊规律。这可以被视为推进马克思主义哲学主题转变的先声。我作为他们的学生，对他们的这些观点印象极为深刻，在某种意义上也可以说，这就是我研究发展哲学的最初起因。

但是要把这样一个主题转变的设想变成现实，需要有关于研究发展问题的新的话语体系、理论体系和学科体系，需要创立和建构发展哲学。从20世纪80年代末到90年代初开始，在中国人民大学、北京大学、吉林大学、苏州大学和中共中央党校出现了一批先行者。他们开始从各个哲学分支学科向发展哲学研究进军。其中，马克思主义发展哲学研究成为其中影响最大、成果最突出的带头学科。

在20多年里，"发展哲学"从一个无人知晓的概念、一个合法性受到质疑的研究领域，逐渐发展成为我们国家社科基金承认的新兴哲学学科，成为多所大学招收研究生的正式专业，成为很多硕士研究生、博士研究生选择的研究方向。发展哲学从无到有，不断壮大，时至今日已蔚为大观。

2.发展哲学何以建构

接下来，我谈一谈发展哲学何以建构的问题。我认为有三条原则是需要坚持的。第一条原则，我们必须充分重视对马克思主义经典作家有关发展思想的继承和创新。马克思、恩格斯生活的时代是以革命为主题的时代，马克思主义哲学从诞生之日起，就是以革命为主题的哲学。但马克思亦有很多关于发展问题的深刻论述。比如，马克思所说："工业较发达的国家向工业较不发达的国家所显示的，只是后者未来的景象。"他强调这是一条铁的规律。再比如，马克思强调对于一个文明民族而言，能不能实现工业化是一个生命攸关的问题。马克思强调要推进世界市场的发展。马克思有关现代性和后现代性的思想和论述。马克思强调城市化是伴随工业化的一个必然的进程，他强调要实现城市与农村、工业与农业的协调发展。他也强调工业化为人的全面发展不断地提供着强大的物质基础。与这些关于发展的相关的思想还有很多，它们都是发展哲学应当重视和研究的。所以，现在很多发展哲学家也都承认马克思对发展哲学的研究起到了先驱作用。特别是他的那句话：工业较发达的国家向工业较不发达国家所显示的，只是后者未来的景象。这就要求落后国家必须去实现工业化，必须发展起来。

第二条原则，我们必须批判性地吸收和借鉴西方发展理论包括发展哲学的思想资源。随着世界主题的转变，发展理论成了显学，其中，发展经济学、发展政治学、发展社会学影响很大。这些理论对什么是发展、为什么要发展、怎样发展等问题，从世界观、方法论方面做了很多论述，形成了形形色色的观点。其中不乏我们应当批判吸收的成果。比如，法国经济学家佩鲁在《新发展观》中提出必须对发展观实行变革的问题，海德格尔提出的对技术理性进行反思的问题，波普尔提出的三个世界理论及其对信息问题的重视，诺贝尔奖获得者普利高津系统理论对开放性的强调，同是诺贝尔奖获得者的阿玛蒂亚·森对发展与人的自由关系的探讨等，都有我们需要学习和借鉴的地方，应当把这些成果作为我们构建发展哲学的重要思想资源。

第三条原则，我们必须高度重视中国发展实践所提供的中国经验、中国智慧、中国贡献。在毛泽东思想特别是邓小平理论、"三个代表"重要思想、科学发展观、习近平新时代中国特色社会主义思想当中，有着一系列关于发展问题的重要论述。这些论述都是坚持马克思主义世界观和方法论，对什么是发展、为什么要发展、怎样发展、为谁发展等根本问题的科学回答。这些成果构成了我们构建发展哲学的直接理论内容和基本根据。因此，我们要高度重视对这些理论成果的研究和吸收。以上谈的是关于何以建构发展哲学的三条基本原则。

3.发展哲学的研究对象和内容

任何一门学科的建立都需要有明确的研究对象和理论体系。那么，发展哲学的研究对象是什么呢？我认为，它有以下三个层次：第一个层次是发展中国家特别是我国的发展问题，即现代化问题是当前我国发展哲学研究的主要对象。第二个层次是发展中国家和发达国家的现代化问题。因为研究发展中国家的发展问题，就不可避免地要涉及怎样吸收和借鉴发达国家经验的问题，而发达国家在新技术革命的条件下，也还有一个再发展的问题，因此从广义来讲，发展哲学一般又把发展中国家和发达国家共同的发展问题作为研究对象。第三个层次是整个人类社会的发展问题。在这个意义上，发展哲学与唯物史观的研究对象是极为接近的，也可以说是相同的。

关于发展哲学研究的主要内容，可以分为元理论和元问题两个方面。在元理论方面，它要研究发展的本质、发展的动力、发展的主体、发展的价值、发展的风险、发展的代价、发展的规律、发展的模式、发展的机遇、发展的跨越、发展的战略、发展观等重要问题。从元问题的方面来看，就是进一步解决一些具体问题，从哲学高度来思考和回答这些问题。其中包括：发展与经济增长、发展与科技创新、发展与经济结构战略调整、发展与经济发展方式转变、发展与制度选择、发展与改革开放、发展与社会公平、发展与政治秩序、发展与文化的冲突和融合、发展与国民素质、发展与全球化、可持续发展、社会发展与人的发展等，这是相对来说比较具体但又具有高度普遍性的问题。

通过对这些元理论、元问题的理论阐发，就可以形成发展哲学的独立的话语体系、理论体系和学科体系。发展哲学通过提出的这些概念、话语、原理、观点，形成了独自的学科特色，对发展问题进行深哲学追问和深层思考。这对于从世界观、方法论的角度，深入认识我国现代化进程的矛盾和规律，深入认识和解决人类社会发展的困境和出路，都是有重要意义的。

由于时间关系，对发展哲学理论体系和具体内容，我只能做如上简要介绍。有兴趣的同志，可以去看2000年我在中共中央党校出版社出版的《发展理论论纲》一书。这本书对这些问题都有更为详尽的论述。这是我们讲的第一个大问题。

二、时代之问与发展哲学的探究

马克思说："问题就是公开的、无畏的、左右一切个人的时代声音。"发展成为时代主题，同时也提出了一系列必须回答的时代课题。对这些时代之问进行探究和回答，是发展哲学实现其社会功能、反映和引领时代发展的必然要求和必由途径。这里，我重点谈以下六个问题。

1. 时代的主题是发展所说的"发展"指的是什么：关于发展的本质

时代的主题是发展，这里所说的"发展"指的是什么，这涉及对发展本质问题的理解。发展是个多义词，它在不同领域里的含义差别很大。比如，老百姓常说的"这个青年人很有发展"，其中"发展"意味着他前程远大，会升官发财。这是对发展最世俗化的理解。再比如，哲学对发展的理解，是事物从一种低级形态向高级形态的跃迁，是量变和质变的统一。这样的定义很抽象，你能把它套到发展哲学上去吗？你能用它去说明时代的主题吗？显然是不合适的。

所以，我们要认识到发展这个概念是一个具有特定含义、特定论域的概念。它基本上是在发展理论的范围内，逐渐成了一个世界政治生活、经济生活的流行用语。

但即使在发展理论的范围内，对发展的理解也是众说不一，有很多争论。比如诺贝尔经济学奖获得者刘易斯，他最具影响的论述是：发展就是经济增长；再比如同为诺贝尔经济学奖获得者的缪尔达尔，他提出：发展是整个经济、文化和社会的上升运动，是摆脱贫困的过程。缪尔达尔的论述相对比较靠谱。当时的联合国秘书长吴丹指出：发展就是经济增长加上社会变革。美国的著名学者亨廷顿提出：发展就是从传统社会经过工业化向现代社会的转型过程。亨廷顿的发展概念为学界广泛采用。这是发展概念在国外的情况。

从国内的情况来看，邓小平首先在发展理论的特有含义上把发展这一术语运用到中国的政治经济生活当中。他认为，世界上真正大的问题，概括起来，就是东西南北四个字。和平问题是东西问题，发展问题是南北问题。所谓南北问题，就是发展中国家怎样摆脱贫困实现现代化，发达国家怎样再发展的问题。他明确说："我们所做的工作可以概括为一句话：要发展自己。"他又说："我们现在所干的事业，就是努力把中国变成一个现代化的社会主义国家。"他强调"搞社会主义现代化建设是基本路线"，同时又称这条路线为"中国的发展路线"。可见，所谓发展实际上是关于实现现代化问题的一个更容易为人理解、更容易与国际社会接轨的表述。

随着时代的进步，到了21世纪，世界正在加速从工业社会向信息社会过渡。所以我们党和国家也紧跟时代进步潮流，及时把握了社会发展的大趋势，对发展和现代化问题做了与时俱进的新回答。

党的十六大报告根据世界经济科技发展新趋势和我国经济发展新阶段的要求，指出，21世纪头二十年经济建设的主要任务就是"基本实现工业化，大力推进信息化，加快建设现代化"。这表明，随着信息技术革命的兴起，随着信息化时代的到来，现代化理应被理解为不仅是实现工业化的过程，而且也应当包括工业化之后的信息化过程，因此对发展概念我们也应当有新的理解和界定。

所以，我认为可以把发展定义为：从传统社会经过工业化和信息化向现代社会的全面转型过程。而我们所谓的"发展是当代世界的主题"，指的就是这一实现工业化、信息化、现代化和社会全面进步的过程已经成为世界的主题。而"发展是当代中国的主题"，又特指实现社会主义现代化已经成为当代中国的主要任务。这就是我们对"时代的主题是发展"所应当做出的比较科学的理解。

2. 落后国家能否赶上和超过发达国家：关于发展的不平衡性和机遇

发展哲学的核心问题是解决落后国家如何实现现代化的问题，其实质是落后国家在经济和社会发展各方面赶上和超过发达国家。对此，美国诺贝尔经济学奖获得者萨缪尔森分析了三种西方发展理论，对此基本上给出的都是否定的回答，即赶不上、超不过。

但历史的辩证法昭示我们，世界历史的发展是不平衡的，先进与落后、兴盛与衰落，处在不断的转化之中。发展的不平衡为某些发展中国家实现现代化、赶超发达国家提供了可能，特别是它为发展中的大国跻身世界强国行列提供了理论根据。但发展的不平衡性只是指出了世界上各个国家处在先进与落后、兴盛与衰落的不断转化之中，并没有说明某一国家何以能从落后跃居为先进、从衰落转化为兴盛，也并没有回答为什么偏偏是中国有可能成为世界上的现代化强国。要回答这些问题，就不能不讨论机遇及其在历史上的作用。

机遇是哲学和现代科学中的一个重要术语。在英文、法文、德文等语言中均为"chance"，用以表示机会、可能性、偶然性、或然性等。从古希腊伊壁鸠鲁的机遇说，到近代拉普拉斯的机械决定论，从哥本哈根学派与爱因斯坦对机遇的争论到波普尔对机遇的研究，机遇始终是个贯穿哲学发展史的重要问题。马克思哲学中本来有着重要的机遇思想，但布哈林和斯大林否定机遇的存在，此后，马克思主义哲学对机遇的研究长期以来几乎处于空白状态。

改革开放以来，邓小平提出要抓住机遇、加快发展。机遇问题遂引起哲学界的关注。我是比较早开始研究这个问题的，我对机遇下了这样一个定义：机遇是指对一特定事物而言并非必定出现，但一经出现就可能改变事物现存发展状态的事件和条件。机遇有两个显著的特点：一是具有不确定性，机遇能否出现，在什么时间、什么地点、以什么方式出现，都是不确定的；二是具有非常住性，机遇对特定事物而言并不总是存在和不变的，即是我们常说的机不可失，失不再来。

正是由于机遇具有不确定性和非常住性的特点，所以机遇往往表现为偶然性、或然性。但是我们又必须看到机遇背后隐藏着必然性，机遇的出现又不是完全神秘莫测的，它也是有规律可循的。因此机遇又是必然性和偶然性的统一。

机遇在事物发展中有什么重要作用呢？机遇绝非仅仅能够改变事物的发展速度，影响事物发展的快慢，在一定程度上也能够改变事物发展的方向，使其在多种发展的可能性中实现某一种可能性。常有这样的现象，有些优秀的女教师、女医生，一直进行专业研究，由于省市领导班子在结构上对于党派、学历、民族、性别的要求而被突然提拔为省市领导班子成员，人生轨迹随之发生改变，这体现的就是偶然性在事物发展中所起的重要作用。

在人类社会发展过程中常常会出现一些重大的历史机遇，这些历史机遇往往会改变一个民族、一个国家的命运。因此，研究发展问题不能不重视对机遇问题的研究。我们可以举很多历史事实来说明这个问题。

比如，18世纪的德国抓住了化工革命和冶金技术革命的机遇，19世纪末20世纪初的美国抓住了电力技术革命的机遇，后来居上，一跃成为世界上强大的国家。又比如，二战后的日本，抓住了欧洲产业革命调整的机会，抓住了新技术革命的机会，成为当时世界第二大经济体。再比如，"亚洲四小龙"都曾是贫穷落后的国家和地区，它们抓住了欧洲产业革命和经济结构调整的机遇，创造了东亚奇迹。

中国在发展中也有很多机遇，但是我们错过机遇的教训更为深刻。比如，明末清初，世界工业革命刚刚兴起，中国有机会融入世界潮流当中去，但当时的明清皇帝实行了闭关锁国的海禁政策，使当时的中国错过了这次发展机遇。到了晚清，虽面临着与日本明治维新同样的机遇，但清政府操纵洋务运动，扼杀维新变法，丧失了现代化的第二次发展机遇。20世纪60年代以来，"亚洲四小龙"抓住世界产业结构调整的机会，实现了腾飞。而此时我国却陷入"文化大革命"的动乱之中，第三次错过了发展的历史机遇。在改革开放之后，我们抓住机遇，利用新技术革命的成果，依托人口红利，推动中国加快发展，创造了中国奇迹。

1997年，党的十五大报告指出"能否抓住机遇，历来是关系革命和建设兴衰成败的大问题。过去我们抓住了重要历史机遇，也丧失过某些机遇"，所以我们要抓住机遇把中国发展起来。从此，机遇在发展中具有重要作用的思想成为我国发展实践中的重要思想武器。

十九届五中全会制定了"十四五"发展规划,再次强调要增强机遇意识,抓住机遇,应对挑战,趋利避害,奋勇前进。可见,机遇问题研究对我国发展具有重要意义。

3.怎样看待中国改革发展的得失成败:关于时空压缩的双重效应

21世纪初,在我国的改革和发展走过近30年的历程后,怎样看待近30年来改革发展的得失成败,一时成为中国思想理论界争论的焦点。其中有两种互相对立的观点十分引人关注。一种观点以中国面临的挑战前所未有为由,否认改革发展取得的巨大成就,认为我们奉行的是西方新自由主义,搞的是市场崇拜和私有化,造成了中国贫富不均、两极分化、政治腐败、社会动荡、资源枯竭、生态恶化,历史出现了大倒退,所以主张要退回到改革开放以前的路线上去。与之相反的另一种观点以中国发展的成就前所未有为由,极力回避改革发展面临的挑战,对中国出现的两极分化、政治腐败、生态恶化等问题轻描淡写,熟视无睹,进而否定中国有转变落后发展方式和不科学的发展观念的紧迫性、必要性。

这两种观点都有一定事实依据。比如,证明中国改革开放以来发展成就巨大、机遇前所未有的例子很多:中国经济增长的速度是前所未有的,中国经济规模的变化是前所未有的,中国贫困人口减少的数量是前所未有的,中国对世界经济的贡献也是前所未有的。但同时,中国发展问题面临的严峻挑战也是前所未有的,例如,中国的贫富差距、城乡差距、环境污染等。

因此,这两种观点的争论,不仅直接关系到对改革发展得失成败的评价,而且也直接关系到我们如何选择中国进一步的发展方向。其实,这两种主张各有一定的道理,中国发展成就前所未有是符合事实的，中国发展问题的存在也是符合事实的。问题的症结在于很多人在理论上无法理解和接受两者怎么能够在中国同时存在，因而在中国未来的发展方向上就分道扬镳了。在这种情况下，我们怎样从这种两难问题中走出来，解决理论和现实的困境呢？我提出"时空压缩双重效应"的概念，就是为了破解这个难题。

首先说说时空压缩，时空压缩原是美国著名新马克思主义者戴维·哈维（David Harvey）提出的一个概念。哈维认为，全球化进程的加快，改变了人们的时空观或时空观发挥作用的机制，人们感到时间和空间被压缩，人们生活在一个时间挤压和空间紧缩的地球村中。

我认为时空压缩可以成为一个反映发展中国家在实现现代化进程中时空特征的特有概念。它指的是，发展中国家由于实行赶超战略和跨越式发展，会在比较短的时间里走完发达国家很长历史时期内走过的路程。所以相对于发达国家而言，似乎时间和空间都被压缩了。

这里我更关注的是时空压缩的双重效应，即它的正效应和负效应。时空压缩的正效应表现为发展中国家由于具有后发优势能够实现非常规、跨越式发展，会在相对较短的时间里，完成发达国家在比较长的时期内完成的历史任务。时空压缩的负效应表现为发展中国家由于存在后发劣势，对在加速发展过程中产生的问题不能及时化解，会把发达国家在较长历史时期内、在不同阶段上依次产生的问题集中到相对较短的时空当中来。

时空压缩的正负效应，往往相伴而生、难分难解。不少学者也有类似的观点。2008年，美国财政部原部长、哈佛大学经济学家劳伦斯·萨默斯指出："中国20年里经历的工业化、城市化、社会转变是欧洲人在200年里经历的。"2007年，诺贝尔物理学奖获得者杨振宁提出:"中国正在把西方三个世纪以来工业革命所带来的社会发展,压缩到半个世纪里面。"形象地说,比如蒸汽技术革命是18世纪60年代的事,电力技术革命是19世纪70年代的事,电子技术革命是20世纪50年代的事,而信息技术革命是20世纪90年代发生的,这在西方国家经历了200多年的历程。作为有切身体会的中国人,想想"文化大革命"时期的状况,当时我们连蒸汽技术革命都没完成,但在近30年间,我们将蒸汽技术革命、电力技术革命、电子技术革命、信息技术革命一锅端、一勺烩,近乎全部完成,这实际上就体现了时空压缩正面效应。但它也有负面效应,比如在西方国家,18世纪经历了农民失地,19世纪的重点问题是工人失业,20世纪社会失稳问题比较突出,20世纪末期,生态失衡成为更为突出的问题。这些问题是发达国家在长期发展中分阶段出现的。但在中国改革开放发展的近30年间,我们将农民失地、工人失业、社会失稳、生态失序、结构失衡等问题压缩到近30年当中来。短时间内,这些问题几乎同时出现,这就是时空压缩的负面效应。

时空压缩双重效应的提出,为我们分析改革发展的得失成败和路径选择,提供了一种重要的分析范式,在学界、政界引起了广泛影响。时空压缩的双重效应启示我们,在非常规快速发展中,往往会出现利弊共生的现象。我们只能巩固和扩大正效应,减少和化解负效应。这就要求我们抓住机遇,应对挑战,坚决地贯彻科学发展观和新发展理念,通过深化体制改革,转变发展方式,走出一条高质量的发展道路。

因此,我们基于"时空压缩",将机遇前所未有和挑战前所未有、后发优势和后发劣势等看起来似乎对立、不可兼容的问题,做了理论上的整合,为我们研究中国现实问题,寻找中国发展路径,提供了一种有启发的思考方式。

4.怎样看待"唯GDP论"与发展的多维性:"五位一体"全面发展和"五位一体"整体文明

怎样看待发展的主要任务和维度,是一个国际上长期争论的问题。比如"唯GDP论"者,我们前面提到的著名经济学家刘易斯就认为,发展就是经济总量和人均经济总量的增长。这就导致了片面强调量变忽视质变的形而上学的发展观。后来,人们逐渐认识到发展是社会结构各个方面的整体转型,但整体转型包括了哪些方面、有哪些维度,各方面的专家又各有主张,议论不一。

从中国来看,在发展进程中同样出现了类似的问题。本来,邓小平提出中国发展要以经济建设为中心,他同时强调现代化的任务是多方面的,要综合平衡。但在实际工作当中,我们的干部还是出现了片面追求GDP、搞GDP崇拜的单打一倾向。即使认识到发展不是单纯搞经济建设的人,也往往把现代化建设局限为"三位一体",就是只有经济建设、政治建设、文化建设三个维度。所以,我国在很长时期里没有形成,也没有提出社会建设和生态建设的概念,我国的发展出现了不全面、不协调、不可持续的问题。为此,我们提出了经济建设、政治建设、文化建设、社会建设、生态建设"五位一体"全面发展的观点。而确立这种全面发展观念,关键在于如何为用"五位一体"取代"三位一体"的发展观念提供哲学理论的支撑。

我们以往之所以对发展的领域仅仅做经济、政治、文化"三位一体"的理解,根本原因在于对马克思的社会结构理论做了简单化的解读,认为马克思仅仅把生产方式、政治上层建筑和思想上层建筑看作是社会结构的三个组成部分,于是相应地得出了社会整体转型仅有经济建设、政治建设和文化建设三个维度。对马克思的社会结构理论的深入研究表明，马克思关于社会结构的组成部分不仅包括生产方式、政治上层建筑、思想上层建筑三个方面，而且还包括自然地理环境和人口因素。马克思尤为强调自然地理环境和人口因素是社会存在的重要组成要素，因此，把自然地理环境和人口因素即一国特定生态系统和人口系统排除在社会结构之外，既不符合唯物史观的社会结构理论，也不符合社会大系统构成的实际状况。据此，我提出社会结构由生产方式、政治上层建筑、思想上层建筑、自然地理环境、人口因素五个基本方面构成，相应地，社会大系统由经济系统、政治系统、文化系统、社会人口系统、生态环境系统五个子系统所构成。因此，社会结构的整体转型，应当是"五位一体"，包括经济建设、政治建设、文化建设、社会建设和生态建设五个基本方面。在此基础上，我进一步提出，作为经济建设、政治建设、文化建设、社会建设和生态建设成果的历史积淀和结晶，人类整体文明也是"五位一体"的，包括物质文明、精神文明、政治文明、社会文明和生态文明。

2007年，我在《唯物史观视阈中的全面发展与社会整体文明》一文中提出和阐述了"五位一体"全面发展、"五位一体"社会整体文明的观点。同年，我以中共中央党校调研研究报告的名义将这个成果报给中央政治局和中央书记处。很多理论界的同志对这个成果很感兴趣，表示赞同。2012年，党的十八大报告正式做出了经济建设、政治建设、文化建设、社会建设和生态文明建设"五位一体"的重要论述，提出了"五位一体"总体布局。2017年，党的十九大报告正式使用了"物质文明、政治文明、精神文明、社会文明、生态文明将全面提升"的提法。党的十八大以来，我们坚决贯彻"五位一体"总体布局，抓重点、补短板，经济建设、政治建设、文化建设、社会建设、生态文明建设全面发展，特别是在生态文明建设和社会建设方面，我们取得了显著的成就，令世界刮目相看。

5.怎样看待权力、资本、劳动在发展中的作用：支撑中国发展的三维结构

怎样看待权力、资本、劳动在发展中的作用，是国内外学术界长期以来具有重大争议的问题。我认为，从我国和很多发展中国家现代化发展进程来看，权力、资本、劳动三者缺一不可，共同构成了支撑发展的最基本的动力结构，是驱动现代化发展的"三驾马车"。

首先简要分析一下这种三维结构在中国发展中的具体情况。改革开放之前，中国的权力、资本、劳动三维结构处于急剧变动之中，除国有资本外，其他资本几乎被消灭殆尽。中国处于低度发展状态，很长时期内没有解决好贫穷落后的问题，社会主义优越性没有得到应有的发挥。改革开放以来，权力、资本、劳动三者关系经历了深刻调整，权力成为外生型现代化的强大组织力量，资本创造财富的威力前所未有地得到呈现，劳动迸发的活力为中国的发展奠定了根本性的基础。权力调整、资本重生、劳动解放，造就了中国发展的辉煌奇迹。我认为这是必须充分肯定的。但也应该看到，由于权力疏于制约，资本失之节制，劳动缺少尊重，又造成中国发展问题丛生，阻力重重。

基于对权力、资本和劳动二重性的分析，我提出，权力、资本、劳动三维结构合理，发展就会健康快速可持续；三维结构失衡，各种问题就会层出不穷，甚至百病缠身。可以说权力、资本、劳动三维结构的失衡，是发展中各种问题产生的一个总根源。解决中国问题必须从理顺权力、资本、劳动三者关系入手。

我们国家还处于并将长期处于社会主义初级阶段，要把中国发展起来，我们必须要通晓权力、资本、劳动的逻辑，防止陷入权贵资本主义、金融和房地产资本主义以及"中等收入陷阱"。如果权力没有制约，就可能陷入权贵资本主义；如果资本没有节制，就可能陷入金融和房地产资本主义；如果劳动不受尊重，我们就根本跨不过"中等收入陷阱"。

因此，我们一方面要坚持发展是硬道理的战略思想，让权力、资本、劳动各司其职，各就各位，充分发挥它们的积极作用，也就是发挥它们的正能量，让一切创造社会财富的源泉充分涌流，让发展成果更多、更公平地惠及广大人民。另一方面，我们必须坚持推进社会公平正义，制约和监督权力、引导和节制资本、尊重和保障劳动，必须打破一个时期以来形成的利益向权力和资本倾斜的倾向，打破权力和资本利益固化的藩篱。这是我们把促进社会公平正义、增进人民福祉作为我们党一切工作落脚点和出发点的必然要求。

在此基础上，我们应当把"受制约的权力""受节制的资本""受尊重的劳动"作为我们重构权力、资本、劳动三者关系必须坚持的总体性原则，把它当作中国当前发展和长远发展必须坚持的基本路径和取向。

6.怎样看待发展观背后的世界观、方法论之争：正确理解科学发展的世界观、方法论本质

发展观是发展哲学研究的核心问题，发展观是关于发展的本质、目的、内涵和要求的总体看法和根本观点，在发展哲学研究中的地位极为重要。但我们要看到不同的发展观反映着关于发展问题的不同的哲学主张，是不同的世界观、方法论的体现。用什么样的发展观指导发展实践，对一个国家的发展理念和发展战略具有根本性、全局性的影响。因此，发展观问题应当引起高度重视。

在我国，我们党对发展观的重视始于2003年。2003年SARS疫情突如其来，党的十六届三中全会提出全面协调可持续的科学发展观，全党全国围绕科学发展观进行了大量研究和讨论。当时，有一种占主导地位的观点，认为科学发展观是指导发展的世界观和方法论的集中体现。这种观点在全党全国广为流传。这一关于科学发展观的界说，缺少对发展理论和哲学知识背景的深入理解，表述是不专业、不准确的，需要在深入研究的基础上进行补充修改。

为什么这么说呢？首先我们必须看到，在发展观领域中，世界观、方法论斗争十分激烈，唯心主义和形而上学在发展观领域有着很大的影响。比如，前面提到的著名经济学家刘易斯将增长等同于发展，形成了一种只讲量变不讲质变的形而上学发展观。此外，发展经济学的创始人罗斯托，在《经济成长的阶段》一书中，攻击马克思关于社会发展的理论，认为共产主义是发展当中的一种"病症"。他还把这本书副标题定为"非共产党宣言"，以示其反对《共产党宣言》的立场。社会发展学者布莱克则反对研究发展的规律，认为研究发展的规律是一种宿命论，是企图"为历史立法"。刘易斯也提出过与其类似的观点，声言"我们不步马克思的后尘，人类未来不受不变规律的支配"。

从这些事实中我们可以看到，西方发展学者中一些人对马克思主义的世界观、方法论知之甚少，理解肤浅；一些人则明显地对马克思主义世界观和方法论进行曲解和否定。因此，对于发展观背后的世界观、方法论之争我们必须有清醒的认识。

在中国，以什么样的世界观、方法论为指导，正确回答什么是发展、为什么要发展、怎样发展、靠谁发展、为谁发展这些基本问题，也直接关系到我国发展的成败。中国特色社会主义理论体系之所以能够成为我们党长期坚持的指导思想，从根本上说是因为坚持辩证唯物主义和历史唯物主义的世界观、方法论，科学地回答了我国发展的一系列重大问题，在实践中成功地推进了我国的社会主义现代化进程。其中，科学发展观提出发展是第一要义，核心是以人为本，基本要求是全面协调可持续，根本方法是统筹兼顾，集中体现了辩证唯物主义和历史唯物主义世界观、方法论对于我国发展的指导作用。这是科学发展观之所以"科学"的世界观、方法论基础。

基于上述原因，我应某权威杂志约稿，写了一篇题为《科学发展观是指导发展的马克思主义世界观方法论》的文章。但这家杂志告诉我，"科学发展观是指导发展的马克思主义世界观方法论"不符合当时的权威提法，硬是要我将"马克思主义"这五个字去掉。不久，这篇文章按我原来的题目被一个内部刊物发表了，并被报到中央有关研究部门，得到了中央相关部门的重视。后来的情况是，党的十七大报告做出了科学发展观是"马克思主义关于发展的世界观和方法论的集中体现"新表述，从理论上为我国发展实践指明了正确方向。"马克思主义"这五个字在发展观前面起到的限定作用，绝非可有可无，而是不可或缺。所以理论研究有时会对党的重大方针的制定和表述产生影响。

三、时代精神与创新发展研究

马克思说，"任何真正的哲学都是自己时代精神的精华"。发展哲学要高度重视创新发展的研究，这不仅是因为党中央坚持把创新置于"我国现代化建设全局的核心地位"，置于"创新、协调、绿色、开放、共享"五大新发展理念之首，而且也因为创新是当今时代精神的集中体现，哲学需要给予创新研究高度的重视和更多的关注。

1. 发展的时代主题孕育创新发展的时代精神

首先，提出两个重要问题：时代精神和时代主题是什么关系？什么是当今之世的时代精神？这是我们搞哲学的人需要搞清楚的基本问题。时代精神不可能脱离时代主题而存在，也没有离开时代主题的时代精神。作为当今时代主题的"发展"本身就孕育了作为"创新"的时代精神。2005年，我在《马克思哲学与当今时代》一文中，率先提出"创新是当今时代精神的集中体现"，"创新是当代社会发展的根本动力"，得到理论界朋友的赞同。2009年，党的十七届四中全会正式使用了"以改革创新为核心的时代精神"的提法，此后把创新视为当今时代精神的提法得到普遍认同。

关于创新和发展关系的研究，可以追溯到熊彼特的创新理论。熊彼特是个传奇人物，他出生于1883年，即马克思去世那年，同时因为他对马克思的崇拜，有人说他是马克思的转世灵童。他在奥地利维也纳大学获得博士学位，26岁成为奥地利的财政部部长，49岁在哈佛大学任教，65岁担任美国经济学会会长。如果不是于1950年去世，他还会担任国际经济学会会长。

熊彼特为什么有这么大的影响呢？这就不得不谈到他的创新理论。1911年，熊彼特出版《经济发展理论》一书。他提出，发展的本质就是创新。当时，他提出的理论还不受重视。20世纪50年代发展成为时代主题之后，特别是70年代后科技革命浪潮迭起，各国的改革风起云涌，创新理论才开始在世界上大行其道。这是因为发展必须建立在技术创新、制度创新和知识创新的基础之上。此后，创新就成了国际社会使用广泛的一个高频词。不仅中国，美国、德国、日本、英国、沙特等国家都在大量使用这个概念，甚至有些研究者认为，我们已经进入到了一个"创新时代"。

2. 创新发展思想的理论源头究竟在哪里

讲到这里，大家可能觉得熊彼特的创新理论是创新发展的思想源头，事实上，我国理论界一开始确实是把熊彼特的理论看作是创新发展的思想源头的。但是，这种观点是对创新思想的谱系知之不多的表现。因为，早在马克思进行理论活动的初期，就已经对创新活动及其在历史发展中的重要作用做了深刻的论述。当然正像人们所熟知的那样，马克思没有使用创新这个概念，但我认为这丝毫不能抹杀马克思对创新思想的历史贡献。因为，就连熊彼特本人都曾郑重声明，他的创新思想与马克思"更加接近"，但只包括马克思"研究领域的一小部分"，他称马克思是"先知"，是"导师"。如果我们着重于思想的原创性，那么，我想我们就应该承认马克思是创新发展思想研究的先驱，是从哲学高度阐述创新思想的第一人。

我简单从三个方面阐述这个问题。第一，马克思提出了人类两种"历史活动"的思想，将人类实践活动分为继承的活动和创新的活动。《德意志意识形态》一书指出：历史不外是各个世代的依次交替。每一代一方面在完全改变了的环境下继续从事所继承的活动，另一方面又通过完全改变了的活动来变更旧的环境。他所谓的"完全改变了的活动"就是相对于"继承的活动"而言的。实际上，也就是提出了"继承性活动"和"创新性活动"是人类两种不同的实践活动的重要思想。

第二，马克思提出"革命的实践"即"创新的实践"的概念，揭示了创新实践具有改变世界的功能。在《关于费尔巴哈的提纲》中，马克思强调："环境的改变和人的活动或自我改变的一致，只能被看作是并合理地理解为**革命的实践**。"什么是马克思所说的"革命的实践"？尽管这在哲学界是一个争论不休的问题，但我们仍然能认识到把"革命的实践"理解为"社会革命、暴力革命的实践"是片面的。从语源学考察可以发现，在英语、德语中，革命与创新是同义词，在一定条件下是可以互换的。在当代语境下，"革命的实践"完全可以译为"创新的实践"。可以说，广义的革命就是创新，而狭义的革命即我们所说的社会革命，就是制度创新。马克思特别强调"哲学家们只是用不同的方式**解释**世界，而问题在于**改变**世界"。他强调的就是要通过革命实践、创新实践去变更环境、改变世界。因为，马克思认为继承性的、重复性的、常规的实践不能改变世界，只有革命性的创新实践才能"变更旧的环境"，改变世界。

谈到这个问题，我想讲一个有意思的小故事。我们知道乔布斯是苹果公司的创始人、智能手机的发明者，被称为21世纪最伟大的创新者。奥巴马说，他改变了人们看世界的方式。年轻的时候，乔布斯是一个左派学生。他崇拜马克思，将马克思当作创新者加以崇拜。他曾把马克思与发明家爱迪生相提并论做比较，看谁的创新更深刻地改变了世界。马克思说"问题在于改变世界"，而乔布斯则把"活着就要改变世界"作为人生的座右铭。这个事例给我们的启示就是"创新才能发展""创新才能改变世界"。

第三，马克思论述了创新在资本主义发展中的各种表现，揭示了创新在现代社会发展中的重要作用。马克思将其创新观点运用于对现代社会和对资本主义社会的分析中。他对资本主义出现的大量创新现象做了生动的描述。人们今天所谈的知识创新、技术创新、产品创新、市场创新、制度创新，在《共产党宣言》里都有充分的体现。

马克思在《共产党宣言》中概括说：资产阶级除非对生产工具，从而对生产关系，从而对全部社会关系不断地进行革命，否则就不能生存下去。这句话被西方经济学学者当作马克思对创新的经典表述。19世纪80年代，由900多位知名学者（其中包括十几位诺贝尔经济学奖获得者）编写的、被誉为"经济学最权威的词典"的《新帕尔格雷夫经济学大词典》在"创新"词条中指出，"马克思恐怕领先于其他任何一位经济学家把技术创新看作经济发展与竞争的推动力"。把创新看作资本主义社会发展的动力，实际上也就是把它看作现代性发展的动力、现代社会发展的动力。因此，当我们研究创新发展问题时，必须重视对马克思创新思想的研究，充分肯定马克思对创新发展思想的贡献。

3. 创新发展研究需要深入研究的几个问题

当前，推进我国的创新发展有很多问题需要重视和深入研究。这里简要谈三点。第一，我认为坚持创新发展必须要对创新概念做出科学的界定。正如前面已提到的，创新概念最早是由熊彼特提出的。熊彼特说，创新是一组生产函数的新组合，它包括开发一种新技术，生产一种新产品，发现一个新市场，利用一种新资源，建立一种新型生产组织五个方面。很明显，熊彼特的创新概念是作为经济学概念而被界定的。但现在创新概念的使用已经远远超出经济领域，在政治、文化、社会生活各个领域都被普遍使用。现在如果仍然拘泥于经济学对创新概念的界定，已不能反映创新这一术语使用的实际内涵，因此需要根据技术创新、制度创新、知识创新、文化创新等不同类型的创新共同具有的本质特征，对创新概念进行新的界定。

我认为创新有三个共同的本质的特征。第一个特征是它具有新异性、突破性。它是破旧立新、除旧布新，它是一个新事物、新东西。第二个特征是创新一定要反映事物的客观性和规律性，它是事物客观规律的体现，因此不同于标新立异、胡思乱想。有人将不切实际的标新立异、胡思乱想当作创新，这是对创新最大的歪曲。创新一定要符合事物的本来面目，符合事物的客观规律。第三个特征是创新具有价值性和高效性。创新不等同于新发现、新发明。它是对新发现、新发明的实际应用。由于新发现、新发明体现事物的本质属性和客观规律，因此创新就能更为有效地达到改变世界的目的，它具有更高的价值性和有效性。只有符合这三个特征才能够称之为创新，不然就成为创新概念的泛化和滥用，是假创新、伪创新。

根据创新的三个特征，2007年，我在《论创新实践》一文中从哲学上给创新做出了如下定义：所谓创新，就是破除与客观事实不相符合的旧观念、旧理论、旧模式，利用和发现客观事物的新联系、新属性、新规律，更为有效地认识和改造客观世界的活动。我认为，这样界定创新概念，更具有普适性，更能够体现创新的本质特征。

第二，坚持创新发展必须尊重创新劳动创造的价值。习近平总书记指出，坚持创新发展就要使"研发人员创新劳动同其利益收入对接"，"形成有利于出创新成果、有利于创新成果产业化的新机制"。尊重创新劳动、尊重创新劳动的价值，是坚持创新发展的前提和条件。2000年，我在《劳动价值论的创新与创新劳动价值论》一文中提出，在马克思的经济理论中，已经蕴含了创新劳动创造巨大价值的思想。"创新劳动"这一概念也是我首先提出来的。从唯物史观来讲，劳动是理解历史的锁钥，而创新劳动占比越来越多、作用越来越大，因此，创新劳动对我们理解历史发展更为重要。

马克思认为一般复杂劳动与科技创新劳动在价值创造中具有本质差别。他认为一般复杂劳动创造的价值是"多倍的简单劳动"，但他认为科技创新劳动所创造的价值可以是"高次方的简单劳动"。"多倍的简单劳动"和"高次方的简单劳动"在数学上是线性和非线性的关系。这说明创新劳动和一般复杂劳动是不同性质的劳动，它们的价值创造不能等同。创新发展之所以重要，从根本上说就是因为创新劳动能够创造远远高于简单劳动和一般复杂劳动的超额剩余价值，创造更多更新更能满足人的发展需要的物质财富。例如，乔布斯创造了世界上本没有的智能手机，它是更能满足人们需要的物质财富，技术含量更高，所以它创造的剩余价值也很丰厚。

第三，坚持创新发展必须推进以科技创新为核心的全面创新。坚持创新发展，实施创新驱动发展战略，建设创新型国家，是一个宏大的系统工程，它要求我们全面推进科技创新、制度创新、理论创新、管理创新等等。其中科技创新是核心目标和首要要求，在各类创新中最重要、最关键、最核心、最困难、最具有挑战性。科技创新是提高社会生产力和综合国力的战略支撑，没有科技创新的不断推进，就不可能有生产力水平的不断提高和人类社会的进步。举一个最简单的例子，面对新冠肺炎疫情的大流行，我们如何才能战胜它？只有一条路那就是创新，只有开发出能有效预防新冠肺炎的疫苗和有效治疗它的药物，才能最终战胜新冠肺炎疫情。因此，科技创新十分重要。

此外，我们还必须发挥制度创新对各种创新的激励和保障作用。制度创新就是破除与生产力发展要求不相适应的生产关系和上层建筑，建立与生产力发展要求相适应的新的生产关系和上层建筑的实践过程，其实质是生产关系和上层建筑体制发生的适应生产力发展要求的变革过程。很明显，没有制度创新，科技创新和其他创新就会难以推进，阻力重重，很难取得突破。

还有我们还必须发挥好理论创新对制度创新和科技创新的思想先导和精神支撑作用。理论创新是解放思想的过程，要求我们破除与实际不相符合的旧观念、旧思想、旧理论，创立反映客观实际的新观念、新思想、新理论的过程。因此，理论创新对制度创新、科技创新具有先导作用。由于理论创新能够深化和拓展人们对客观世界的认识,揭示和深化人类对自然界和社会发展规律的认识,因而理论创新能够成为开拓新的实践领域、实现实践新飞跃的强大的思想推动力。

  最后我想用这样一句话结束今天的讲座。马克思指出:"理论在一个国家实现的程度,总是取决于理论满足这个国家的需要的程度。"在发展哲学的研究中,我所提出的一些具有原创性的概念和观点,如发展机遇、时空压缩双重效应、"五位一体"全面发展、"五位一体"文明建设、创新劳动、创新实践、创新发展、科学发展观是关于发展的马克思主义世界观方法论、创新是当今时代精神的集中体现、创新是社会发展的根本动力等,最大程度上得到了社会接受,为我们的时代打上了特有印记。从根本上说,这是因为发展哲学以及这些概念和观点反映了时代发展的需要,体现了当今中国的时代精神。所以,我期待发展哲学有更大的发展!

(周雅灵整理)

第四讲
关于董仲舒研究的心得

◎ 周桂钿

时间：2020 年 12 月 19 日 18：00—20：00
地点：中国人民大学人文楼

  周桂钿，1943年生于福建长乐，1964年考入中国人民大学哲学系，六年后毕业到河北魏县（王充老家）下乡。1978年考入中国社会科学院研究生院，三年后毕业到北京师范大学哲学系任教至退休。退休后到国际儒学联合会任学术委员会主任，参与创办中国政法大学国际儒学院，并任副院长，负责教学工作。已出版《中国传统哲学》《中国儒学讲稿》《十五堂中国国学课》《十五堂中国哲学课》《秦汉思想研究：董学续探　董仲舒评传》《董学探微》《虚实之辨：王充哲学的宗旨》《秦汉思想研究：王充评传》等20多部专著，发表400多篇论文。曾任北京师范大学两届哲学系主任，曾获中国社会科学院"做出突出贡献的硕士学位获得者"称号，曾被聘为日本京都大学客座教授，曾任中国哲学史学会副会长等职。

我做学术研究的时间很长，另外，做的面很窄。哲学有八个二级学科，我就研究中国哲学。中国哲学有几千年历史，有几百个哲学家，我就研究秦汉哲学。秦汉哲学里面那些人物，也不是都研究，就专研究王充与董仲舒。今天的讲座，我想讲两个小问题。我研究董仲舒前后经历了40年左右，要都讲是讲不完的，因此，我只讲点心得。心得主要涉及两个问题。

　　第一个问题是研究中国古代哲学或思想文化，要有古汉语的基本功。如果基本功不扎实，就容易搞错。比如我看了很多专著，它们的作者比我岁数还大，因基本功不行，弄错了很多地方。这样的例子很多。所以我觉得给大家讲讲这个问题，还是有意义的。

　　先来讲一讲古汉语的基本功问题。实际上，古汉语的载体就是古汉字。汉字涉及三个内容：一是怎么写。中国的文字学就是专门研究哪个字怎么写的。现在说最早的是甲骨文，还有大篆、小篆、金文、隶书、草书、楷书、行书，这些都不一样。我记得有一个，甲骨文的"梦"字，做梦的"梦"，怎么写呢？旁边画个床，然后人躺在上面，画个眼睛，眼睛的眼睫毛摆动，就是"梦"字。现在写"梦"字和那时候差别很大，有很多变化。文字学研究是一门专门的学问。二是汉字的读音也是变化的，音韵学就是研究读音变化的。三是汉字的意义。我们做哲学研究的比较重视汉字的意义变化，研究意义变化的叫训诂学。但是搞哲学都不怎么研究训诂，训诂都是中文系在研究。但是这方面我们也要知道一些，若不知道的话容易弄错了。

　　接下来，我想就研究董仲舒的具体问题谈谈。一个是董仲舒什么时候出生。为董仲舒写传最早的是司马迁，在《史记》里面有《儒林列传》，《儒林列传》最后一个写的就是董仲舒，一共有几百字，写得很简单。他就说：董仲舒，广川人。没说什么时候出生的。

但是，能不能知道他出生时间呢？我们看了桓谭的《新论》以后才知道。桓谭比董仲舒晚100年左右。他说董仲舒"年至六十余，三年不窥园"。现在我们理解这句话应该是说，董仲舒到60多岁的时候，有三年时间不去看菜园子。结果有一个中文系的老教授说这句话说明董仲舒活了60多岁，这实际上是错的。他的依据是"六十余"哪有三年"不窥园"的，他也是个大专家，名气很大的中文系主任，但他明显就错了。"三年不窥园"说明什么问题呢？我猜测，这三年对董仲舒的一生有重大影响，所以这三年他没时间去看菜园子。有的人说他做学问很认真，所以"三年不窥园"。但很认真可以一辈子不窥园，或者五十年不窥园，都可以，为什么是三年？我猜想，这三年的特殊意义在于，他在想如何和汉武帝对策。汉武帝提问题，他要回答。为了准备这个，所以三年都没时间去看菜园子，这样的设想应该是比较合理的。另外还有一个，有的学生跟着他学习，三年没见过一面，我说这个三年和那个三年可能一样，都是同一个时间段。学生他就教几个，岁数大的、早进去的，然后这几个出去向别的学生传授董仲舒的思想。我想这三年、那三年都是指的同一个时间段。他这一辈子最重要的就是那个三年。所以我觉得，这样就可以定下来，董仲舒在60多岁，准备参加对策。或者可以说，他参加对策的时候64岁。"六十余"我把他安排在61岁，然后过了三年，参加对策。对策的时间知道，班固《汉书》里面写得很明确。这样推上去，董仲舒什么时候出生的？大概高帝九年（公元前198年），到公元前104年以后就没有他的信息了，大概可能去世了，这样他的寿命，我就猜测是93岁左右，在91岁至95岁之间。现在董仲舒老家的人很喜欢说95岁，为什么呢？他们说，孔子73岁，孟子84岁，董仲舒95岁。这是关于他生卒年的问题。

还有一个问题是他什么时候退休。我研究出来他退休年龄是77

岁。古人说退休，用"悬车致仕"，就是把车挂起来不用了，把当官的事放在一边，就是退休的意思。上海有个学者说"悬车致仕"的意思是那时董仲舒刚当官。其实意思正好相反。古有"七十悬车致仕"之说，"七十"有一个人说是整70岁，而我认为是77岁，有人问我为什么，我说，对古代文字有个怎么理解的问题。比如孔子在《论语》里讲的，"三十而立，四十而不惑，五十而知天命，六十而耳顺，七十而随心所欲，不逾矩"，怎么都是整数？实际上不是整数，而是约数。这个怎么知道呢？看书看多了就会发现这个问题。比如班固说自己"弱冠而孤"（《后汉书》），"孤"就是孤儿。我就查他父亲死的时候他多大岁数，发现是23岁，而不是整20岁。因为"冠"是20岁，"二十曰冠"，实际上23岁也是"冠"。班固还说自己在太学里面活动的时候也是"弱冠"，那时他是27岁。23岁和27岁都可以叫"弱冠"，说明"冠"未必是整20岁。唐代的孔颖达是经学专家，他就说，古代20岁到29岁都可以称为"冠"，这说的就很明确。那70岁到79岁都可以叫"悬车致仕"，那怎么77岁就不行呢？后来我想，我自己38岁硕士毕业到师大（北京师范大学）工作，就算有工作了，这就是"三十而立"，我是38岁而立，那就是"三十而立"，不能说38岁不是，30岁才是。我42岁破格提了副教授，别人再叫我去做什么别的赚钱，我不去了，我觉得自己适合干这个，这是"四十而不惑"，我是42岁不惑。52岁我当了系主任，连续当了两届，对全系的情况、对自己的情况、对社会环境都比较了解，这就是"知天命"，我52岁"知天命"。我61岁退休了，61岁以后，别人说什么我都不在乎，听而不闻，也不会生气，说我好我也不会特别高兴，说我不好我也不发火，我就这样，"六十而耳顺"。现在我77岁了，随心所欲而不逾矩。过去把孔子说得很神圣，这么想，我们和孔子也差不多，但是水平没他那么高很正常，不能都一样高。

还有董仲舒出生在什么地方。《史记》里面记载董仲舒是广川人。这个看起来很明确，但对今天的人来说也很复杂。在中国历史上，广川在春秋时期是"国"；后来变成"郡"，那是秦始皇时代；再后来变成"县"，那是汉武帝时代；现在还有广川这个名字，但是个"镇"。这差别是很大的。县比镇大，国又相当于今天半个省那么大。现在是广川镇，那个地方的人认为董仲舒是他们那里的，《史记》上就是这样写的，这当然根据很充分。但是他有个石头坐像，两米多高，坐着比我们站着还高。这个石像是明代刻的，在枣强县。枣强县的人说：董仲舒是我们这里的，你看董仲舒像就在这里，这是明摆着的证据。据传，原先在太行山刻的董仲舒的坐像，用马车拉，拉到枣强地界儿，天黑了马也不跑了，怎么办呢？有人说，"董爷爷他自己要待在这个地方"，然后就把雕像卸车放在那里。董爷爷选的地方，那就是他的老家，枣强县的理由很充分。还有一个故城县，与枣强县挨着，故城县有个村叫"董学村"，董仲舒在那里读书，有的人说是他姥姥家，也有一定道理。再扩大了说，山东的德州，德州地方志有记载，说董仲舒有读书台在这个地方。实际上是怎么回事呢，原来枣强县隶属德州，德州的地域原本很大，后来一部分分到山东，包括枣强的另一部分分到河北，所以就变成两个地方了。实际上，我问他们，你们德州有没有董仲舒的文物？回答是一个也没有，就是史书上有记载，这就有些牵强了。这几个地方我常去，去研究董仲舒。第一回去的时候，那儿的小学没有桌子，就是用土堆搭着，放个木板，坐五个人。第二回去的时候，有地方上组织妇女在董仲舒庙前面跪着烧香，表示那里还信仰董仲舒。董仲舒在他们当地叫"董二圣"，要去上学，先拜孔子，后拜董仲舒。孔子是"大圣"，董仲舒是"二圣"。

最早写董仲舒传的是司马迁。在《史记》里有《儒林列传》，他排在最后一个，一共就几百字，没有写对策。后来《汉书》里写董仲舒的时候，单独列传，有三个对策。南京有个学者写文章说，司马迁写董仲舒传没有对策，班固里面有对策，说明是班固胡编的。我说你看仔细了，他那个对策对的每一个都是汉武帝的提问，如果要编董仲舒的对策，也要先编汉武帝的提问，谁敢编皇帝？特别是班固更不敢编，他曾被抓到监狱里，差点被砍头。这导致班固很谨慎，不会随便编的。我现在研究历史有一个原则，没有过硬的材料证明它是假的，都要承认它是真的。现在的很多人则是认为不能证明是真的，就说是假的。我认为这个思路不合适。

中国二十四史，过去有的人说它是文化垃圾，应该烧掉。我的看法跟他们相反，我认为中国二十四史是世界历史文化唯一的瑰宝。因为全世界别的国家都没有，只有中国几千年连续不断地传下来，有这二十四史。古巴比伦文明没有得到延续，古埃及文明和古印度文明延续下来了，但中间断了很多。比如印度写玄奘在印度时期的那一段印度历史，没有材料，就把玄奘的笔记拿去做补充。印度跟埃及的历史中间都缺了好几段，只有中国没有缺的。所以现在要研究历史，中国是绝对权威。例如，在研究宇宙方面，宋朝的时候有一颗超新星爆炸了，中国的宋史都有记载。

关于司马迁评价董仲舒。司马迁听过董仲舒讲课，认识他。司马迁说董仲舒研究《春秋公羊传》是五世中最高权威，从刘邦到汉武帝这五代，所有研究《春秋公羊传》的都超不过董仲舒，这个是司马迁评价最高的。但到了100年以后，到了王充、班固的时候，评价就不一样了，很不一样。怎么不一样呢？班固写道，仲舒"为群儒首"。儒家里面他是带头的，相当于孔子。王充的评价也很明确，王充说："文王之文在孔子，孔子之文在仲舒"（《论衡·超奇篇》），就是周文王、孔子、董仲舒这三个人一脉相承，都是圣人。

我研究王充的时候别人说，王充和董仲舒是针锋相对的。我说怎么针锋相对呢？因为董仲舒讲"天人感应"，王充反对"天人感应"，这是从概念上说他们针锋相对。我认真地去读了《论衡》，有董仲舒的地方都画了出来，王充在《论衡》中62次提到董仲舒，其中有一次说，因为有旱灾董仲舒让一些妇女在土堆旁边跳舞，说这样就能下雨，《史记》也有这个记载。王充说这个很值得怀疑，天上的雨怎么会因为一群妇女在土堆旁跳舞就下呢？今天跳舞了没下雨，再过一天跳舞了也没下雨，过了很多天终于下雨了，比如说过15天下雨了，就说你们看就是她们跳舞跳下的。总要下雨，但是哪一天下不一定，如果今天跳今天就下，每一回都这样，那就说明跳舞有效果。如果不是，那就不能说它很灵。

我讲的这些东西就是一个意思，就是研究古代的东西，特别是先秦和汉代，唐朝以前的，都有一个基本功问题。有这个基本功可以减少很多错误。现在很多人不太了解、不下功夫研究，想当然地按现在的想法去理解古代的记载，是不够严谨的。北师大历史系的一些教授就说，搞历史研究，每一个结论都必须有根据，没有根据不能随便下结论。

现在讲第二个问题，董仲舒对汉代盛世存在的社会问题的解决办法。我认为，他和汉武帝对策，主要内容就是根据自己的研究，对汉代盛世存在的社会问题提出解决办法。这些如果研究好了，对我们现在意义也很大。我们现在也是盛世，可以借鉴他的一些思想来处理我们治国理政的问题。但这个问题非常复杂，我举六方面的例子来谈谈那时候和我们现在有什么关系。

什么叫盛世？很多人说中国没有盛世，特别是现在，问题那么多，怎么能叫盛世？盛世不是完全没有问题的，盛世有盛世的问题。盛世的标准很难定。但是我想，盛世有两个很突出的特点：一是人的寿命延长了。这个现在很明显，现在在校园里走来走去，可以看到很多老年人。我到北师大的时候，我们系岁数最大的56岁，没有超过60岁的。现在呢，过80岁的20多个，过90岁的4个。退休的人一块开会，照相时前面两排都是80岁以上的，我77岁，站在第三排。寿命很明显地延长了。我们老家的村子，以前过60岁的一般有两三个，50岁以上的都算老人。现在村里也是一大堆七八十岁的，还有两位妇女好像超过了100岁。二是人口变多了。我研究历史做过统计，汉代和唐代人口都比较多，人口多也是盛世的一个表现。秦始皇那个时代，人口200万。到了王莽那个时代，人口是5 900多万。曾有个法国学者质疑，2 000多年以前中国人口就有那么多？我说，我们写历史不像你们西方随便写，胡编的太多了，我们全是真的。他认为不可能。他说，法国现在的人口是6 000多万，治理起来都很困难，中国那时候疆域那么大，人口那么多，通信也不发达，交通也不方便，那怎么管理啊？中国有本事管理，中国有中央集权制、郡县制。

现在我讲具体的。第一个是"大一统"。"大一统"最早是在《春秋公羊传》里出现的。但是《春秋公羊传》里的"大一统"是礼法方面的"大一统"，董仲舒把它发挥了，疆域"大一统"、思想"大一统"，各个方面都是"大一统"。但是这个思想为什么会产生呢？跟中国传统有关。《尚书》中第一篇就是《尧典》，里面说"光被四表""以亲九族""平章百姓""协和万邦"，这个就是"大一统"思想。国家这么大，中间是中心部分，然后再出去一点，是九族，再出去就是老百姓，大家都很平等。然后"协和万邦"，和各个邦国都搞好和谐关系。中国古代的这种思想就没有说要把别人消灭了。西方是优胜劣汰，我强你不强，你就得听我的，不听我的就揍你。现在我们的土地都是国家的，这样容易办大事。我记得京九铁路从正式开工到建成通车仅用了两年多时间。台湾一个学者跟我说：刚说了要修铁路，今年就通车了，这可是好几千里的大工程。台湾这么点地方，要修一条公路，要征地，仅讨论两年都不够。京九铁路这么远，修完了，还通车了。我说，这就是"大一统"的优势。还有《论语》中所说"四海之内皆兄弟"（《论语·颜渊》），我们都是这样的观念。

还有董仲舒讲的两句话也很有名，一个是"屈民而伸君"，一个是"屈君而伸天"（《春秋繁露·玉杯》）。很多研究董仲舒的都知道这两句话，并大多持批判态度。我认为这两句话非常精彩、非常深刻。"屈民而伸君"，有人说是把老百姓"屈"下去，我说老百姓在最底层了，怎么"屈"啊？要"屈"的是地方政府、诸侯王。汉初的时候有几年都在讨论这个事，要收拢地方政权，强干弱枝。把树干要做得大一点，枝条要弄得细一点，这样才可以统一。要不然的话各干各的，就统一不起来。所以这个"民"，应该是指地方政府的诸侯，要把他们的力量削弱，加强中央集权制度，这样才行。董仲舒对这一点非常了解，另外吴楚"七国之乱"他是经历者，知道诸侯王势力大了会作乱，所以要把这种趋向压下去，这样才能巩固中央集权。中国 2 000 多年维护的都是中央集权制度，这个制度现在看来还有很大的优越性。中国的历史文化突出的是政治智慧，对世界都有很大影响，很多思想值得总结。而且现在看来，这个是唯一的，是独一无二的智慧。所以中国必须强调统一，否则极易分裂，中国历史上就分裂过好几回。但是很多老百姓都希望统一，陆游写的诗"死去元知万事空，但悲不见九州同。王师北定中原日，家祭无忘告乃翁。"（《示儿》）陆游临死还惦记着国家统一。这是第一个问题。我就讲一下"大一统"问题，强调一下我们国家从民众心里都是向往统一的，统一才有安定的生活环境，不会像春秋战国那样连年战争。

第二个是"天人感应"。"天人感应"一直受到批判，但也有人认为它有合理性。首先，王充是批判"天人感应"的，但他从来不批评董仲舒的"天人感应说"。而且，讲到"天人感应"，王充说"'六经'之文，圣人之语，动言天者，欲化无道，惧愚者"（《论衡·谴告篇》），就是要教化无道的君主，让愚昧的人害怕，这是政治需要，不是讲科学问题。王充说"言君臣政治得失，言可采行，事美足观"（《论衡·案书篇》），就是董仲舒讲的政治问题是可以实践的，非常好，他反复强调这个。南宋赵彦卫在其著作《云麓漫钞》中说，皇帝地位很高，但没什么可怕的，这些人就怕天和祖宗，别的都不怕。董仲舒就用天和祖宗来讲道理吓唬天子，约束权力，这样才有效果。确实有效果，所以这个做法是对的。还有清代的皮锡瑞，他写了两本很好的书，一本是《经学通论》，一本是《经学历史》。在《经学通论》里面，他也说了这个意思，皇帝怕自己有过失，没人敢提出来，又怕子孙不守规矩乱来，所以常常假借天变约束自己，也约束子女。还有就是当官的也借着天变劝告皇帝，纠正皇帝的错误。梁启超也说了一大段这类话。这些都表明，跟皇帝讲天，实际上不是讲科学问题，而是讲政治问题。讲政治问题，不存在唯物-唯心的问题。讲科学，讲到宇宙本原，才有唯物-唯心的问题。所以恩格斯明确地说：只有在宇宙本原的问题上才能使用唯物-唯心这两个概念，如果用到别的地方就会造成思想混乱。现在我们有一些人，对马克思主义不是很了解，乱用唯物-唯心，别人说错一句话，就说人家是唯心主义，其实对于什么是唯心主义，没弄清楚。实际上，唯心主义在谈科学问题的时候、探讨宇宙本原的时候才能用，不是什么都可以用的。针对这个问题我写了一篇很短的文章，有1 000多字，在《光明日报》上发表。后来有一个刊物的编辑写信给我说："您在《光明日报》上发表的那篇文章，全文是不是可以给我们发表。"我给他回信说那就是全文，就1 000多字，他以为我那篇文章有10 000多字，摘要在《光明日报》上发，全文可以在他那里发。还有一个读者给我写信说：您太厉害了，您这一篇短短的文章把很多唯心主义的帽子都摘了。孔子、孟子、董仲舒、朱熹都曾经被列为唯心主义者，我说都不是。

在"天人感应"里面，董仲舒还讲了一句话叫"屈君而伸天"，就是把皇帝的傲气、唯我独尊的思想压下来，然后抬高天的位置，用天来教育皇帝。"天"是什么？"天"怎么回事？实际上就是用儒家的思想限制皇帝，给皇帝戴上精神枷锁。董仲舒说，老百姓上面有吏，吏上面有大官，大官上面有更大的官，更大的官再上面就是皇帝，皇帝再上面是民，这个是大循环，就像五行生克一样。土生金，金生水，水生木，木生火，火生土，这样一个循环。中国的阴阳五行的辩证法思想是非常高明的。

董仲舒把五行的循环用到社会政治上。他认为民压过皇帝，只有民能把皇帝推翻，大官都不行。正如孟子所说，"得民心者得天下"（《孟子·离娄上》），得天下的人就是天子，所以民心非常重要。这句话自孟子提出来以后，在历史上一再重复出现。所以中国有改朝换代，就是因为民心需要。董仲舒还有一句话："天之生民，非为王也；而天立王，以为民也。"（《春秋繁露·尧舜不擅移汤武不专杀》）民不是为了王生出来，天生王是让王去为民服务，这个思想，做官的都应该学习和知道，不知道这个就不合格，天命和民心基本上是相一致的，民心向着哪儿，天命就在哪儿。

第三个问题，官不与民争利。这个问题说起来挺复杂。举个例子，孔子的弟子曾子在地方上当个小官，有个人拿一块宝玉献给他，说："您看看，这个宝玉，我请专家鉴定了，是真的，很值钱，我送给你。"曾子说:"当官的以不贪为宝,这块石头在你那儿是个宝,你如果给我,我如果收了,你的宝丢了,我的宝也丢了,所以还是各自保存自己的宝。"这个人说:"你说的有道理,问题是我家很穷,没有保险柜、没有安全门,这么贵的东西放在我家,别人来抢,我怎么办,不但宝丢了,自己还可能有生命危险。"在这种情况下,曾子该怎么办呢?按我们过去的说法,推出门外就完了,曾子不是这样。曾子觉得,得帮人家解决疑难问题。怎么解决呢?他说:"你把宝玉放在我这里,我替你卖,你用卖的钱买几百亩地,就在那里耕种,地是没人抢的。"这个人同意了,事情就这样解决了。我觉得后面这一手很重要。很多人就是仅仅把他推出去,自己保住不贪的名誉,但没解决老百姓的问题。老百姓为什么拿东西送你啊?就是他有困难,需要你帮他解决,这很重要。

"不与民争利"还有一个很突出的例子是公仪休。公仪休在鲁国当相。他有一天回家吃饭吃了白菜,问家人白菜多少钱买的,家里人说不是买的,是后花园种的。他气坏了,到后花园把白菜都拔了、扔了。他说,我们是拿了俸禄的,我们还去种菜,那菜农的菜卖给谁啊?我当时就想,你不买,人家卖给别人啊。但是他是相,他要自己种菜吃,底下的官员都跟着学,都种菜,当然菜农就失业了。所以公仪休提出来,我们不能拿双份。董仲舒对这个很感兴趣。他列了很多,比如牛长了角,就没有上齿,"予之齿者去其角"(《汉书·董仲舒传》)。牛上面没有牙齿,只有下面有牙齿,你们到农村看看就知道了。鸡有两只翅膀,但它就两条腿;兔子四条腿就没有翅膀。董仲舒说老天爷都不给双份,人怎么能要双份呢?他还譬喻一个人扛着东西,骑在马上,骑马是当官的事,扛东西是苦力干的活,这个也不行。据传有一次公仪休回家看到他老婆在那里织布,就把老婆休了。我当时给北师大本科生讲这个事,有同学反映说:"这人怎么不讲理啊,有错误可以批评啊,人家改了就好,怎么就把人家休了?"当时我还回答不了,回去想了一个星期,然后想明白了。他当了鲁国相,结婚大概有20年了,她应该知道她丈夫是这么个脾气,还去织布,还去跟民争业。"争业"就是"争利"的意思,这个就说明反复教育还不改,顽固不化,所以把她休了。当然那时候也没有商量余地,我认为他要休是合理的。这就是"拔葵除妻"的故事。"葵"就是白菜,把白菜拔了,把老婆休了。

公仪休还有一个事,别人给他送鱼,说今天捕了很多。他不要,怎么说也不要,结果他弟弟就问他:"你不是很喜欢吃鱼吗,为什么别人送的鱼不要呢?"他说:"我是很喜欢吃鱼啊,但是现在我不收别人的鱼,我当了相,花钱买鱼吃,天天都可以吃鱼。我如果收了别人的鱼,以后当不成相,要买鱼没钱,也没人给我送了,那时候想吃鱼就吃不上了。"也就是说:正因为我喜欢吃鱼,所以不要别人送的鱼。后面有个注引孔子评论说,这种人才是真正爱惜自己的人:不贪,以不贪为宝。这是儒家的特点。

董仲舒还说,当官的利用自己的权势跟民争利,民争不过他。但这个发展下去,争来争去,因为得罪了很多民,他自己就倒台了。董仲舒还有两句话影响也很大:"正其道不谋其利,修其理不急其功",这是《春秋繁露·对胶西王越大夫不得为仁》上的话。很多人会背的"正其谊不谋其利,明其道不计其功",是《汉书·董仲舒传》上的话。这两句话虽然看起来差不多,但是详细分析一下,《春秋繁露》上的话更符合董仲舒的思想。是"不急",而非"不计",功还是要计,但是不要急,还没做出来就想报功,那不行。但不是"不计",因为计了功以后才知道自己要做什么,做什么功劳才更大。

还有一个人献鱼也很有意思。有个诸侯王,相当于现在的省长。有一个人拿了鱼送给他说:"我今天捕的鱼很多,我吃不完也卖不出去，所以拿来送给你。"那些手下人就暗暗地笑，觉得这个人太没水平了，不要的鱼才送给王。结果这个王说："他有意劝告我不要留太多剩余的东西、用不完的东西，鱼吃不完也卖不出去，不送干吗，就是要送啊。"实际上，这个诸侯王后来把他后宫里的女人只留下两三个，其他的都送走了。还有一个例子就是，晋文公打猎，追着追着追到沼泽地里，动物没打着，自己却迷路了。后来碰到一个渔民，晋文公就说："你赶紧跟我说一下怎么出去，我是你的国君。"这个渔民说："你走得也太远了，一个国王跑到沼泽地里，太危险了。"渔民就把他带出去了。带出去以后，晋文公叫部下把他的名字记下来，以便以后给他厚赏。渔民说："不要给我厚赏，你要是政治做得不好，你给我赏的东西再多也会被别人抢走，我保不住；如果你政治搞得很好，我也能安居乐业，没有赏比赏都好。"这个渔民很有政治眼光，知道应该怎么做。这个话是在先秦存在的，后来魏徵把这个说给唐太宗听，说你看渔民的觉悟有多高，知道国家大局如果稳定的话，自己的日子就会好过，人民就会幸福。你赏赐一些人，这些人拿了也没用，还容易招灾惹祸。我觉得这很深刻，魏徵为什么把它说给唐太宗听，魏徵也是认识到，这个问题很重要，很值得提。现在一切向钱看，很多人对钱都很重视，钱自己够花了还想多拿点给小孩花。有的人钱放在那里，小孩八辈子都花不完，他还在捞，这就太贪了。汉代思想家疏广说，子孙"贤而多财，则损其志；愚而多财，则益其过"（《汉书·疏广传》）。"贤而多财，则损其志"，就是好的子孙，如果钱多了，他们的志向就降低了。有一些害你看不出来，比如说他们志向降低了，本来可以奋斗，钱多了奋斗的劲头就小。"愚而多财，则益其过"，这句话我也觉得很好。"益其过"就是增加他的罪过，就是小孩不好，干坏事，钱越多干的坏事就越多。所以不管小孩是否聪明，钱多了都是有害无益。这句话是警句，有深刻的哲理在其中。

　　第四个是调均思想。在盛世时代，容易有贫富两极分化。董仲舒提出来应该"调均"，"调均"就是让钱多的人拿一部分救助那些弱者。董仲舒说："大富则骄，大贫则忧，忧者为盗，骄者为暴，此众人之情也。"(《春秋繁露·度制》)"忧者为盗"，穷人没吃的，就会去抢、去偷；"骄者为暴"，骄傲的人对老百姓就很不好。"此众人之情也"，一般老百姓都是这种情况。所以太富和太穷都不行，要帮他们解决问题。孔子有一句话叫"不患寡而患不均"(《论语·季氏》)，"寡"就是东西少，孔子认为不怕资源少，就怕分配不均衡。均衡不是绝对平均的那个"均"，而是缩小差距。孔子这个思想也很深刻，都弄成绝对平均也不行。董仲舒的说法是这样的，"有所积重"，有的人积累多了，然后别人就空虚了。也就是说，总财产就这么多，一个人多拿了，别人就拿少了。所以这两个都得注意，不能太多，也不能太少。董仲舒在对策里面也讲了这个，牛马有四条腿就没有翅膀，鸡鸭有翅膀就只有两条腿。他说天还不能满足双份，人怎么能满足双份？所以人不能够兼利。这是很明确的。现在社会富起来了，很多人并没有创造什么价值，就是圈钱、骗钱。所以我们要做实实在在的东西，对人民有好处的。什么都没有做，富起来，我自己都觉得不踏实。这是董仲舒提倡的"调均"。东汉王充《论衡》里提道：有一个地方受灾了，政府到丰收的地方，运了一些粮食到灾区去救助穷人。结果那一年，王充说，没有人讨饭、要饭，很多人都在家里干活，也没有去抢劫、偷盗，社会治安很好。这就说明董仲舒的"调均"思想在社会上产生了好的作用。

　　还有，王充对董仲舒的评价："文王之文在孔子，孔子之文在仲舒"。周文王、孔子、董仲舒三个是一脉相承的，都是圣人，这个评价是最高的。历史上对思想家的评价一般来说都以孔子为最高。但是对后面的位次有人可能有意见，说孟子怎么没有董仲舒地位高？孟子在汉代的时候没有董仲舒地位高，到后来，唐宋以后，孟子才成了"亚圣"，董仲舒被抹掉了，这个什么原因我们也弄不太清楚。山东孔庙里列了一批人，有四圣，孟子"亚圣"、曾子"宗圣"、颜回"复圣"、子思"述圣"；还有"十二哲"，其中11个是孔子的学生，只有最后一个是朱熹。

第五个我想讲董仲舒重视"德教思想"，即道德教育。他在三个对策里六次提到太学。太学里面可以培养人才，这是很重要的。他说，每年郡太守必须向皇帝推荐两个人才，由皇帝来安排他的工作。但有的郡推荐不出来合格的人才，董仲舒认为，这不是他们的问题，主要是没有办太学，没有进行教育。西汉时，中央办太学，下面县这一级也办县学，开始培养人才，人才培养越来越多。董仲舒还提出来，起用这些人的时候，先在实践中试用一段时间，用得好继续用，用不好就换下来。人才太少了，没法换；人才多了，才可以换。换掉又增加很多新的人才，所以这个可以做到。董仲舒很重视道德教育，他的学生很多，有的学生在他那里学了三年没见过董仲舒一面，这个前面也说了。从《汉书》中看，董仲舒的学生当了官的很多。另外，董仲舒认为，秦朝有它的好处，汉承秦制，全盘继承还是不行的，要进行一些选择，所以他提出要做一些修改。重要的修改是秦始皇的时候不讲道德教育，只讲法治，片面的法治不行。片面法治，荀子和李斯辩论的时候提到这个问题。李斯说，秦统一六国就是因为按法治办，是成功的。荀子说，你再往下就不行了，要以德教为主。所以《荀子》的第一章就是《劝学》。荀子重视这个。秦始皇以后，有人说要继承秦朝的制度，有人说不能继承，它仅20年就亡国了，周朝还支撑了近800年。但后来，想来想去，汉还是维持了中央集权制度，当时郡县制和分封制并存，后来分封制逐渐被淘汰了。当然，汉景帝的时候，因为有"七国之乱"，有乱国没有乱郡，所以取消了很多国变成郡。秦偏于法是不太完善的，所以要采取一些办法，那就是办太学，强调德教。所以他在对策里提出，德教为主，刑罚为辅。王充举了一个例子，很有意思，让马驾车，驾得不行就把它杀了，扔到边上，再拉一匹过来。杀了一大堆马，车还是拉不住，为什么？因为没教它。首先应该教它，教会了都能拉，个别不好好拉的，再把它杀了或者是惩治它。对老百姓也是这样，秦始皇时走在路上的人有一半都是罪犯，犯罪的人脸上都刻有相应的记号。那时候严刑峻法，所以很多人是罪犯，比如谁把草木灰撒在门口，就把那人的手砍了。很小的事都用法来治理，这是不行的。首先要注重教育，教他怎么做，然后守住底线，大部分人都能实行了，个别不实行的，再用惩治的办法，德主刑辅。应该说，从汉朝到清朝都是实行这个制度，所以这是很有生命力的思想。董仲舒还强调在实践中选拔和淘汰人，好的选拔上去，差的贬下去。还有一句话也是汉代的特点，或者说缺点，就是"冯唐易老，李广难封"（王勃《秋日登洪府滕王阁饯别序》）。冯唐做官的时候很年轻，当时那个皇帝是老的，皇帝只用老臣，不用冯唐。后来皇帝死了，冯唐老了，皇帝的儿子上来当皇帝，这个儿子自己年轻，只用年轻的，不用老的，所以冯唐又当不上官。"李广难封"，李广打仗很厉害，但是在和平年代就吃不开。当时记分，谁立了多少功劳就记上，犯了错误就扣分。李广这个人打仗很勇敢，但不怎么守规矩，所以经常被扣分，结果他的部下都提拔上去了，他没提拔上去。后来他不仅上不去，还要被审查，他自杀了。本来在战乱时代他是很突出的，结果在和平环境里不太好过。可别人呢，什么功劳也没有，就是守在那里三年没事，就提一级，三年再没事，又提一级。所以和平环境里提拔的人是比较守规矩的，不一定是立什么大功的。

第六个问题，是董仲舒在三策里面提出的"更化"，实际上就是改革。改革有很多方面，大的方面，比如秦始皇强调法律，后来汉代强调德教。还有一些没改的，都是细节问题，后来慢慢地去改。关于这方面内容还很多，但是董仲舒说：已经过了五六十年了，有一些问题不合适，现在看到了应该改。

好的，时间差不多了，我大致准备了以上这些内容，谢谢大家。

（刘林静整理）

第五讲
"我们"在何意义上"能够是幸福的"
——一个依据《尼各马可伦理学》的阐释纲要

◎ 廖申白

时间：2020年12月20日18:00—20:00
地点：中国人民大学人文楼

廖申白，1950年生于上海，江西高安人。中国人民大学哲学硕士（1987），中国社会科学院研究生院哲学博士（1999）。1987—2001年任职于中国社会科学院哲学研究所，2001年起任职于北京师范大学哲学学院。主讲课程包括"伦理学原理""柏拉图伦理学""亚里士多德伦理学""康德伦理学"等。曾兼任 Frontiers of Philosophy in China 副主编（2006—2012）、《世界哲学》《道德与文明》《伦理学研究》编委、中国伦理学会副会长（2001—2016）、北京市伦理学会副会长（2001—2014）。主要研究领域：伦理学原理、西方伦理学、儒学、政治哲学。出版图书19部，发表论文60余篇。2007年获宝钢优秀教师奖。2010年讲授的本科课程"伦理学原理"入选国家精品课程。2012年获北京师范大学钱瑗教育基金优秀教师奖。

今天我受到哲学院邀请来到这里做报告，感到非常荣幸。

这里是我的母校，我今天的一切所得都不离开在人大的三年学习，所以，我今天也是带着一颗感谢的心来到这里的。我今天谈的话题，大家应该已经了解了——"'我们'在何意义上'能够是幸福的'"。这个话题是从一个比较窄小的角度来切入《尼各马可伦理学》，因为不可能全面地谈它。但是从这个小的角度，我们也能看到这部著作的部分面貌。

第一点，我们先从一段文本谈起。

在第1卷第9章，在谈到幸福作为德性的报偿与目的似乎是最好的[东西]，是某种神圣的和至福的东西之后，亚里士多德评论说：

εἴη δ' ἂν καὶ πολύκοινον· δυνατὸν γὰρ ὑπάρξαι πᾶσι τοῖς μὴ πεπηρωμένοις πρὸς ἀρετὴν διά τινος μαθήσεως καὶ ἐπιμελείας.

[幸福]又可以是许多人都享有的；因为，所有未丧失接近德性的能力的人都能通过某种学习或关心而开始获得[它]。(1099b 18-19)

我选取的这段话并不长，但是这段话会让我们受到鼓舞。我们就从这段话开始来引入一些相关的问题。

我要谈的第二点是在这里"我们"究竟是谁。

当然，字面的意思很明白，就是"我"和"你们"，就是亚里士多德和听他讲伦理学的人，他把两者合称为"我们"。显然亚里士多德不是随意地使用"我们"这个人称的。因为"我们"并不是"任何人"，甚至不是"多数人"，而是被明确限定了的。这个有关的限定要是依据文本谈就太多了。但我们可以指出其中的几个重要之点。亚里士多德在第1卷第2、3章，第10卷第9章都比较明确地表明，"我们"是在聆听伦理学课程或讲座的人,在"学习""寻求"伦理学的"学习者",并且是适合而不是不适合来"学习"伦理学的"学习者"(1095a 2-12,1179b 25-26)。这是一个很重要的排除。第2卷第4章的一段评论也明确地表明,合格的"学习者"是关心自己成为好人的"爱智慧者",而不是空谈"爱智慧"的人(1105b 11-16)。简言之,他们是所要聆听的伦理学逻各斯的"实践者"。

我们还有另一个有意义的参照:

> 优越于合格的"学习者"的"好人"或"有德性的人",以及,很重要的一个称呼,**"认真的人"**。

以往好多译本,包括我自己的译本,"认真的人"都没有翻译出来,只是说"好人"。在第1卷第7章,第9卷第8、9章,第10卷第6、7章,在对"人的活动"与沉思活动的卓越性质的说明这个方面,亚里士多德都是借助对"认真的人"(ὁ σπουδαῖος)的参照来表达的(1098a 7-18,1176b 9-1177a 11,1177b 16-26),所以说这个很重要。

尽管我们不可能细细谈,但如果略去整个文本的人称方面的种种复杂问题,《尼各马可伦理学》基本一致的复数第一人称用法,指向的是作为伦理学的合格"学习者"的"认真的实践者",或作为"认真的实践者"的伦理学的合格"学习者"。因此,我们今天在这里讨论的,是这样的"我们",作为《尼各马可伦理学》的合格聆听者或"认真的实践者和学习者",在何意义上"能够**是**幸福的"。在这里,我们应该将这个"是"重读,因为我们说的是亚里士多德意义上的"**是**"。我在这里将继续以《尼各马可伦理学》所使用的复数第一人称的这个方式向下谈,以便于进入文本语境。

接下来，我们谈第三点即谈谈幸福这个非常重要的概念。

如果非常简略地来谈，那么幸福是我们作为身体-灵魂（或心灵）组合的人类生命体以就它自身来说的那个"是"——那个"实是"或"是其所是"，那个形式——来过的生活。关于这个"实是"需要简单地解释一下，我用"实是"这个概念，而不是大家所常用的"实体"。幸福在本质上是属于我们自身的那个"实是"或"是其所是"，属于我们的身体-灵魂组合体自身的那个"形式"，引领我们的灵魂以特定方式"实现"，使我们从"潜在地'是'"我们的"所是"走向"实现地'是'"我们的"所是"。这是对亚里士多德幸福概念的第一层意义的解释。

在这种"实现"之中，我们的"能力"得到培养、发展和运用，我们的生命得到充实，达到繁荣，这使得我们生活幸福。所以幸福一定是我们的生命就它自身来说的繁荣的形式，是我们的生命以这样的繁荣形式的那个"实现"。所以，如果我们从一生来思考，必定把它看作目的（那个最终的东西），看作我们能够获得，并且我们不再因为任何其他原因而追求的那个善，看作我们"所为"的"那个"。所以，如果我们没有丧失接近德性的能力，并通过学习和关心而使它得到良好发展，那它一定是那样的一个善，并且对我们显得那样善。

幸福是我们就自身而言的"是其所是"，这是对我们自身的那个"实是"的"形式-原理"的说明。幸福是我们就我们整个一生而言的我们"所为的那个"，是我们可以获得的"那个善"，这是对我们自身的那个"实是"的"时间-原理"的说明。因为亚里士多德在《形而上学》里说，"实是"是"最终的"那个"是"，这个"最终的"既是在形式、原理、定义意义上来讲的，也是在时间上讲的。"实是"在这两个意义上都是最终的。对亚里士多德来说它们是同一个东西。但后者是一个"较近的"（ἐγγύτατα）原理（《形而上学》1044a 34）。所以，伦理学的讨论从幸福作为我们"所为的那个"这个"较近的"原理出发。因为，亚里士多德说，我们要从我们已知的地方出发开始讨论。亚里士多德非常强调这一点。

接下来我们进入我要谈的第四点，即伦理学的这个幸福主要是后者，即我们"所为的那个[善]"。

但是，对于人的"实是"，或者，人的那个"是"，"形式-原理"的和"时间-原理"的，像对所有可感事物的"是"的说明一样，要放入"能"－"实现"的理论结构中来说明。当然，向着他的整个形而上学，那个更根本的原因是形式和质料，整个讨论的基础是范畴。人的"所是"与其他范畴的"是"都要放到"能"－"实现"的理论结构中来说明。所以一个人"是幸福的"，既然它是他的灵魂的特定样式的"实现"，就更是这样。

但是，在对其他可感事物，尤其是，对植物与动物的"能"－"实现"理论结构的说明，和这个说明有一个重要区别：灵魂和"以'灵魂'而'是'"是同一的，但是，如果我们不是把灵魂就称为人，人和"作为人而'是'"不是同一的（《形而上学》1043b 3-5）。所以，幸福是我们"能够"去获得的，我们"所为"、所寻求的，但我们还没有"实现地"获得的那个善。至于这个幸福我们最后是不是能获得，当然不一定。至少你现在还没有获得，你还没有"实现地"获得。我们的确可能获得，但也可能最终没有获得，它还是缺乏的。

如果我们这样谈这个幸福，那么，第一，它不是感觉的对象。我们感觉的是具体的事物、事情和它们的状态。幸福是我们灵魂的那个思想能力的对象，是要由思想来把握的。我们的思想能力有一个部分就是对本原的把握。思想的那个部分把握我们就自身来说的

"是其所是",把握我们"所为的那个"。所以,幸福作为我们在寻求、还没有"实现地"获得的"那个",是存在于我们灵魂的那个特定部分的。第二,幸福也不是一个外在事物,而是我们灵魂或心灵所引领的生活。幸福需要"外在善"并不意味它的本质要由它们来规定。同时,幸福也不是"现成的"东西(始终那样子,在谁那里都是一个样子,不是这样的),它存在于我们灵魂的特定方式的"实现"之中。但是,灵魂"实现"的那种"现实"是它的原理。这里我也稍微解释一下,我使用的"实现"这个词和"现实"这个词也许和有些同行的不一样。"实现"我对应的是ἐνέργεια,"现实"是ἐντελέχεια。灵魂的"实现"那个原理在"现实"那里。第三,因为幸福是灵魂的"实现",也不存在于灵魂的"能力(潜能)"之中。因为,"潜在的东西"还未"实现地"存在。这一点对于亚里士多德来说是非常清楚的。

谈过了幸福的概念之后,我们来谈一谈普通观念。在普通观念中,尽管幸福被看作完善和自足的最终目的,但是它只是一个被异义同名地使用的名词观念。人们会把它看作快乐的感觉、财富、荣誉、德性、成功、健康、强壮等等。应该说,幸福包含所有这些,作为伴随它、支持它的东西,而不是作为幸福本身。一个人即使拥有这些中任何一个、任何一些甚至全部,我们也并不因此就能说他"是幸福的"。

接下来我们来谈第五点:灵魂的德性对于这"幸福"是至为重要的。

在上面提到的文本里,关于德性对于幸福的重要性质,亚里士多德表明三点。首先,幸福首先以我们"接近(πρὸς)德性的"自然能力"没有丧失"为前提。这是我们能够"是幸福的"的自然基础。丧失了这些自然能力,一个人就不可能"是幸福的"。大家如果读过《尼各马可伦理学》，应该很清楚这一点。比如亚里士多德在第7卷里谈到了不同的品性，谈到了比如说天生残缺、不健全这种自然能力被剥夺的情况，当然自然能力也可能是被人自己毁灭的（这是最重要的毁灭）。其次，幸福要求我们（这意味我们"能够"）通过某种学习使我们未丧失的自然能力得到实践的培养，使我们的感觉-行动能力与思想能力相互协调地发展，使我们"接近"德性。这一点包括以下内容：要在我们还没有获得德性，在学习地获得它们的实践中先学习按照合乎德性的方式正确地行动（不是有了德性之后再去运用），并同时学习培养正确的感受与欲求，学习正确实践地学习地思考。最后，幸福还要求我们（这同样意味我们"能够"）去运用我们正在学习并在关心地"接近"因而还未真正获得的德性，并要求我们（这同样意味我们"能够"）学习并关心地运用我们在上述过程中获得的灵魂能力、感受与品性，使灵魂生成新的"自然"。

因为，德性是灵魂的"健康"。幸福是"健康"的即有德性的灵魂指向的那个善。因为幸福对"健康"的即有德性的灵魂显得善。如果将灵魂比作"身体"，德性就是灵魂"身体""所为的那个"，也就是灵魂的"目的"。所以有德性的灵魂指向幸福。但德性（伦理德性与实践理智德性）不是灵魂的最终的东西。正如健康不是身体的最终的东西。我们要拥有健康的身体是为着我们的活动进行得好，我们要有德性的灵魂也是为着灵魂的"实现"活动完成得好。德性是朝向、指向我们即幸福，或指向我们自身的"是其所是"的那个品性，它把朝向我们的"所为的那个"或我们的"是其所是"的那些事情、那些行动确定为我们的具体的"所为的"东西。但是，仅当我们通过实践地学习与关心而获得了德性（伦理的和实践理智的），把德性确定的具体目的事物当作也指向我们"所为的"那个目的，或有助于它的"实现"的，我们才能够"实现"地"是幸福的"。

接下来谈第六点：我们"能够是幸福的"的必要前提是我们"不丧失接近德性的自然能力"。

这也是我们刚刚谈到的那段文本里的第一个要点。这个前提的原理当然是"自然"。

因为自然造就生命物，造就人类。自然也赋予每种造物适合它们的能力。但自然"这样做"似乎并不轻率，它赋予每种生命物的那种特有能力都旨在使它繁荣。自然赋予了任何形式的生命物（包括动物和人）获取营养物质的能力。在动物和人这里，自然还赋予每个动物个体感觉-运动能力，使它们既被运动也自己运动，使它们有了自己运动的动静本原。自然以此使每个植物个体、每个动物个体倾向于繁荣。在人类这里，在感觉-运动能力之上，自然还赋予了人"努斯"即思想能力。自然这个方式，使人的生命倾向于以他能掌握的方式发展繁荣。所以我们说，自然赋予了我们接受德性的能力。德性虽然不出于自然，但也不能反乎自然。偏离了人的自然，丧失了人的自然地追求"显得善"的事物、接近德性的能力，一个人就不可能达到生命的充实繁荣状态，也就不可能"实现"其"是其所是"或幸福。

关于一个坏人，我们可以谈几个重要之点。坏人由于幼年的不良行为定向（这是可以经验验证的）、错误的最初选择，和沿此方向的不良习惯形成的习性，丧失了这些能力。所以坏人不能接近和获得德性，不能"是幸福的"。在坏人那里，他"作为一个人"自身的那个"形式"或"是其所是"，他"作为一个人"自身"所为的那个"，由于离开了其自然本性，是"缺失"的。这不是说因为"缺失"坏人就不能生活了，而是说一个坏人是依据"缺失"、依据那个毁灭而生活着的（《形而上学》1044b 33）。

上面我们谈到的是关于自然能力作为前提的话题。接下来我们就来谈第七点：在此前提下，我们能通过运用使这些自然能力得到实践的培养。

这是我们作为人的这样一个"能"。在具有自然能力方面，一个人可能天生地具有某些德性。例如，一个人很强壮，胆子大，动作敏捷，头脑聪明，等等。但是，一个人是否有德性、是否幸福，并不依据于这样的差别。自然德性虽然有益于我们成为有德性的人，但自然德性自身并不能使一个人自然地就有德性，自然地就"是幸福的"。但是，我们能通过正常地运用使自然能力得到实践的培养。这样的一个"能"，是人优越于动物的东西。这种实践的培养将使这些能力朝向使我们的状态好、使我们的活动完成得好的德性品性发展。

人类是身体-灵魂（心灵）"组合的"事物这一事实，也表达在我们的灵魂被自然同时赋予了感觉-运动能力与思想能力这个事实上。我们被赋予了这两种能力，在其自然本性上，都是在我们自身之中的使我们能够成为"另一个样子"的本原。人自出生到生命的终了不都是一个样子的。这两种能力就蕴藏于我们自身之内，使我们能成为别的样子。但感觉-运动能力坐落于身体的特定部分，使我们自然地追求对我们显得善的事物。而思想能力则只存在于灵魂中。思想能力有两个部分。一个部分是灵魂把握事物的形式与本质的那种能力。它把握着我们作为自身的那"另一种样子"。另一个部分是灵魂从一个确定的本原，例如"一个事实"，推理地思考、考虑当前的行动始点的能力。所以，在这两种能力中，思想能力是主导性的能力。同时，要"实现"我们"所为的"那个善，"实现"我们的"是其所是"，我们又要使这两种能力得到实践的培养。

作为自然的赋予物，这两种能力不会相互反对，而是会相互促进。所以，如果这两种自然赋予的能力"未丧失"，如果我们在此基础上使它们得到实践的培养，它们就其本性而言指向我们生命的繁荣而不是相反（《形而上学》1044b 30-33）。

以上是第七点。接下去的第八、九点具有内在的联系。

先来谈第八点：我们还能通过"实践地学习"使我们的灵魂能力获得协调发展。

基于对我们的自然能力的实践的培养，亚里士多德说，我们需要，这意味我们能够，通过"某种学习或关心"使灵魂能力获得发展，来"接近德性"。称它为"某种学习"，因为它不是纯粹理论教导的学习，而是以行动和做的方式或不离这种方式的"实践（行动）的学习"。那么这种方式的学习对我们的帮助体现在哪里呢？

我们可以谈以下几点：首先，这种学习使我们"实践地知道"那些显得善、我们常常被告知是善的那些事物何以的确对我们是善的，我们自然地倾向于追求并在"学习"自觉地追求它们何以就是做得对、做得好的。而唯有我们实践地知道这些，而不是在口头上、言辞上，我们才会变得更能够把这些事情做好。因此，"实践地学习"既包含行动、感受方面的，也包含思考、理解方面的学习。这种学习将使得到培养的感觉-运动能力与思想能力获得新的发展。其次，通过这种学习，我们灵魂的感觉-运动能力由于受到思想能力的活动的引导作用，逐步成为"听从逻各斯"的"实践性的"感觉-行动能力。亚里士多德在第1卷里谈到了那个"实践性的生命"，这个能力就是与那个实践性的生命联系在一起的。最后，由于在学习地处理具体的、变化的实践事物，并且在与如上述发展的感觉-行动能力协同地活动，实践思考能力将逐步变得成熟。接下来的发展是，在这个学习过程中，实践性的感觉-行动能力与逐步变得成熟的实践思考能力将变得能够相互协调地发展。如果读过这本书全部章节，大家对第6卷中所提到的伦理德性和实践理智是相互促进、相互发展的，一定会印象深刻。关于这种发展，在第6卷中亚里士多德想要强调的就是：这两种德性相伴地形成，以它们在活动中变得相互协调为条件或前提。

感觉－行动能力与实践思考能力通过"实践地学习"获得的这些发展必定是灵魂的这两个部分"结合"得好，并表象为可见的身体与不可见的灵魂的"结合"得好的发展。一定是这样的。我们是身体－灵魂"组合的"人这一事实，在"人的活动"中，就表达为我们灵魂感觉－行动能力与思想能力两者要结合这一点。而我们"实现"我们"所为的那个"的努力也必然表达为要使感觉－行动能力与思想能力两者结合得好、相互协调地发展这一点上。

因为，实践性的感觉－行动能力的"实现"不仅要求我们像具有德性的人那样地去做，反复地那样去做，养成习惯，而且需要我们边行动边学习理解为什么这样做是对的、好的，这样你的实践中的理解能力就会得到发展。思考为什么这样做是对的，与在实践地学习、具体地思考的同时正确地去行动，实践地学习如何才是对于那个行动的恰当的把握，是不能分离的。这是在我们的能力之内的，是我们通过"考虑（思虑）"能够把握的，用英语来说就是"up to us"。

我们从这一点也许就看得清楚，空谈爱智慧的人的问题就在于，他们仅仅把言辞之辩当作"爱智慧"，认为谈论爱智慧就是在爱智慧，而不认为像有德性的人那样按合乎德性的方式去做、去行动是重要的。他们因此不去"实践地学习"，不去学习按照合乎德性的方式去行动，培养正确的感受与欲求。所以，首先，他们不可能"实践地"知道"显得善的"事物何以有的"真的"对于他自身"是善的"，有些则不是；其次，他们也不可能使自己的感觉－行动能力与思想能力协调地发展，成为有德性的人。所以，他们也同样是依据一种不能"实现"、非常可能"始终缺失"的形式而生活着，不能使自己幸福。

接下来谈第九点：这种协调发展将使灵魂能力获得质的提升。

我所谈到的质的提升，是指在人这里，人的灵魂的能力会与动物有一个非常不同的发展。我这样来说明，我们灵魂的能力，在其本义即本原的意义上，是运动意义的能力，引起运动、引起变化的能力。但是通过我们上面说到的两个方面的发展，我们的自然能力得到实践的培育，我们在这个基础上使我们的感觉-行动能力与思想能力变得相互协调，现在，随着它们变得近乎"自然地"共同发挥作用，它们还将使灵魂的能力获得进一步的质的提升。

因为，这种协调的活动的一个结果，是使我们获得思考地、选择地将那种让我们把自身向着我们"所为的"那个善的发展的倾向完成好的能力。它是灵魂的"实现"（ἐνέργεια）的能力，是动物不具备的那样一种能力。这种能力源于从我们自然具有的"运动"意义的能力，但优越于后者。它是我们能够出于选择而行动去"实现"一个善的目的的那种能力。一旦这种"实现"意义的能力通过活动良好地发展，通过运用这种能力的那些活动，在灵魂之中就生成出某些基于我们的自然能力、自然德性而发展起来的"品性"（ἕξις）。"品性"是那种使灵魂保持良好而不走向腐败的性质状态的能力。它源于灵魂的"实现"的能力，又优越于后者。就其根源于自然的品性而言，它又倾向于"实现"它自身。但一个人可能拥有一种品性而没有通过运用而"实现"它。所以就"实现"而言，品性仍然不是完善的。只有"实现"的品性才完善（《形而上学》1019a 15–33）。

伴随着灵魂的这些能力的发展，我们将能够从"听从他人的逻各斯"变得"听从自己的逻各斯"。也就是，原来你没有，现在你有了自己的逻各斯。如果我们通过"实践地学习"，经历了这样的发展，我们就会发生这样的一个质的改变。与此同时会发生的，是源于我们的"选择"的行动将变得自然令我们愉快。用康德的话来说，原来是他律的，你是不舒服的。而现在你有了自己的逻各斯，你是自主地这样做的，这样做你就是自律的，是看得清楚自己应该这样做的，因此你是自由的。这个变化将是一个标志，表明我们正在获得伦理德性与实践理智德性。因此，亚里士多德说，这两方面的德性——伦理德性与明智，是会一道获得的。

我们接下来谈谈第十点：亚里士多德为什么要谈到"关心"（έπ）。

如果我们像上面说的，在灵魂朝向它的形式的所谓的生成运动中，经历了这样一个生成过程，那么就像亚里士多德所说的，也是我想强调的，我们"自然地"就会"关心"灵魂的这种发展，简单地说，"关心"使它不再倒退。

"关心"是一种积极的严肃认真、热情执着的态度。在"实践地学习"中，一个人唯有认真地关注才能"做得好"（这是显而易见的），才能有收获，成为好人，也唯有"关心"才能使这种发展不再倒退。因为，这是在做得好将使一个人成为好人，做得坏将使他成为坏人的活动上的"学习"。

有思想、有逻各斯的"能"都容许相反的东西（《形而上学》1146b 5）。我们能通过运用使我们的自然能力得到实践的培养，我们也同时"能"不去这样做；我们能通过"实践地学习"使我们的灵魂能力获得所说的这些发展，也同时"能"不去这样做，正如我们如果"能去走"，就也能"不去走"（1147a 22-25）。也许大家会想到柏拉图说过的一句话，一个"能做得正义"的人，也"能做得不正义"。我们能通过我们的"实践地学习"，使自己的灵魂获得发展，我们也能不这样做。这种活动中的"学习"用得上一句谚语就是"逆水行舟，不进则退"。一个具有说服力的反面例子是，不自制的人"能够"自制（如果他真的不能，我们就不这样要求他了）而没有"做得自制",由于不关心行动地矫正自己倾向于不自制而听任于感觉生活的习性,成为不自制的人。自制的和不自制的人都在理智上一定程度地"知道"应当怎样做。但是他们由于不关心通过"实践地学习"使其灵魂能力获得前面所说的发展而没有成为有德性的人,所以也不能"是幸福的"。但是,亚里士多德也说过,自制的和不自制的人比坏人,也许比喜好空谈"爱智慧"的人,好改正些。因为不自制的人在一定程度上还是知道什么是对的,只是做不到,或是不愿意去做(1150b 35–1151a 15)。

但在这些事情上,"关心"将阻止上述"能够……"走向相反的那个"能够不……"。因此,我们必须像一个"认真的人"那样,在我们能够掌握的这种学习中,关心地使我们获得这些能力,以及伴随这些发展而在灵魂中"生成"新的感受与品性,通过运用而生成为灵魂的新的自然。就像一个"认真的人"那样,认真关心自己这些事情做得好不好。这样我们就能理解亚里士多德所说的我们这些伦理学的学习者有一个好的参照,就是那些认真的人。

我们能够使它们生成为这样的自然。因为,它们是我们在自然赋予我们的能力获得发展的基础上所获得的,我们能够有所凭借去达到令我们的生命充实繁荣的状态的"灵魂所有物"。它们已经是我们的"灵魂所有物",内化予我们了。我们也唯有通过这种"学习",并且"关心"这样地"学习",才能使我们变得具有德性。我们才能"开始获得"(ὑπάρξαι)幸福。

接下来我们谈第十一点:我们,作为"认真的实践者(学习者)",就在上述这些意义上"能够是幸福的"。

这一点已经变得很清楚了。尽管我们作为"认真的实践者"在严格意义上还不"是幸福的",但在灵魂自然地赋予我们的"接近德性的能力"未丧失、未受损的前提下,在我们能通过正常地运用使它们得到实践的培养的情况下，在我们能像一个"认真的人"那样，通过"实践地学习"使我们灵魂的感觉-行动能力与实践思考能力协调地发展，并升华为"实现"的能力与"品性"的能力，并能"关心"地运用它们，令它们连同从运用它们而生成的感受——由于它们基于自然的那种"亲和性"，成为我们灵魂的新的自然的过程中，我们的生命得以充实繁荣。从这个意义上讲，我们"能够是幸福的"。

并且，这个"能够"是真实的"能"，而不是与"不可能"同在的"可能"。因为，一旦我们"能够"这样地生活下去，这个真实的"能"就已经不大"可能"再变得"不可能"了，因为，如果我们若处于这样的生活状态，就当然会这样地生活下去，所以，在上述意义上，我们就将"实现"地"是幸福的"，因为幸福就是灵魂的这样的"实现"（ἐνέργεια）。在此之前，我们仅仅"潜在"地"是幸福的"，就是说，还不"是幸福的"。因为"幸福"，或我们"所为的那个"，我们的就自身而言的"是其所是"，或那个形式，当我们在那样地寻求它时，仍然是"缺失的"。所以，虽然我们"所为的那个"，或那个"形式"，仍然不是"现实"（ἐντελέχεια），我们已经可以依据它来说明我们的整个一生的生命的属于那个"形式"的那种性质或本质了。

接下来我们谈第十二点："智慧"即沉思的品性也是我们的一种可能性。如果搁置一些其他内容，我们当然很需要谈一下沉思。我说搁置，因为我的确是没有全面地来谈《尼各马可伦理学》。

沉思的品性就是我们常常赞美的"智慧"，我们要以"爱"去追求的那种灵魂品性。它属于灵魂的思想部分，而且属于思想部分之中的那个最高部分，这个已经明了，我们已经说过了。因为它是最高的，获得并"实现"这种品性也是我们的一种最高的可能性。我们人还有更高的可能性吗？没有。

因为，一旦我们将能在上面谈到的那些意义上生活下去，我们也将希望这样地生活下去的同时，如我们所愿地去沉思那些永恒事物，沉思和把握我们整个生命就其自身而言的"是其所是"或"形式"。通过这种沉思，我们就可能获得智慧或沉思的品性。获得并运用这种品性的生活就将对我们呈现为一种可能。在这样的意义上，我们就"可能"将"现实地"，即在这种最严格的意义上，"是幸福的"。但它显然是一个灵魂在不仅没有外部障碍，而且在它自身内也没有任何障碍的状态下，才能够依据其自身而活动、而"实现"的思想品性。所以，它是那样一种灵魂品性，对它的运用可以让一个人自由地沉思那些永恒"是者"的"是"，沉思所有"有限""是者"的"是"如何以种种曲折的方式与那个"是"联系起来，是"某种'是'"。

但我们是否能获得"智慧"则不像我们能够获得伦理德性与实践理智德性那样确定。也许，获得"智慧"，除了上面所说的没有外部的与灵魂之内的障碍外，还需要某种"幸运"，亚里士多德还谈到，它好像是那种神赐的东西。但我们仍然可以把它看作我们的一种可能性。因为，它绝不仅仅是一种"不可能性"。如果在一种宽泛意义上把它理解为在上面说明的那些意义上"尽可能多"地进行"理论的沉思"，它对我们就具有更大的意义。因为向着高处的事物看，我们只能做非常有限的谈论，我们大家也许都只能谈到这种程度。

这样，我们在上面就已经从开头引述的那段文本中引出亚里士多德的伦理学一个根本性的问题——"怎样的人"以"怎样的方式"才在"怎样的意义"上"能够是幸福的"，并简要地说明了他对这个问题的观点。

接下来我将进入最后一点:《尼各马可伦理学》在做什么?

按照我的这样一种阐释,《尼各马可伦理学》是在向那些有逻各斯的"认真的实践者"指出如上说明的这条真实的"道路":一个"认真的实践者"将能够沿着它"实现"其幸福,即能够"实现"的"是幸福的""道路"。所以,《尼各马可伦理学》并不是在对所有"有理性(有逻各斯)"的人提出关于他"应当努力成为一个好人","应当选择幸福","应当去过沉思的生活"的论证或劝说。这样一种观点,一些持有严格的理智主义的学者可能会非常不同意。因为很多这样的学者,强调《尼各马可伦理学》是在向有理性的人提出这样一个论证。我们为什么说它不是呢?我想在这里给出一部分理由。

首先,《尼各马可伦理学》没有对一个不自制的人说,由于他具有某种程度的理智的理解力,并且在某种意义上"知道"什么是他本应当做的,他也仍然在上述那些意义上"能够是幸福的"。我们没有看到亚里士多德在第7卷里说,不自制者也能是幸福的。他在把"不自制者"拿出来说明的时候,更多的是让那个"认真的实践者"去看,如果你没有沿着这样的一个道路去努力发展,很可能就会陷入不自制者的状态。我们也不太好说亚里士多德把"不自制者"看作完全的反面教材。他仅仅在告诉"我们",作为"认真的实践者",德性的状态不仅与恶相对照,而且也以某种方式与中间型的品性相对照,亚里士多德也并不把多数人(德性不够的人)都看作是负面的。

其次,《尼各马可伦理学》也没有对一个空谈"爱智慧"的人说,由于他热衷于从词句上表明他关于"智慧"和"幸福"究竟是什么的意见,他显然在追究"智慧"和"幸福"的逻各斯,因此也在上述意义上"能够是幸福的"。因为,这不仅对于一个"坏人",而且对于一个不自制的人,或一个空谈"爱智慧"的人,都不是一个"真实的'能'"。

再次,《尼各马可伦理学》更没有对于一个"坏人"说,由于他也在被自然赋予了那两种能力的意义上"是有逻各斯(理性)的",他也在上面所谈的意义上"能够是幸福的"。并且,《尼各马可伦理学》绝无把"改邪归正"当作更加具有说服力的例子来使用。相反,它认为由于其自然品性已经"丧失",就像一个由恶法统治的坏城邦那样,一个"坏人"的恶性通常难以改变。

在这三种人之中,亚里士多德认为,空谈"爱智慧"的人和不自制的人比"坏人"的情况要好一些。但是,他们也都只有通过"矫正习惯"的"训练"(这种训练也需要通过理智的教导来引导)来改变其不良习性,才能迁善。不自制的人要改变其不愿坚持认真地在将使自己成为一个好人或坏人的那种活动上把事情做好的习性,空谈"爱智慧"的人则要改变其不愿意去"实践地学习"的习性。以这种方式,他们可能获得"某种德性",而不是本义上的德性;但是他们不大可能"是幸福的"。

最后,非常简要地概括一下。《尼各马可伦理学》讨论的是一个人就他自身而言的本义上的"幸福",即他的"是其所是"或"形式",和"指向"它的本义上的"德性",即非常有益于灵魂"实现"其"是其所是"或"形式"的那种(那些)品性,而不是任何一种偶性意义的"幸福",以及"朝向""指向"偶性的"幸福"的偶性的"德性"。然而,这种本义的"幸福",以及"指向"它的"德性",只对一个"认真的实践者"才将是真实可能的。

(李仁杰整理)

编后记

2020年夏天，刚完成学院全部毕业生行李整理寄送工作，在全国优秀大学生哲学夏令营举办之际，我们启动了"哲学的殿堂——中国人民大学哲学名家讲座系列"第一季，请荣休不久的五位哲学名师——张立文先生、刘大椿先生、段忠桥教授、刘晓力教授、龚群教授，聚焦哲学前沿问题做专题讲座。讲座采取在线直播的形式。参加这届哲学夏令营的全体营员聆听了讲座，哲学院的毕业生和在读的同学们、学界同人以及数以万计的哲学爱好者在线听同一堂课，领略各位哲学名师勾勒的哲学学科发展脉络，探掘哲学的内在价值。

当时，我们在学院网站和微信公众号发布的海报上写道："哲学本身就是一座宏伟壮丽的殿堂，在这座殿堂里有很多恒久而常新的话题，与时代深沉的思绪相应和，给人以精神的启迪。经过长期的思想积淀和学术创新，中国人民大学哲学院与全国知名高校、科研机构均形成了深厚的学术传统，在这些学术传统里引领哲学学科发展、具有广泛学术影响力的名家名师本身就是一座座殿堂。'哲学的殿堂——中国人民大学哲学名家讲座系列'不仅将向大家展现哲学这座殿堂的宏伟壮丽，而且将邀请这些名家名师做向导，带领大家进入哲学这座殿堂的深处，领略其中的思想宝藏。"当时，海报点击量超过1.3万人次。参与第一季讲座的五位名师为大家呈现了他们在中国哲学、科学技术哲学、马克思主义政治哲学、认知科学哲学和伦理学等领域的长期思考，引起广泛关注。此季的系列讲座让我们看到"哲学的殿堂"引人入胜之处，形成了邀请哲学名师深入浅出讲解哲学前沿问题的基本思路。

11月初，我们继续举办"哲学的殿堂——中国人民大学哲学名家讲座系列"第二季，邀请郭湛先生、张志伟教授、李秋零教授、焦国成教授、宋志明教授讲授他们在马克思主义哲学、外国哲学、宗教学、伦理学、中国哲学史等领域的长期研究心得。这时大多数学生已经返校，讲座采取了线上线下相结合的方式，在教室聆听讲座的同学们有更真切的现场感，在线听讲座的朋友们也一直热情不减。确实，在线讲座消解了因时间和距离造成的各种不便，只要点开腾讯会议或B站，就可以实时聆听讲座实况并参与提问互动，这种在线方式提高了学术传播的广度和实效性。在第二季讲座中，五位名师讲授的是他们最擅长或心仪的研究领域，在听众面前徐徐展开的是：哲学创造与阐释的历史变奏、伦理学与形而上学的关系、康德的目的论思维与形而上学、对儒家道统说的反思、中国哲学的基本问题。这些复杂而深刻的哲学问题得到透彻的解析和联系实际的阐述，在场和在线的听众们真实地感受到他们在讲座中的风采以及由此展现的哲学的魅力。

12月中旬，"哲学的殿堂——中国人民大学哲学名家讲座系列"第三季拉开帷幕，在这一季主讲的五位名师是人大哲学院的卓越校友——冯俊先生、李德顺先生、庞元正先生、周桂钿先生和廖申白先生。正如冯俊先生在讲座开场白中所说，"其实这是一个校友团、院友团"，这五位名师都曾先后毕业于人大哲学院，后来取得了很高的学术成就。他们都回顾了在人大哲学系读书的岁月,其中有些讲座的主题就是在人大哲学系学习期间思考形成的。这些题目涉及不同的研究领域,包括20世纪法国哲学的发展路径、变革时代的思维变革、时代问题与发展哲学、关于董仲舒研究的心得以及一个依据《尼各马可伦理学》的阐释纲要,或为对哲学前沿问题的精要阐释,或为对哲学与时代关系的深刻解析,或为对某一学术思想或经典著作的独特探赜,既有颇具时代情怀的问题意识,也引领听众走向哲学路径的深处。

我们十分看重对这些实时在线的名家讲座的资料整理工作,不仅全程录像,而且在每一讲结束之后,都让研究生及时撰写综述,发表在学院网站和微信公众号上。同时,讲座的文字实录也及时整理出来,这就使得讲座内容汇总出版成为可能。"采之欲遗谁,所思在远道。"我们转其意而用之,将这些讲座的内容完整地再现出来,呈于爱智慧的诸位朋友面前,使大家认识到哲学在我们的时代所具有的重要意义,它是"大用"而非"无用","大用"并非束之高阁的玄思,而是通达本质的"有用"。面对今天生活中复杂而深刻的现实问题,我们仍然需要走进"哲学的殿堂",需要静心反思,明晰心之所系的根本问题,找到适合自己的思维方式,消解现实生活中的困惑,形成符合时代精神的价值选择。当然,实际地解决若干现实问题,需要哲学与自然科学和社会科学的融合。今天解决复杂深邃的现实问题并非哲学一个学科所能完成,而应借鉴其他学科的合理思路并运用其有效的方法,实现跨学科研究的综合创新。但是,对学哲学的人们以及希望从"哲学的殿堂"中汲取观念资源的朋友们来说,毋庸置疑的是,首先要做好哲学基础理论和哲学经典著作研究,在哲学史的思想富矿中探寻观念世界的宝藏,夯实解析现实问题的学术基础。

在这部讲座实录文稿即将付梓之际，感谢光明日报客户端、光明网和中国社会科学网的编辑朋友们，他们及时报道了这个系列讲座的精彩内容。中国人民大学出版社副社长郭晓明先生在讲座举办伊始，即与我商议讲座文稿的出版事宜，我们几乎在第一时间签订了出版合同。感谢他们对讲座形式和后续出版等方面的建议，这些建议实际推进了讲座文稿的整理工作。责任编辑们精心编辑本书的文字，在此一并致谢。

臧峰宇

庚子岁末

于中国人民大学人文楼

图书在版编目(CIP)数据

哲学的殿堂：哲学元理与思维变革 / 中国人民大学哲学院组编；臧峰宇主编. ——北京：中国人民大学出版社，2022.1

ISBN 978-7-300-29992-1

Ⅰ.①哲… Ⅱ.①中…②臧… Ⅲ.①哲学-文集 Ⅳ.①B-53

中国版本图书馆CIP数据核字（2021）第219953号

哲学的殿堂
哲学元理与思维变革
中国人民大学哲学院　组编
臧峰宇　主编
Zhexue de Diantang

出版发行	中国人民大学出版社		
社　　址	北京中关村大街31号	邮政编码	100080
电　　话	010-62511242（总编室）	010-62511770（质管部）	
	010-82501766（邮购部）	010-62514148（门市部）	
	010-62515195（发行公司）	010-62515275（盗版举报）	
网　　址	http://www.crup.com.cn		
经　　销	新华书店		
印　　刷	涿州市星河印刷有限公司		
规　　格	165 mm×230 mm　16开本	版　次	2022年1月第1版
印　　张	22.25 插页2	印　次	2022年1月第1次印刷
字　　数	261 000	定　价	86.00元

版权所有　侵权必究　印装差错　负责调换